t r a n
p o s i t i o n

Jacques Rancière

Die stumme Sprache
Essay über die Widersprüche der Literatur

Aus dem Französischen von
Richard Steurer

diaphanes

Originaltitel:
La parole muette. Essai sur les contradictions de la littérature
© Hachette Littératures, 2008.

Dieses Werk wurde veröffentlicht mit freundlicher Unterstützung des französischen Kulturministeriums – Centre national du livre
Ouvrage publié avec l'aide du Ministère français de la Culture – Centre national du livre

© diaphanes, Zürich 2010
ISBN 978-3-03734-111-7
www.diaphanes.net
Alle Rechte vorbehalten

Satz und Layout: 2edit, Zürich
Druck: Pustet, Regensburg

Inhalt

Einleitung
Von einer Literatur zur anderen   7

Erster Teil
Von der eingeschränkten Poetik zur verallgemeinerten Poesie
1. Von der Repräsentation zum Ausdruck   23
2. Vom Buch aus Stein zum Lebensbuch   39
3. Das Lebensbuch und der Ausdruck der Gesellschaft   53

Zweiter Teil
Von der allgemeinen Poetik zum stummen Buchstaben
4. Von der Dichtung der Zukunft zur Dichtung der Vergangenheit   69
5. Das zerstückelte Buch   87
6. Die Fabel vom Buchstaben   97
7. Der Krieg der Schriften   107

Dritter Teil
Der literarische Widerspruch am Werk
8. Das Stil-Buch   123
9. Die Schrift der Idee   145
10. Der Kunstgriff, der Wahnsinn, das Werk   171

Abschluss
Eine skeptische Kunst   203

Einleitung

Von einer Literatur zur anderen

Es gibt Fragen, die man nicht mehr zu stellen wagt. Ein bedeutender Literaturtheoretiker zeigte uns das kürzlich: Man dürfe nicht fürchten, lächerlich zu wirken, wenn man heute ein Buch mit »Was ist Literatur?« betitelt. Sartre, der das tat, und zwar zu einer Zeit, die uns bereits so fern der unseren erscheint, hatte zumindest die Weisheit, nicht darauf zu antworten. Denn, so sagt uns Gérard Genette, »auf dumme Frage keine Antwort; wirklich weise wäre es wohl, die Frage nicht zu stellen«.[1]

Wie genau soll man diese Weisheit im Konditional verstehen? Ist die Frage dumm, weil jeder in etwa weiß, was Literatur ist? Oder umgekehrt, weil der Begriff zu vage ist, um jemals Gegenstand eines bestimmten Wissens zu sein? Fordert uns der Konditional dazu auf, uns heute der falschen Fragen von gestern zu entledigen? Oder ironisiert er im Gegenteil die Naivität, die uns glauben lässt, wir hätten uns dieser Fragen tatsächlich entledigt? Wahrscheinlich handelt es sich nicht wirklich um eine Alternative. Die Weisheit von heute vereinigt gern die demaskierende Praxis des Gelehrten mit der pascalschen Denkart, die sowohl die Täuschung anklagt als auch die Anmaßung, sich nicht täuschen zu lassen. Sie erklärt theoretisch die vagen Begriffe für ungültig, aber sie setzt sie für den praktischen Gebrauch wieder ein. Sie zieht die Fragen ins Lächerliche, aber sie bietet ihnen dennoch Antworten an. Sie zeigt uns schließlich, dass die Dinge nicht mehr so sein können, wie sie sind, aber auch, dass wir nicht anders können, als ihnen immer unsere Schimären hinzuzufügen.

Diese Weisheit lässt jedoch einige Fragen offen. Die erste ist, warum bestimmte Begriffe zugleich so vage und so bekannt, so einfach zu konkretisieren und so geeignet sind, Luftschlösser zu erzeugen. Und man muss hier Unterscheidungen treffen. Es gibt

---

[1] Gérard Genette, *Fiktion und Diktion*, aus dem Französischen von Heinz Jatho, München 1992, S. 11.

zwei Begriffstypen, von denen wir glauben, ziemlich gut zu wissen, warum sie unbestimmt bleiben. Einerseits sind das die Begriffe des Alltags, die ihre genaue Bedeutung von den Kontexten ihres Gebrauchs beziehen und jede Gültigkeit verlieren, wenn man sie von ihnen trennt. Andererseits sind da die Begriffe der transzendenten Wirklichkeit, die außerhalb unseres Erfahrungsbereiches angesiedelt sind und die sich daher sowohl jeglicher Verifizierung als auch jeder Widerlegung widersetzen. Die »Literatur« gehört offensichtlich keiner der beiden Kategorien an. Es ist daher die Mühe wert, sich zu fragen, welche besonderen Eigenschaften es denn sind, die auf ihren Begriff einwirken, sodass die Suche nach ihrem Wesen zum Verzweifeln ist oder sie lächerlich erscheinen lässt. Man muss sich vor allem fragen, ob diese Feststellung der Nutzlosigkeit nicht selbst die Folge der Vorannahme ist, die vorgibt, die positiven Eigenheiten einer Sache von den »Vorstellungen« zu trennen, die die Menschen sich von ihr machen.

Es ist sicherlich bequem zu sagen, dass der Begriff der Literatur keine Klasse von konstanten Eigenschaften bestimmt, und ihn auf die Willkür individueller oder institutioneller Auffassungen zu verweisen, wenn man mit John Searle behauptet, dass »die Entscheidung darüber, ob ein Werk literarisch ist oder nicht, beim Leser« liegt.[2] Es scheint jedoch interessanter, sich Fragen zu stellen gerade über die Bedingungen, die ein solches Prinzip der Ununterscheidung und diesen Rückgriff auf die Konditionalität formulierbar machen. Gérard Genette entgegnet John Searle zu Recht, dass zum Beispiel *Britannicus* der Literatur nicht aufgrund des Genusses angehört, den ich empfinde oder den ich all seinen Lesern oder Zuschauern unterstelle. Und er schlägt vor, zwei Kriterien der Literarizität zu unterscheiden: ein bedingtes Kriterium, das von der Wahrnehmung einer besonderen Qualität des Geschriebenen abhängt; und ein konventionelles Kriterium, das mit der Gattung des Geschriebenen zusammenhängt. Ein Text gehört »konstitutiv« der Literatur an, wenn er keiner anderen Seinsklasse angehören kann: Eine Ode oder eine Tragödie wird unter

---

2 John Searle, *Ausdruck und Bedeutung. Untersuchungen zur Sprechakttheorie*, aus dem Amerikanischen von Andreas Kemmerling, Frankfurt/M. 1982, S. 81.

diese Kategorie fallen, unabhängig von ihrem Wert. Er gehört ihr jedoch »bedingt« an, wenn nur die Wahrnehmung einer besonderen Qualität des Ausdrucks ihn von der funktionellen Klasse, der er angehört, unterscheiden lässt: zum Beispiel Memoiren oder Reiseberichte.

Die Anwendung der Kriterien ist jedoch nicht selbstverständlich. *Britannicus*, sagt er, gehört der Literatur nicht wegen eines Urteils über seinen Wert an, sondern einfach, »weil es ein Theaterstück ist«.[3] Nur ist es ein Trugschluss, diese Folgerung für offensichtlich zu halten. Denn kein Kriterium, weder ein universelles noch ein geschichtliches, begründet die Einschließung der Gattung »Theater« in die Gattung »Literatur«. Das Theater ist eine Art des Schauspiels, nicht der Literatur. Die Behauptung von Genette wäre für die Zeitgenossen von Racine unverständlich. Für sie ist die einzig korrekte Schlussfolgerung die, dass *Britannicus* eine Tragödie ist, die den Normen der Gattung gehorcht und daher der Gattung der Dichtung angehört, von der das dramatische Gedicht selbst eine Unterteilung ist. Doch sie gehört nicht der »Literatur« an, welche für sie der Name eines Wissens und nicht einer Kunst ist. Wenn die Tragödie für uns hingegen der Literatur angehört, dann nicht aufgrund ihrer theatralischen Natur, sondern einerseits, weil die Tragödien von Racine neben den *Trauerreden* von Bossuet, die der Gattung der Reden angehören, und den *Essais* von Montaigne, die in keine Gattung richtig hineinpassen, ihren Platz im Pantheon der großen Schriftsteller gefunden haben, einer großen Enzyklopädie ausgewählter Stücke, die das Buch und der Unterricht konstituiert haben, nicht aber die Bühne; andererseits deswegen, weil sie Vertreter eines ganz spezifischen Theatertypus sind, eines Theaters, wie man es nicht mehr schreibt, eine tote Gattung, deren Werke gerade deswegen das bevorzugte Material einer neuen Kunstgattung sind, die man »Inszenierung« nennt, und deren Arbeit man gemeinhin mit einer »Neuinterpretation« gleichsetzt. Die Tragödie Racines gehört ihr also nicht als Theaterstück an, sondern als »klassische« Tragödie, nach einem retro-

---

3 Genette, *Fiktion und Diktion*, S. 29.

spektiven Status, den das romantische Zeitalter für sie erfunden hat, indem es eine neue »Idee« der »Literatur« erfand. Es ist daher tatsächlich wahr, dass nicht unsere individuelle Willkür über das »literarische« Wesen des *Britannicus* entscheidet. Doch es ist auch nicht seine Gattungsangehörigkeit, so wie sie die Arbeit von Racine und das Urteil seiner Zeitgenossen geleitet hat. Die Gründe der Zugehörigkeit des *Britannicus* zur Literatur sind schließlich nicht dieselben wie die seiner Zugehörigkeit zur Dichtung. Dieser Unterschied verweist uns jedoch nicht auf die Willkür oder auf das Unerkennbare. Die zwei Argumentationslinien können nachgezeichnet werden. Man muss dafür bloß auf die bequeme Position verzichten, die billig die positiven Eigenschaften von den spekulativen Ideen trennt. Unsere Epoche brüstet sich gerne mit der relativistischen Weisheit, die sie sich von den Verführungen der Metaphysik angeblich hart erobert hat. Sie hätte somit gelernt, die überladenen Begriffe der »Kunst« oder der »Literatur« auf die definierbaren empirischen Eigenschaften der künstlerischen Praktiken oder die ästhetischen Verhaltensweisen zurückzuführen. Dieser Relativismus ist vielleicht ein wenig zu kurz gegriffen und es ist angebracht, ihn bis zu dem Punkt zu treiben, an dem seine Position selbst relativiert wird, das heißt in jenes Netz von möglichen Aussagen wieder eingeschrieben wird, die einem System von Gründen angehören. Die »Relativität« der künstlerischen Praktiken ist tatsächlich die Geschichtlichkeit der Künste. Und diese Geschichtlichkeit ist niemals einfach die der Macharten. Sie ist die der Verbindung zwischen den Macharten und den Sprechweisen. Es ist bequem, den Verabsolutierungen des Kunstdiskurses die prosaischen Praktiken der Künste entgegenzusetzen. Doch dieser kernige Empirismus kann sich erst an die »einfachen Praktiken« der Künste halten, seit der verabsolutierte Kunstdiskurs sie alle auf dieselbe Ebene gestellt hat, indem er die alten Hierarchien der Schönen Künste abschaffte. Die einfachen Praktiken der Künste lassen sich nicht von den Diskursen trennen, welche die Bedingungen ihrer Wahrnehmung als Kunstpraktiken definieren.

Anstatt also die Sache der Literatur dem Relativismus zu überlassen, der das Fehlen eines bestimmten Typs von Eigenschaften feststellt und davon auf die Herrschaft der Laune oder der Konvention schließt, muss man sich fragen, von welcher begrifflichen Konfiguration dieser Sache die Möglichkeit einer solchen Schlussfolgerung selbst abhängt. Man muss sich bemühen, die Logik zu rekonstruieren, die aus der »Literatur« einen zugleich offensichtlichen und schlecht bestimmten Begriff macht. Man wird unter »Literatur« hier also weder die vage Vorstellung vom Repertoire ihrer Werke noch die Vorstellung von einem besonderen Wesen verstehen, welches diesen Werken die »literarische« Eigenschaft einbringt. Man wird von nun an unter diesem Ausdruck die geschichtliche Weise der Sichtbarkeit dieser Werke der Kunst des Schreibens verstehen, welche diesen Abstand hervorbringt und in Folge die Diskurse, die diesen Abstand theoretisieren: jene, die das unvergleichliche Wesen der literarischen Schöpfung sakralisieren, aber auch jene, die sie desakralisieren, um sie entweder auf die Willkür der Urteile oder auf die positiven Kriterien der Klassifizierung zu verweisen.[4]

Gehen wir, um die Frage einzugrenzen, von den zwei Diskursen über die Literatur aus, die vor zwei Jahrhunderten von zwei Literaten geführt wurden, die gleichermaßen der Praxis der Schreibkunst die philosophische Untersuchung über ihre Prinzipien beigesellten. Im *Philosophischen Wörterbuch* kreidete Voltaire bereits die Unbestimmtheit des Wortes »Literatur« an. Es handelt sich, so Voltaire, um »einen dieser in allen Sprachen häufig vorkommenden unbestimmten Ausdrücke«, der wie »Geist« oder »Philosophie« unterschiedlichste Bedeutungen annehmen kann. Diese anfängliche Einschränkung hindert ihn jedoch nicht daran, seinerseits eine Definition vorzuschlagen, die er für ganz Europa gültig erklärt, was soviel heißt wie für den ganzen Kontinent des Denkens. Die Literatur, so erläutert er, entspricht bei den Modernen dem, was bei den Alten »Grammatik« hieß: Sie »bezeichnet in ganz Europa eine Kenntnis der geschmackvollen Werke, eine oberflächliche Kenntnis von Geschichte, Dichtung, Redegewandtheit und Kritik«.[5]

---

4 Da die Bedeutung der Anführungszeichen, die »die« Literatur umgeben, mit dem Gegenstand des Buches nun gegeben ist, wird man sie dem Leser ab jetzt ersparen.
5 Voltaire, *Dictionnaire philosophique*, Paris 1827, Bd. 10, S. 174.

Hier nun einige Zeilen eines Gegenwartsautors, Maurice Blanchot, der sich wohlweislich davor hütet, die Literatur zu »definieren«. Denn sie stellt für ihn gerade die unendliche Bewegung ihres Rückbezugs auf ihre eigene Frage dar. Betrachten wir also die folgenden Zeilen als eine der Formulierungen dieser Bewegung zu sich selbst, die die Literatur ausmacht: »Ein literarisches Werk ist für jeden, der einzudringen versteht, ein ergiebiges Weilen in der Stille, eine feste Schutzwehr und eine hohe Mauer gegen diese redende Unermesslichkeit, die auf uns einredet und uns dabei uns selber abwendig macht. Wenn in diesem imaginären Tibet, wo niemand mehr an den Zeichen zu erkennen wäre, alle Literatur aufhörte zu reden, so litten wir an Mangel an Schweigen, und vielleicht wäre es dieser Mangel an Schweigen, der das Verschwinden der Literatur offenkundig werden ließe«.[6]

Sprechen die Definition von Voltaire und die Sätze von Blanchot nur annähernd von derselben Sache? Der erste macht ein halbgelehrtes, halb-amateurhaftes Wissen geltend, das erlaubt, als Kenner von den Werken der Belletristik zu sprechen. Der zweite beschwört im Zeichen des Steins, der Wüste und des Heiligen eine radikale Erfahrung der Sprache, die der Herstellung einer Stille geweiht ist. Diesen zwei Texten, die zwei verbindungslosen Universen anzugehören scheinen, scheint eine Sache gemeinsam zu sein: ihre Entfernung in Hinblick auf diese Sache, die alle genau kennen – die Literatur als Ansammlung der Produkte der Rede- und Schreibkunst, die je nach den Unterteilungen der geschichtlichen Zeitalter und den sprachlichen Aufteilungen die *Ilias* oder *Der Kaufmann von Venedig*, die *Mahabarata*, die *Nibelungen* oder *Auf der Suche nach der verlorenen Zeit* einschließt. Voltaire spricht von einem Wissen, das normativ die Schönheiten und Fehler gemachter Werke beurteilt, Blanchot von einer Erfahrung der Möglichkeit und der Unmöglichkeit zu schreiben, von der die Werke nur Zeugen sind.

Man wird sagen, dass diese Abweichungen nicht von derselben Art sind und getrennt voneinander erklärt werden müssen. Zwi-

---

[6] Maurice Blanchot, *Der Gesang der Sirenen. Essays zur modernen Literatur*, aus dem Französischen von Karl August Horst, München 1962, S. 297.

schen der gewöhnlichen Definition und dem Text von Blanchot besteht der Abstand zwischen dem gewöhnlichen Gebrauch eines weiten Begriffs und der besonderen Konzeptualisierung, die eine persönliche Theorie darauf pfropft. Zwischen der Definition von Voltaire und unserem gewöhnlichen Gebrauch oder dem außergewöhnlichen Gebrauch von Blanchot liegt die geschichtliche Realität der Bedeutungsverschiebung der Wörter. Im 18. Jahrhundert bezeichnete das Wort Literatur nicht die Werke oder die Kunst, die sie erzeugt, sondern das Wissen, das sie wertschätzt.

Die Definition von Voltaire ist tatsächlich der Entwicklung der *res litteraria* von der Renaissance zum Barock verhaftet, welche die gelehrte Kenntnis der Schriften der Vergangenheit bedeutete, seien sie nun Dichtung oder Mathematik, Naturgeschichte oder Rhetorik.[7] Die Literaten des 17. Jahrhunderts konnten die Werke von Corneille oder von Racine gering schätzen. Voltaire zahlt es ihnen mit gleicher Münze zurück, indem er den Literaten vom Dichter unterscheidet: »Homer war ein Genie, Zoïle ein Literat. Corneille war ein Genie; ein Journalist, der über seine Meisterwerke schreibt, ist ein Mann der Literatur. Man zeichnet die Werke eines Dichters, eines Redners, eines Historikers nicht durch den sehr schwammigen Ausdruck Literatur aus, obwohl ihre Autoren eine sehr verschiedenartige Kenntnis ausbreiten können und alles besitzen, was man unter dem Wort *Lettres* versteht. Racine, Boileau, Bossuet, Fénelon, die mehr Literatur hatten als ihre Kritiker, sollte man daher durchaus nicht Literaten nennen.«[8] Einerseits gibt es also die Fähigkeit zur Erzeugung von Werken der Belletristik, die Dichtung von Racine und Corneille, die Rednerkunst und die Geschichte von Fénelon oder von Bossuet, und andererseits die Kenntnis über diese Autoren. Zwei Züge verleihen hier dieser Kenntnis eine zwiespältige Stellung: Sie schwankt zwischen dem alten Wissen der Gelehrten und dem Geschmack der Kenner, der die Schönheiten von den Fehlern der dem Urteil des Publikums dargebotenen Werke trennt; und sie schwankt auch zwischen einem positiven Wissen um die Normen der Kunst und einer negativen

---

7 Marc Fumaroli, *L'Age de l'éloquence*, Paris 1994.
8 Voltaire, *Dictionnaire philosophique*, S. 175.

Qualifikation, wo die Literatur zum Schatten oder zum Parasiten des Schöpfers wird. Als Literat beurteilt Voltaire Szene für Szene die Sprache und die Handlungen der corneilleschen Helden. Als Anti-Literat setzt er die Sicht von Corneille und Racine durch: Die Liebhaber sollen ihr Vergnügen haben und den Autoren die Sorge überlassen, Aristoteles' Schwierigkeiten zu entwirren.

Man wird nun sagen, dass Voltaires Definition gerade in der Beschränkung, die sie dem Ausdruck verleiht, wenn er das literarische Wissen auf die Werke der Belletristik zentriert, vom langsamen Gleiten zeugt, welches die Literatur zu ihrer modernen Bedeutung führt. Und sie hat an dieser Aufwertung des schöpferischen Genies Teil, welches zum Schlüsselwort der Romantik und einer von den Regeln befreiten »Literatur« werden wird. Denn die Erhabenheit des Genies über die Regeln ist keine Entdeckung der jungen Leute im Zeitalter Victor Hugos. Der »alte Krebs« Batteux, der für Hugo den Staub der alten Normen symbolisiert, hatte zur Genüge festgestellt: Das Werk existiert nur durch das enthusiastische Feuer, das den Künstler belebt, durch seine Fähigkeit, in die Sache, die er erschafft, »einzugehen«. Und am Beginn des romantischen Jahrhunderts erklärte La Harpe, der beispielhafte Vertreter des vergangenen Jahrhunderts und der gestrigen Poetik, ohne Vorbehalte, dass das Genie in dem instinktiven Gefühl für dasjenige besteht, was die Regeln vorgeben, und die Regeln die einfache Kodifizierung dessen sind, was das Genie ins Werk setzt.[9] Somit scheint der Übergang von der Belletristik zur Literatur durch eine Revolution vor sich gegangen zu sein, die so langsam war, dass sie gar nicht erst bemerkt wurde. Bereits Batteux hielt es nicht für nötig, die Gleichwertigkeit zu kommentieren, die er zwischen einer »Vorlesung über Belletristik« und einer »Vorlesung über Literatur« herstellte. Marmontel oder La Harpe sorgten sich ebenso wenig darum, die Verwendung des Wortes »Literatur« zu rechtfertigen und seinen Gegenstand genauer zu fassen. Letzterer

---

9 Vgl. Batteux, *Cours de Belles-Lettres ou Principes de littérature*, Paris 1861, S. 2–8 und La Harpe, *Lycée ou Cours de littérature*, Paris 1840, Bd. I, S. 7–15. Der Ausdruck »alter Krebs«, mit dem Hugo Batteux bedenkt, findet sich im Gedicht »Littérature«, *Les Quatres Vents de l'esprit*, in Œuvres complètes, 1969, Bd. IX, S. 619.

beginnt 1787 seine Vorlesungen am Lycée, 1803 veröffentlicht er seine *Vorlesung*. In den dazwischenliegenden Jahren war dieser Schüler von Voltaire Revolutionär, Montagnard und Thermidorianer, danach an der Restauration des Katholizismus beteiligt. Die *Vorlesung* trägt die Spuren der Ereignisse und ihrer Widerrufe. Er kümmert sich jedoch zu keiner Zeit um die stille Revolution, die sich im Schatten der anderen vollzogen hat: Zwischen dem Anfang und dem Ende seiner *Vorlesung über Literatur* hat sich die Bedeutung des Wortes geändert. Diejenigen, die zur Zeit von Hugo, Balzac und Flaubert unablässig Marmotel und La Harpe neu auflegen werden, werden sich auch nicht darum kümmern. Aber genauso wenig diejenigen, deren Bücher in den ersten Jahren des neuen Jahrhunderts die neue Geografie des literarischen Feldes skizzieren. Mehr noch als die Kriterien zur Beurteilung von Werken revolutionieren Madame de Staël und Barante, Sismondi und August Wilhelm Schlegel die Beziehungen zwischen Kunst, Sprache und Gesellschaft, die das literarische Universum umschreiben; sie schließen die Berühmtheiten von gestern aus diesem Universum und nehmen vergessene Kontinente hinein. Doch keiner von ihnen findet es interessant, die Entwicklung des Wortes selbst zu kommentieren.[10] Ebenso wenig Hugo in seinen bilderstürmerischsten Erklärungen. Die Nachwelt der Schriftsteller wie die der Rhetorik- oder Literaturprofessoren werden ihnen in diesem Punkt folgen.

Zwischen Voltaires Definition und unserer gäbe es also nur eine lexikalische Verschiebung, die eine stille Revolution begleitete. Die Metaphern von Blanchot unterstünden einer ganz anderen Abweichung, deren Gründe der Positivismus kaum Mühe hat auszumachen. Die Mauer von Tibet, die Wüste und das Heilige, von denen der Text spricht, die Erfahrung der Nacht und des Selbstmordes, der Begriff des »Neutralen«, welche uns zahllose andere Texte freilegen, haben leicht auffindbare Quellen. Sie verweisen auf jene

---

10 Vgl. Mme de Staël, *De la littérature considérée dans ses rapports avec les institutions sociales*, 1801, und dies., *De l'Allemagne*, 1814; Sismondi, *De la littérature du Midi de l'Europe*, 1813; Barante, *De la littérature française pendant le XVIIe siècle*, 1814; August Wilhelm Schlegel, *Über dramatische Kunst und Literatur. Vorlesungen*, 1814.

Sakralisierung der Literatur, deren Hohepriester bei uns Flaubert und Mallarmé sind, auf jene Verwandlung der Schrift in Wüste, die das flaubertsche Projekt des Buches über nichts impliziert, auf jene nächtliche Begegnung des unbedingten Schreibanspruchs mit dem Nichts, welches das mallarmésche Projekt des Buches impliziert. Sie drücken diese Verabsolutierung der Kunst aus, die von jungen exaltierten Köpfen in Deutschland um 1800 proklamiert wurde: Hölderlins Mission des vermittelnden Dichters, Schlegels Verabsolutierung der »Poesie der Poesie«, die hegelsche Identifizierung der Ästhetik mit der Entfaltung des Begriffs des Absoluten, Novalis' Behauptung der Intransitivität einer Sprache, die sich »bloß um sich selbst bekümmert«. Schließlich verweisen sie über die Vermittlung des schellingschen Denkens des Unbestimmten und über die Theosophie Jacob Böhmes auf die Tradition der negativen Theologie, die die Literatur der Zeugenschaft ihrer eigenen Unmöglichkeit weiht, wie sie sich der Unsagbarkeit der göttlichen Attribute widmete.[11] Die Spekulationen von Blanchot über die literarische Erfahrung, seine Verweise auf heilige Zeichen oder sein Dekor von Wüsten und Mauern, wären nur deswegen möglich, weil vor zweihundert Jahren die Poesie von Novalis, die Poetik der Brüder Schlegel und die Philosophie von Hegel und Schelling die Kunst und die Philosophie – mit der Religion und dem Recht, der Physik und der Politik – unabänderlich in ein und derselben Nacht des Absoluten vermischt hätten.

Welche Klarsichtigkeit diese Argumente auch zeigen können, sie lassen uns immer vor der etwas raschen Schlussfolgerung, dass die Menschen sich Illusionen in den Kopf setzen aufgrund der menschlichen Neigung zur Illusion und besonders aufgrund der Liebe der Dichter zu klingenden Wörtern und der Metaphysiker zu transzendenten Ideen. Es ist vielleicht interessanter, sich zu fragen, warum die Menschen und diese oder jene Sorte von

---

11 Für die Entwicklung der unterschiedlichen, hier synthetisierten Argumente wird namentlich auf die kritischen Analysen von Tzvetan Todorov *(Critique de la critique: un roman d'apprentissage*, Paris 1984) und Jean-Marie Schaeffer *(L'Art de l'âge moderne*, Paris 1992) oder von einer anderen Perspektive aus, von Henri Meschonnic *(Poétique sans réponse. Pour la poétique V*, Paris 1978) verwiesen.

Menschen zu diesem oder jenem Zeitpunkt sich diese »Illusionen in den Kopf setzen«. Mehr noch, man muss gerade das Verfahren untersuchen, welches das Positive und die Illusion trennt, und sehen, was es voraussetzt. Wir können dann nicht erstaunt sein über das genaue Zusammentreffen zwischen dem Moment, in dem die schlichte Bedeutungsverschiebung des Wortes »Literatur« sich vollendet, und jenem, in dem diese philosophisch-poetischen Spekulationen entwickelt werden, die bis in unsere Gegenwart den Anspruch der Literatur unterstützen, eine neue und radikale Übung des Denkens und der Sprache, wenn nicht gar eine gesellschaftliche Aufgabe und Priesterwürde zu sein. Wenn wir nicht der heute verbreiteten Paranoia verfallen, welche vermeint, dass zwischen den letzten Jahren des 18. und den ersten des 19. Jahrhunderts die Komplizenschaft der französischen Revolutionäre und der deutschen Träumer jede vernünftige Sache auf den Kopf gestellt hat und zwei Jahrhunderte theoretischen und politischen Wahnsinns hervorgerufen hat, dann müssen wir ein wenig genauer das suchen, was die ruhige Verschiebung eines Namens mit der Errichtung jenes theoretischen Dekors verbindet, die es erlaubt, die Theorie der Literatur mit einer Theorie der Sprache und ihre Ausübung mit der Herstellung eines Schweigens gleichzusetzen. Man muss sehen, was die stille Revolution, die den Sinn eines Wortes verändert, und die begrifflichen Verabsolutierungen der Sprache, der Kunst und der Literatur, welche sich darauf pfropfen, *und* die Theorien, die diese Revolution mit den anderen in einen Gegensatz bringen, gleichzeitig und gleichermaßen ermöglicht. Die Literatur als geschichtliche Art und Weise der Sichtbarkeit von Werken der Schreibkunst ist das System dieser Vereinbarkeit.

So definieren sich der Gegenstand und die Ordnung des vorliegenden Buches. Es versucht zuerst das Wesen und die Modalitäten jenes Paradigmenwechsels zu analysieren, der das normative System der Belletristik zugrunde richtet, und davon ausgehend zu verstehen, warum dieselbe Revolution unbemerkt vor sich gehen oder verabsolutiert werden kann. Man wird den Grund in der besonderen Eigenheit dieser Revolution finden. Sie ändert nicht die Normen der repräsentativen Poetik zugunsten anderer Normen, sondern zugunsten einer anderen Interpretation dessen, was Poetik ist. Diese kann sich also einfach über die Existenz von

Werken legen als eine Vorstellung davon, was sie machen und was sie sind. Doch sie kann umgekehrt vor allem den Schreibakt mit einer Verwirklichung seiner neuen Idee verknüpfen und den Anspruch einer neuen Kunst bestimmen.

Danach wird man sich mit der Kohärenz des neuen Paradigmas selbst beschäftigen. Die emanzipierte »Literatur« hat zwei große Prinzipien. Den Normen der repräsentativen Poetik stellt sie die Gleichgültigkeit der Form hinsichtlich ihres Inhalts entgegen. Der Vorstellung der Fiktions-Dichtung stellt sie die der Dichtung als eigener Modus der Sprache entgegen. Sind die zwei Prinzipien miteinander vereinbar? Beide setzen der alten *mimesis* der gesprochenen Rede eine Kunst entgegen, die einzig die der Schrift ist. Doch damit verdoppelt sich der Begriff der Schrift: Sie kann die Sprache sein, die Waise jedes Körpers ist, der sie führt und bezeugt; sie kann umgekehrt die Hieroglyphe sein, die ihre Idee auf ihrem Körper trägt. Und der Widerspruch der Literatur könnte gerade die Spannung dieser zwei Schriften sein.

Man wird also versuchen, die Formen dieser Spannung bei drei Autoren zu zeigen, deren Namen gemeinhin die Verabsolutierung der Literatur symbolisieren: Flaubert, Mallarmé und Proust.[12] Der flaubertsche Versuch des »Buches über nichts«, das mallarmésche Projekt einer eigenen Schrift der Idee und der proustsche Roman der Bildung des Romanschriftstellers legen die Widersprüche der Literatur frei. Aber sie zeigen auch ihren notwendigen und produktiven Charakter. Die Sackgassen der literarischen Verabsolutierung entstammen nicht dem Widerspruch, der die Idee der Literatur angeblich haltlos macht. Sie tauchen umgekehrt da auf, wo die Literatur ihre Widerspruchslosigkeit beweisen will. Wenn man die theoretischen Ausdrucksformen und die praktischen Verwirklichungsmodalitäten dieses Paradoxes untersucht, wird man das Dilemma zwischen Relativismus und Absolutismus verlassen

---

12 Drei französische Autoren also: Die vorliegende Arbeit hat keinen enzyklopädischen Anspruch. Sie kann auch nicht die französische Besonderheit in der Ausarbeitung der Normen der Belletristik oder der Ideale der Literatur analysieren. Sie stellt einfach ein paar Hypothesen hinsichtlich eines Universums von Bezügen und einer einfachen, genügend homogenen geschichtlichen Zeitspanne auf.

können, und man wird der konventionellen Weisheit des Relativismus den Skeptizismus einer Kunst entgegenstellen können, die fähig ist, mit ihrer eigenen Idee zu spielen und ihren Widerspruch in Werke zu verwandeln.

Erster Teil

Von der eingeschränkten Poetik zur verallgemeinerten Poesie

1.

Von der Repräsentation zum Ausdruck

Gehen wir also nun von dieser Mauer aus Stein und von dieser Schutzwehr des Schweigens aus, um zuerst Folgendes festzustellen: Die Metaphern, mit denen Blanchot die Reinheit des literarischen Ausdrucks feiert, sind nicht seine Erfindung und dienen auch nicht der bloßen Wertschätzung dieser Reinheit. Sie sind dieselben, die dazu dienen, die Perversität anzuklagen, die dieser Reinheit innewohnt. Sie strukturieren so die Argumentation von Sartre, dem faszinierten Verächter von Flaubert und Mallarmé. Endlos beklagt Sartre die Schwärmerei Flauberts für Gedichte in toter Sprache, »Worte aus Stein, die von Statuenlippen fallen«, oder die »Säule des Schweigens« des mallarméschen Gedichts, »das einsam in einem Geheimgarten blüht«. Der Literatur der ausstellenden Sprache, bei der das Wort als Vermittler zwischen einem Autor und einem Leser dient, ist eine Literatur entgegengesetzt, in der das Mittel zum Zweck wird und die Sprache nicht mehr der Akt eines Subjekts ist, sondern ein stummes Selbstgespräch: »Die Sprache ist anwesend, wenn man sie spricht, andernfalls ist sie tot, die Wörter stecken in Wörterbüchern fest. Diese Gedichte, die niemand spricht und die für Blumensträuße gehalten werden können, die nach ihren Farbverhältnissen ausgewählt wurden, oder für Zusammenstellungen von Edelsteinen, sind ganz sicher Schweigen.«[1] Man mag denken, dass Sartre auf Blanchot antwortet und auf ganz natürliche Weise dessen Vokabular verwendet. Doch die Kritik der literarischen »Versteinerung« hat selbst eine viel ältere Geschichte. Indem Sartre im Namen einer politisch revolutionären Perspektive beklagt, dass die menschliche Sprache und das menschliche Handeln dem Prestige einer versteinerten Sprache geopfert werden, führt er paradoxerweise den Prozess weiter, den die politischen oder literarischen Traditionalisten des

---

1 Jean-Paul Sartre, *Mallarmé. La lucidité et sa face d'ombre*, Paris 1986, S. 157.

19. Jahrhunderts fortwährend gegen jede Generation literarischer Erneuerer angestrengt hatten. Diese hatten nämlich unablässig den Vorrang der lebendigen und tätigen Sprache gegenüber den Bildern der hugoschen »Romantik« wie gegenüber den Beschreibungen des flaubertschen »Realismus« oder den Arabesken des mallarméschen »Symbolismus« ins Feld geführt. In *Was ist Literatur?* stellt Sartre der Dichtung, die intransitiv die Wörter gebrauchte wie der Maler seine Farben, die Literatur entgegen, die sich ihrer bedient, um aufzuzeigen und zu beweisen.[2] Doch diese Gegenüberstellung einer Kunst, die malt, und einer Kunst, die beweist, ist bereits das Leitmotiv der Kritiker des 19. Jahrhunderts. Charles de Rémusat wendet diese Gegenüberstellung gegen Hugo, als er eine Literatur beklagt, die »nicht mehr das Instrument einer fruchtbaren Idee ist, sondern sich von den Anliegen isoliert, die sie verteidigen muss, [...] um eine Kunst zu werden, die unabhängig ist von allem, was auszudrücken ist, eine eigene Macht ganz besonderer Art, die ihr Leben, ihr Ziel und ihren Ruhm nur mehr in sich sucht.« Barbey d'Aurevilly argumentiert mit ihr gegen Flaubert: Der Realist »möchte nur gemalte Bücher« und lehnt »jedes Buch ab, das dem Zweck dient, etwas zu beweisen«. Sie ist schließlich Léon Bloys große Anklage des »literarischen Götzendiensts«, der das Wort dem Kult des Satzes opfert.[3] Um diese ständige Klage über die literarische »Versteinerung« und ihre Wandlungen zu verstehen, muss man also die erste bequeme Schranke überqueren, die Sartre zwischen der pantheistischen Naivität der romantischen Zeiten, »als die Tiere sprachen« und »die Bücher von Gott diktiert wurden«, und der Ernüchterung der enttäuschten Ästheten nach 1848 setzt. Man muss dieses Thema an seiner Wurzel packen, zu der Zeit eben, als sich die Macht der in jedem Lebewesen steckenden Sprache und die Macht des Lebens in jedem Stein behaupten.

---

2   Jean-Paul Sartre, *Was ist Literatur?* Aus dem Französischen von Traugott König, Reinbek bei Hamburg 1991, S. 13–17. (A.d.Ü.)
3   Charles de Remusat, *Passé et présent*, Paris 1847, zitiert von Armand de Pontmartin, *Nouvelles causeries du samedi*, Paris 1859, S. 4; Jules Barbey d'Aurevilly, *Les Œuvres et les Hommes*, Genf 1968, Bd. XVIII, S. 101; Léon Bloy, *Belluaires et porchers*, Paris 1905, S. 96f.

Beginnen wir also beim Anfang, nämlich bei der Schlacht der »Romantik«. Da geht es nicht so sehr um die Zeilensprünge im *Hernani* wie »l'escalier/dérobé« oder um die jakobinische »rote Mütze«, die Hugo dem alten Wörterbuch aufsetzt, das die Anhänger von Voltaire oder von La Harpe gegen ihn aufbieten. Sondern es geht um die Identifikation der Macht des Gedichts mit der Macht einer Sprache aus Stein. Das bezeugt die bissige Kritik von Gustave Planche an dem Werk, das besser als *Hernani* den Skandal der neuen Schule versinnbildlicht, *Der Glöckner von Notre-Dame*: »In diesem so eigentümlichen, so monströsen Werk sind der Mensch und der Stein verschmolzen und bilden nur noch einen einzigen Körper. Der Mensch unter dem Spitzbogen ist nicht mehr als das Moos auf der Mauer oder die Flechte auf der Eiche. Unter der Feder von Herrn Hugo wird der Stein lebendig und scheint allen menschlichen Leidenschaften zu gehorchen. Die Vorstellungskraft, die während ein paar Augenblicken bezaubert ist, glaubt einer Ausweitung des Denkbereichs beizuwohnen, dem Eindringen des intelligenten Lebens in die Materie. Doch bald bemerkt sie enttäuscht, dass die Materie geblieben ist, was sie war, und dass umgekehrt der Mensch versteinert wurde. Die gemeißelten Lindwürmer und Salamander an den Flanken der Kathedrale sind regungslos geblieben und das Blut, das in den Adern des Menschen floss, ist plötzlich gefroren; die Atmung hat aufgehört, das Auge sieht nicht mehr, der Handelnde ist zum Stein hinabgestiegen, ohne ihn zu sich zu erheben.«[4]

Die »Versteinerung«, von der hier der Kritiker Hugos spricht, beruht nicht auf einer Haltung des Schriftstellers, die das Schweigen seiner Rede begründet. Sie ist gerade der Gegensatz zwischen zwei Poetiken, der die *romantische* Neuheit nicht nur mit den formalen Regeln der Belletristik brechen lässt, sondern selbst mit ihrem Geist. Was diese zwei Poetiken in Gegensatz zueinander bringt, ist eine unterschiedliche Vorstellung vom Verhältnis zwischen Denken und Materie, welches das Gedicht ausmacht, und von der Sprache, die der Ort dieses Verhältnisses ist. Wenn man

---

4   Gustave Planche, »Poètes et romanciers modernes de la France. M. Victor Hugo«, *Revue des Deux Mondes*, 1838, Bd. I, S. 757.

sich auf die klassischen Begriffe der Poetik bezieht – die *inventio*, welche die Wahl des Gegenstandes betrifft, die *dispositio*, welche die Teile gliedert, und die *elocutio*, die der Rede den Schmuck verleiht, der ihr angemessen ist –, dann kann man die neue Poetik, die im Roman von Hugo triumphiert, als Umwälzung des Systems kennzeichnen, welches sie ordnete und hierarchisierte. Die klassische *inventio* bestimmte die Dichtung nach Aristoteles als Anordnung von Handlungen und als Darstellung von handelnden Menschen. Sicherlich wird auch in *Der Glöckner von Notre-Dame* eine Geschichte erzählt und das Geschick von Figuren verwoben und aufgelöst. Doch der Titel des Buches (*Notre-Dame de Paris*, A.d.Ü.) ist deswegen nicht lediglich die Angabe des Ortes, an dem sich die Geschichte abspielt. Er definiert diese Abenteuer als eine andere Verkörperung dessen, was die Kathedrale selbst in der Verteilung ihrer Volumen, in der Ikonografie oder im Modell ihrer Skulpturen ausdrückt. Er setzt seine Figuren als vom Stein und vom Sinn, den er verkörpert, losgelöste Gestalten in Szene. Und dafür belebt sein Satz den Stein, lässt ihn sprechen und handeln. Das heißt, dass die *elocutio*, die einst der *inventio* gehorchte, indem sie den Handlungsfiguren den Ausdruck verlieh, der ihrem Charakter und ihren Umständen entsprach, sich von ihrer Vormundschaft befreit zugunsten einer Macht der Sprache, die dem neuen Gegenstand der Dichtung zugestanden wird, und den Platz ihrer Herrin einnimmt. Nur ist diese Allmacht der Sprache auch, so sagt uns Planche, eine Umkehrung ihrer inneren Hierarchie. Nunmehr nimmt der »materielle Teil« der Sprache – die Wörter mit ihrer lautlichen und bildlichen Macht – den Platz des »intellektuellen Teils« ein. Die Syntax ordnet die Wörter dem Ausdruck des Denkens und der logischen Ordnung einer Handlung unter.

Die Analyse von Planche erlaubt uns zu verstehen, was bei der hugoschen »Versteinerung« auf dem Spiel steht. Diese ist die Umwälzung eines poetischen Systems. Und sie erlaubt uns, das so revolutionierte System, das System der Repräsentation nachzuvollziehen, wie es im vorangehenden Jahrhundert in den Abhandlungen von Batteux, Marmontel oder La Harpe festgehalten worden war oder wie es die Kommentare von Voltaire zu Corneille beseelte. Dieses System der Repräsentation gehorchte nämlich weniger formalen Regeln denn einem bestimmten Geist, einer

Vorstellung von den Beziehungen zwischen der Sprache und der Handlung. Vier große Prinzipien beseelten die Poetik der Repräsentation. Das erste, das im ersten Kapitel der *Poetik* des Aristoteles aufgestellt wird, ist das Prinzip der Fiktion. Das Wesen des Gedichts besteht nicht in der Anwendung einer mehr oder weniger harmonischen metrischen Regelmäßigkeit, sondern in einer Nachahmung, einer Darstellung von Handlungen. Anders gesagt, die Dichtung kann nicht durch einen Modus der Sprache definiert werden. Eine Dichtung ist eine Geschichte und ihr Wert oder ihre Unzulänglichkeit liegen an der Gestaltung dieser Geschichte. Das begründet die Allgemeingültigkeit der *Poetik* als Norm für die Künste im Allgemeinen. Wenn die Dichtung und die Malerei miteinander verglichen werden können, dann nicht, weil die Malerei eine Sprache wäre und die Farben des Malers den Worten des Dichters entsprächen, sondern weil beide eine Geschichte erzählen, die auf die grundlegenden gemeinsamen Normen der *inventio* und der *dispositio* verweisen. Diese Vorrangstellung der »Handlungsanordnung«, welche die Fabel definiert, begründet auch die Ungeniertheit des Kritikers oder des Übersetzers im Hinblick auf die sprachliche Form des Werkes, die Freiheit, die er sich nimmt, entweder die Verse in Prosa zu übersetzen, oder sie in die Verse zu übersetzen, die der Dichtung seiner Nation und seiner Zeit entsprechen. La Harpe empört sich gegen La Motte, der, um zu zeigen, dass die Metrik kein Hindernis für die Vermittlung von Vorstellungen und Gefühlen ist, den ersten Akt von *Mithridates* in Prosa transponiert hatte. Eine weitverbreitete, den Schülern zwecks Stilübung vorgelegte Aufgabe, ist jedoch die Übersetzung der Fabeln von der Versform in Prosa und wird es noch bis ins 19. Jahrhundert bleiben. Vor allem die Stimmigkeit einer in die Fiktion versetzten Idee macht die Dichtung aus.

Das Prinzip der Fiktion hat einen zweiten Aspekt. Es setzt eine spezifische Raum-Zeit voraus, in der die Fiktion gegeben ist und als solche geschätzt wird. Der Sachverhalt scheint offensichtlich zu sein. Aristoteles braucht ihn nicht aufzuschreiben und er ist noch zur Zeit der Belletristik selbstverständlich. Ein fiktiver Held jedoch hat bereits die Zerbrechlichkeit dieser Aufteilung aufgezeigt: Don Quijote, der, indem er die Marionetten des Meisters Peter zerschlägt, sich weigert, eine spezifische Raum-Zeit anzuerkennen, in der man so tut, als würde man an Geschichten glauben, an die man nicht glaubt. Nun ist Don Quijote aber nicht einfach der Held der aussterbenden Ritterschaft und der verrückten Vorstellungskraft. Er ist auch der Held der Romanform, der Held einer Fiktionsart, die ihre eigene Stellung gefährdet. Es stimmt, dass diese Konfrontationen zwischen Romanheld und Marionettenspieler einer Welt angehören, welche die Ordnung der Belletristik nicht kennt. Doch es ist kein Zufall, dass die neue Literatur Don Quijote zu ihrem Helden erklären wird.

Das zweite Prinzip ist das der Gattungshaftigkeit. Es genügt nicht, dass sich die Fiktion als solche verkündet. Sie muss auch einer Gattung konform sein. Was eine Gattung definiert, ist nun aber nicht eine Gesamtheit von formalen Regeln, sondern die Natur dessen, was dargestellt wird, die Natur des Gegenstands der Fiktion. Wiederum hat Aristoteles das Prinzip aufgestellt, in den ersten Büchern der *Poetik*: Die Gattung einer Dichtung – Epos, Satire, Tragödie oder Komödie – ist zuallererst mit der Natur dessen verbunden, was sie darstellt. Es gibt nun aber grundlegend zwei Arten von Handlungen, die man nachahmt: die großen und die kleinen; zwei Sorten von Leuten, die man nachahmt: edle und gemeine Geister; zwei Weisen des Nachahmens: die eine, die den nachgeahmten Gegenstand erhöht, die andere, die ihn erniedrigt. Die Nachahmer mit edler Seele wählen die ruhmreichen Handlungen, die Großen, die Helden und die Götter, um sie dazustellen, und sie stellen sie nach dem höchsten formalen Vervollkommnungsgrad dar, den man ihnen zuordnen kann: Sie werden epische Dichter oder Tragöden. Die Nachahmer geringer Tugend suchen sich die kleinen Geschichten des niedrigen Volkes aus oder tadeln die Laster der Mittelmäßigen: Sie werden Komödien- oder Satirendichter.

Eine Fiktion gehört einer Gattung an. Eine Gattung ist durch den dargestellten Stoff bestimmt. Der Stoff nimmt einen Platz auf einer Stufenfolge von Werten ein, welche die Hierarchie der Gattungen bestimmt. Der dargestellte Stoff verbindet die Gattung mit einer der beiden grundlegenden Arten der Rede, mit der Lobrede oder dem Tadel. Es gibt kein Gattungssystem ohne Hierarchie der Gattungen. Die Gattung, die vom dargestellten Stoff bestimmt wird, definiert die spezifischen Weisen seiner Darstellung. Das Prinzip der Gattungshaftigkeit impliziert also ein drittes Prinzip, das wir Prinzip der Schicklichkeit nennen werden. Wer sich ausgesucht hat, Götter darzustellen und nicht Bürgerliche, oder Könige und nicht Schäfer, und somit eine entsprechende Fiktionsgattung gewählt hat, muss seinen Figuren Handlungen und Reden verleihen, die ihrem Wesen, also der Gattung seiner Dichtung angemessen sind. Das Prinzip der Schicklichkeit richtet sich also genau nach dem Prinzip der Unterwerfung der *elocutio* unter die erfundene Fiktion. »Der Stand und die Stellung des Sprechers bestimmen die Redeweise.«[5] Viel mehr als auf die allzu berühmten »drei Einheiten« oder die allzu oft zitierte *katharsis* hat das französische klassische Zeitalter darauf seine Poetik gebaut und seine Kriterien gegründet. Das Problem besteht nicht darin, Regeln zu gehorchen, sondern die Weisen der Schicklichkeit zu unterscheiden. Das Ziel der Fiktion ist es, zu gefallen. Voltaire stimmt darin mit Corneille überein wie dieser mit Aristoteles. Doch gerade weil sie den Edelmännern gefallen soll, muss die Fiktion das respektieren, was sie glaubwürdig erscheinen lässt und sie liebenswürdig macht, das heißt das Prinzip der Schicklichkeit. Die *Kommentare über Corneille* von Voltaire sind eine minutiöse Anwendung dieses Prinzips auf alle Figuren und Situationen, auf all ihre Handlungen und all ihre Reden. Das Übel besteht immer nur in der Unschicklichkeit. So ist selbst der Stoff von *Théodore* falsch, weil es »nichts Tragisches in dieser Handlung gibt; ein junger Mann will nicht die Frau, die man ihm anbietet und er liebt eine andere, die ihn nicht will. Das ist ein richtiger Komödienstoff und sogar ein trivialer.« Die Generäle und die Prinzessinnen in *Suréna* »sprechen von Liebe wie die Bürgerinnen von Paris«. In *Pulchérie* sind die Verse, mit denen Martian seine Liebe gesteht, »eher die eines alten Schäfers als eines alten Hauptmanns«. Pulchérie ihrerseits drückt sich wie eine »Komödienkammerzofe« aus, oder einfach wie ein Gelehrter. »Welche Prinzessin würde jemals auftreten, indem sie sagt, dass die Liebe in der Gunst schmachtet und in den Freuden stirbt?« Und außerdem »ziemt es sich nicht für eine Prinzessin, zu

---

5 Batteux, *Cours de Belles-Lettres ou Principes de littérature*, S. 32.

sagen, dass sie verliebt ist«.[6] Eine Prinzessin ist nämlich keine Schäferin. Man darf dieses Nichtgeziemen nicht missverstehen. Voltaire kennt seine Welt gut genug, um zu wissen, dass eine Prinzessin, verliebt oder nicht, im Wesentlichen wie eine Bürgerliche spricht, wenn nicht gar wie eine Schäferin. Er will uns sagen, dass eine Tragödienprinzessin ihre Liebe nicht so erklären darf, dass sie nicht wie eine Schäferin eines Hirtengedichtes sprechen darf, wenn sie nicht aus der Tragödie eine Komödie machen soll. Und wenn Batteux empfiehlt, die Götter sprechen zu lassen, »wie sie wirklich sprechen«, so ist er sich ziemlich bewusst, dass unsere Erfahrung in dieser Angelegenheit sehr beschränkt ist. Es geht darum, sie »ganz als Götter sprechen zu lassen«, sie so sprechen zu lassen, »wie sie sprechen, wenn man ihnen die ihnen entsprechende höchste Perfektion unterstellt«.[7] Es handelt sich nicht um Lokalkolorit oder um getreue Wiedergabe, sondern um fiktionale Wahrscheinlichkeit. In ihr überschneiden sich vier Kriterien der Schicklichkeit: zuerst die Entsprechung mit dem Wesen der menschlichen Leidenschaften im Allgemeinen; danach die Entsprechung mit dem Charakter oder den Sitten dieses oder jenen Volkes oder dieser oder jener Figur; dann die Übereinstimmung zwischen dem Anstand und dem Geschmack, die unseren Sitten entspricht; endlich die Entsprechung zwischen den Handlungen und den Worten mit der Logik der Handlungen und den Eigenschaften, die einer Gattung eigen sind. Die Vollkommenheit des repräsentativen Systems ist nicht die Vollkommenheit der Regeln der Grammatiker. Sie ist die des Genies, das diese vier Schicklichkeiten – die natürliche, die geschichtliche, die moralische und die konventionelle – in eine einzige zusammenfügt, des Genies, das sie derjenigen Schicklichkeit unterordnet, die sie in diesem präzisen Fall beherrscht. Deswegen hat Racine zum Beispiel gegen die Schulmeister recht, wenn er uns in *Britannicus* einen Kaiser, nämlich Nero, zeigt, der sich versteckt, um ein Gespräch unter Verliebten zu belauschen. Das geziemt sich nicht für einen Kaiser, also nicht für eine Tragödie, so sagen sie. Das sind Situation

---

6   Voltaire, *Commentaires sur Corneille*, in: The Complete Works, Cambridge 1975, Bd. 5, S. 465, 976, 964, 965 und 731.
7   Batteux, *Cours de Belles-Lettres ou Principes de littérature*, S. 42.

und Figuren einer Komödie. Doch sie haben nicht Tacitus gelesen und spüren daher nicht, dass diese Art von Situation ein getreues Gemälde des Hofes von Nero ist, so wie wir ihn durch Tacitus kennen.

Das muss tatsächlich gefühlt werden. Und das empfundene Vergnügen beweist die Schicklichkeit. Deshalb kann La Harpe Chimène von der Anschuldigung reinwaschen, die ihr vorwirft, sich als »entartete Tochter« zu benehmen, wenn sie den Mörder ihres Vaters anhört, wie er ihr von Liebe spricht. Denn die Natur und die Unnatur bestätigen sich im Theater, und sei es im Umkehrschluss: »Ich bitte nochmals die Académie um Verzeihung, aber es scheint mir erwiesen, dass eine entartete Tochter im Theater nicht ertragen werden würde, weniger noch die Wirkung hervorrufen könnte, die Chimène hervorruft. Das sind Vergehen, die man niemals verzeiht, denn sie werden vom Herzen verurteilt und die versammelten Männer können nicht einen Eindruck erhalten, der gegen die Natur ist.«[8] Wahrscheinlich erlaubt der rousseauistische Akzent der Formulierung, das Argument auf die Zeit des revolutionären Enthusiasmus des Autors zu datieren. Sie aktualisiert jedoch nur ein Verifikationsprinzip zum Gebrauch für das republikanische Volk, welches La Harpes Lehrmeister Voltaire den versierten Kennern vorbehielt. Das Prinzip der Schicklichkeit definiert ein Verhältnis des Autors zu seinem Stoff, dessen Erfolg zu ermessen einzig der Zuschauer – ein bestimmter Typus von Zuschauer – imstande ist. Die Schicklichkeit spürt man. Die »Literaten« der Akademie oder der Zeitungen spüren sie nicht. Corneille und Racine hingegen haben sie im Gespür. Nicht durch die Kenntnis der Regeln der Kunst, sondern durch ihre Verwandtschaft mit ihren Figuren – oder genauer, mit dem, was sie sein müssen. Worin besteht diese Verwandtschaft? Darin, dass sie wie sie, im Gegensatz zu den Literaten, Männer des Ruhmes und Männer der schönen und handelnden Sprache sind. Das setzt auch voraus, dass ihre natürlichen Zuschauer nicht Menschen sind, die zuschauen, sondern Menschen, die handeln und zwar durch das Wort. Die ersten Zuschauer von Corneille, sagt uns Voltaire, waren

---

8 La Harpe, *Lycée ou Cours de littérature*, Bd. I, S. 476.

Condé oder Retz, Molé oder Lamoignon; das waren Generäle, Prediger oder Richter, die kamen, um sich darin zu bilden, wie man würdig spricht, und nicht dieses Publikum von Zuschauern heute, das sich einfach aus »einer gewissen Anzahl von jungen Männern und jungen Damen« zusammensetzt.[9]

Das Prinzip der Schicklichkeit beruht somit auf einer Harmonie zwischen drei Figuren: dem Autor, der dargestellten Figur und dem Zuschauer, welcher der Darstellung beiwohnt. Das natürliche Publikum des Dramatikers wie des Redners ist ein Publikum von Leuten, die »kommen, um sich im Reden zu bilden«, weil das Wort ihr eigenstes Geschäft ist – handle es sich nun darum, zu befehlen oder zu überzeugen, zu ermahnen oder zu beraten, zu lehren oder zu gefallen. In diesem Sinn werden die »versammelten Männer« ebenso wie die Generäle, Richter, Fürsten oder Bischöfe von Voltaire der einfachen Versammlung »einer gewissen Anzahl von jungen Männern und jungen Damen« entgegengesetzt. Als Akteure der Sprache sind sie fähig, durch das von ihnen empfundene Vergnügen den Beweis für die Schicklichkeit des Verhaltens von Chimène und des Stücks von Corneille zu liefern. Das Gebäude der Repräsentation ist »eine Art Republik, in der jeder seinem Stand entsprechend dargestellt werden muss«.[10] Es ist ein hierarchisches Gebäude, in dem die Sprache sich der Fiktion unterwerfen muss, die Gattung dem Stoff und der Stil den Figuren sowie den dargestellten Situationen; eine Republik, in der die Befehlsgewalt der Erfindung des Stoffs über die Anordnung der Teile und die Aneignung der Ausdrücke die Ordnung der Teile der Seele oder des platonischen Gemeinwesens nachahmt. Doch diese Hierarchie setzt ihr Gesetz nur im Gleichheitsverhältnis zwischen dem Autor, seiner Figur und seinem Zuschauer durch. Und dieses Verhältnis selbst ist von einem vierten und letzten Prinzip abhängig, das ich Prinzip der Aktualität nennen werde und das folgendermaßen bestimmt werden kann: Was das Gebäude der Repräsentation normt, ist der Vorrang der Sprache als Akt, der Performanz der Sprache. Diesen Vorrang bestätigt implizit die

---

9 Voltaire, *Commentaires sur Corneille*, S. 830f.
10 Batteux, *Cours de Belles-Lettres ou Principes de littérature*, S. 33.

Idealszene, die von Voltaire beschrieben oder vielmehr fiktionalisiert wird: die Gerichts- oder Kanzelredner, die Fürsten und die Generäle, die am *Cid* sich in der Kunst zu sprechen bilden, aber auch Corneille das Urteil von Männern des handelnden Wortes liefern, welches erlaubt, die Übereinstimmung zwischen seiner Fähigkeit, das handelnde Wort darzustellen, und der Macht, die mit der Größe seiner Figuren verbunden ist, zu verifizieren.

Das System der Repräsentation hängt an der Gleichheit zwischen dem Akt der Darstellung und der Behauptung der Sprache als Akt. Dieses vierte Prinzip widerspricht nicht dem ersten. Dieses behauptete, dass die Fiktion die Dichtung ausmacht und nicht eine besondere Art und Weise der Sprache. Das letzte Prinzip setzt die Repräsentation von fiktionalen Handlungen mit einer Inszenierung des Sprachaktes gleich. Es liegt hier kein Widerspruch vor, sondern so etwas wie eine doppelte Ökonomie des Systems: Die Autonomie der Fiktion, die sich nur damit beschäftigt, darzustellen und zu gefallen, ist von einer anderen Ordnung abhängig, sie wird von einer anderen Sprachszene normiert, von einer »wirklichen« Bühne, auf der es nicht nur darum geht, durch Geschichten und Reden zu gefallen, sondern die Geister zu belehren, die Seelen zu retten, die Unschuldigen zu verteidigen, die Könige zu beraten, die Völker zu ermahnen, eine Ansprache vor Soldaten zu halten oder einfach in der Konversation zu glänzen, worin sich die Geistreichen auszeichnen. Das System der dichterischen Fiktion steht in Abhängigkeit von einem Ideal des wirksamen Sprechens. Und das Ideal des wirksamen Sprechens verweist auf eine Kunst, die mehr ist als eine Kunst, die eine Lebensart ist, eine Art und Weise, mit den menschlichen und göttlichen Angelegenheiten umzugehen, nämlich auf die Rhetorik. Die Werte, welche die Macht der dichterischen Sprache bestimmen, sind die der Rednerbühne. Sie ist die oberste Bühne, zu deren Imitation und in Hinblick auf welche die Dichtung ihre eigene Vervollkommnungen anwendet. Voltaire sagte uns in dieser Erinnerung an das Frankreich Richelieus, was heute die Historiker der klassischen Rhetorik bestätigen: »Unsere Vorstellung von ›Literatur‹, die zu ausschließlich ans Gedruckte gebunden ist, lässt außer Acht, was das Ideal des Redners und seine Redekunst großzügig umfasste: die Kunst der Ansprache, die Kunst der Konversation, ohne die *tacita signi-*

ficatio der Kunst der Geste und der bildenden Künste [...] zu zählen; es ist kein Zufall, dass die Zeit von 1630 bis 1640 einen Aufschwung des Theaters am französischen Hof erlebt: Spiegel einer Kunst des Lebens in Gesellschaft, in der die Kunst zu sprechen im Mittelpunkt einer allgemeinen Rhetorik steht, welche sich insbesondere in der Schreibkunst und der Malkunst spiegelt.«[11] Doch diese Abhängigkeit der Dichtung von einer Kunst des Sprechens, die eine Kunst des Lebens in Gesellschaft ist, ist nicht der Hierarchie einer monarchischen Ordnung vorbehalten. Sie findet eine Entsprechung zur Zeit der revolutionären Versammlungen. Und wiederum erklärt uns dies das Chamäleon La Harpe: »Wir gehen von der Dichtung zur Redekunst über: strengere und durchdachtere Untersuchungen werden zu Spielen der Vorstellung, welche die verschiedenen Illusionen der verführerischsten Kunst ersetzen [...]. Wenn wir die eine für die andere verlassen, müssen wir uns vorstellen, dass wir von den Vergnügungen der Jugend zur Arbeit des reifen Alters übergehen: Denn die Dichtung ist für das Vergnügen bestimmt und die Redekunst dient dem Geschäfte [...]; wenn der Altarbeamte in der Kanzel die großen Wahrheiten der Moral verkündet [...]; wenn der Verteidiger der Unschuld seine Stimme in den Gerichten vernehmen lässt; wenn der Staatsmann in den Ratsversammlungen über das Schicksal der Völker berät; wenn der Bürger in den gesetzgebenden Versammlungen die Sache der Freiheit vertritt [...], dann ist die Redekunst nicht nur eine Kunst, sondern ein erhabenes Amt, das von der Verehrung aller Bürger geweiht ist [...].«[12] Der höchste Stil, den die Tradition kennt, der erhabene Stil, hat seinen wesentlichen Ort in der Rednersprache. Unsere Epoche bringt gern, wenn sie den Pseudo-Longinos liest, und den Begriff des Erhabenen neu interpretiert, seine Metaphern des Gewitters, der Lava und der entfesselten Wellen mit einer modernen Krise der Erzählung und der Darstellung in Verbindung. Doch das System der Repräsentation, der Gattungen und der Schicklichkeit hat immer Longinos gekannt und im »Erhabenen« seine höchste Garantie gefunden. Mehr noch als Homer oder

---

11 Fumaroli, *L'Age de l'éloquence*, S. 30.
12 La Harpe, *Lycée ou Cours de littérature*, Bd. I, S. 198.

Platon, die mit ihm assoziiert werden, ist Demosthenes der Held der erhabenen Sprache, der mit seinem Text vor mehr als zwei Jahrtausenden die Garantie gegeben hat.

Vorrang der Fiktion; Gattungshaftigkeit der Repräsentation, die durch den dargestellten Stoff definiert und hierarchisiert wird; Schicklichkeit der Mittel der Darstellung; Ideal des tätigen Wortes. Diese vier Prinzipien definieren die »republikanische« Ordnung des Systems der Repräsentation. Diese platonische Republik, in welcher der intellektuelle Teil der Kunst (die Erfindung des Stoffs) über ihren materiellen Teil (die Schicklichkeit der Wörter und der Bilder) gebietet, kann sich ebenso der hierarchischen Ordnung der Monarchie wie der gleichheitlichen Ordnung der republikanischen Redner anpassen. Daher im 19. Jahrhundert die beständige Komplizenschaft zwischen den alten akademischen Perückenträgern und den radikalen Republikanern in der Verteidigung dieses Systems gegen die Angriffe der literarischen Erneuerer, ein Bündnis, das zum Beispiel gegenüber Hugo oder Mallarmé vom Namen Ponsard symbolisiert wird, dem sehr republikanischen Autor von Tragödien nach altem Muster. Die Reaktion von Gustave Planche auf die monströse Dichtung *Der Glöckner von Notre-Dame*, diese Prosadichtung, die dem Stein gewidmet ist, die ihn im selben Zug vermenschlicht und die menschliche Sprache versteinert, ist ebenso eine Zusammenfassung ihrer gemeinsamen Wahrnehmung. Diese monströse Erfindung versinnbildlicht den Untergang des Systems, in dem die Dichtung eine gut gebaute Fabel war, die uns handelnde Menschen zeigte, die ihr Verhalten in schönen Reden zum Ausdruck brachten, welche zugleich ihrem Stand, den Gegebenheiten der Tat und dem Vergnügen der Männer von Geschmack angemessen waren. Das Argument von Planche bringt das Herzstück des Skandals auf den Punkt: die Umkehrung von Seele und Körper, die verbunden ist mit dem Ungleichgewicht zwischen den Teilen der Seele, der materiellen Macht der Wörter anstelle der intellektuellen Macht der Ideen. Doch es ist eine ganze poetische Kosmologie, die damit umgeworfen wird. Die repräsentative Dichtung bestand aus Geschichten, die den Regeln der Verkettung gehorchten, aus Charakteren, die den Prinzipien der Wahrscheinlichkeit folgten, und aus Reden, die den Prinzipien der Schicklichkeit unterworfen waren. Die neue

Dichtung, die expressive Dichtung, besteht aus Sätzen und Bildern, aus Satz-Bildern, die für sich stehen als Manifestationen der Poetizität, die ein unmittelbares Ausdrucksverhältnis der Dichtung für sich in Anspruch nehmen, das dem ähnelt, das sie zwischen dem Schnitzwerk auf einem Kapitell, der architektonischen Einheit der Kathedrale und dem vereinigenden Prinzip des göttlichen und kollektiven Glaubens aufstellt.

Diese Veränderung der Kosmologie kann als die exakte Umkehrung der vier Prinzipien, die das repräsentative System strukturierten, ausgedrückt werden. Dem Vorrang der Fiktion ist der Vorrang der Sprache entgegengesetzt. Der Verteilung der Gattungen ist das anti-gattungshafte Prinzip der Gleichheit aller repräsentierten Stoffe entgegengestellt; dem Prinzip der Schicklichkeit: die Gleichgültigkeit des Stils hinsichtlich des dargestellten Stoffs. Und dem Ideal des handelnden Wortes ist das Modell der Schrift entgegengestellt. Das sind die vier Prinzipien, welche die neue Poetik definieren. Es bleibt zu untersuchen, ob die systematische Umkehrung der vier Kohärenzprinzipien eine symmetrische Kohärenz definiert. Greifen wir vor: Es stellt sich die Frage, ob die Behauptung der Dichtung als Art der Sprache und das Prinzip der Gleichgültigkeit miteinander vereinbar sind. Die Geschichte der »Literatur« wird die immer wieder abgelegte Probe dieser problematischen Vereinbarkeit sein. Das läuft darauf hinaus, Folgendes zu sagen: Wenn der Begriff der Literatur von den einen sakralisiert und von den anderen als leer hat bezeichnet werden können, dann liegt das daran, dass sie der Name für eine im strengen Sinne widersprüchliche Poetik ist.

Gehen wir vom Kern des Problems aus, also vom Ruin des Gattungsprinzips. Diese Behauptung ist freilich Gegenstand von Diskussionen: Eine der großen Bestrebungen der Brüder Schlegel war der Wiederaufbau eines Systems von außer Gebrauch gekommenen Gattungen. Und mehr als ein Theoretiker meint heute, dass auch wir unsere Gattungen haben, die bloß andere sind als die des klassischen Zeitalters.[13] Wir schreiben keine Tragödien, Epen oder Schäferstücke mehr. Aber wir haben Romane und Novellen,

---

13 Vgl. Jean-Marie Schaeffer, *Qu'est-ce qu'un genre littéraire?* Paris 1989.

Erzählungen und Essays. Doch man sieht sehr leicht, was diese Unterscheidungen problematisch macht und was das Projekt der Brüder Schlegel zum Scheitern verurteilt hat. Eine Gattung ist nur dann eine solche, wenn sie von ihrem Stoff verlangt wird. Die Gattung, unter der sich *Der Glöckner von Notre-Dame* präsentiert, ist der Roman. Doch handelt es sich um eine falsche Gattung, eine nicht gattungshafte Gattung, die seit ihrer antiken Geburt nicht aufgehört hat, von den heiligen Tempeln und den Fürstenhöfen zu den Häusern der Händler, zu den Spielhöllen und den Freudenhäusern zu wandern, oder die sich in ihren modernen Gestalten für die Darstellung von Heldentaten und der Lieben der Herren ebenso angeboten hat wie für die Darstellung der Drangsale der Schüler oder der Kurtisanen, der Schauspieler oder der Bürgerlichen. Der Roman ist die Gattung dessen, was ohne Gattung ist: nicht einmal eine niedrige Gattung wie die Komödie, mit der man sie gleichsetzen wollte, denn die Komödie ordnet den niederen Stoffen die ihnen entsprechenden Situationstypen und Ausdrucksformen zu, die ihnen entsprechen. Der Roman hingegen entzieht sich jeder Zuordnung. Das bedeutet auch, dass er kein bestimmtes fiktionales Wesen besitzt. Das begründet, wie wir gesehen haben, den »Wahn« von Don Quijote, das heißt den Bruch, den er vollzieht mit der Anforderung einer Szene, die der Fiktion eigen ist. Gerade die Anarchie dieser Un-Gattung erhebt Flaubert in den Rang eines »Axioms«, das den »Standpunkt der reinen Kunst« ausdrückt, indem er behauptet, dass »der Stil für sich allein eine absolute Art und Weise ist, die Dinge zu sehen«.[14] Und natürlich, wenn »Yvetot so viel wert ist wie Konstantinopel« und wenn die Ehebrüche einer normannischen Bauerntochter ebenso interessant sind wie die Lieben einer Karthager Prinzessin und sich für dieselbe Form eignen, dann folgt daraus, dass keine spezifische Ausdrucksweise der einen mehr als der anderen entspricht. Der Stil ist daher nicht mehr das, was er bis dahin war, nicht mehr die Wahl der Ausdrucksweisen, die den unterschiedlichen Figuren in

---

14 Gustave Flaubert, Brief an Louise Colet, am 16. Januar 1852, In: *Briefe*, herausgegeben und übersetzt von Helmut Scheffel. Stuttgart 1964, S.182.

dieser oder jener Situation und dem Schmuck der jeweiligen Gattung entsprechen. Er wird zum Prinzip der Kunst selbst.

Es bleibt jedoch zu fragen, was das bedeutet. Eine denkfaule *doxa* sieht darin die bloße Behauptung der individuellen Virtuosität des Schriftstellers, der jedes niedrige Material in literarisches Gold verwandelt – und in umso reineres Gold, je niedriger das Material –, seine Aristokratie an die Stelle der Hierarchien der Repräsentation stellt und sie schließlich zur neuen Priesterin der Kunst erhebt. Die Mauer, die Wüste und das Heilige lassen sich nicht so billig denken. Die Bestimmung des »Stils« als die eigentliche Macht des Werkes ist kein Ästhetenstandpunkt, sondern der Endpunkt eines komplexen Prozesses von Wandlungen der dichterischen Form und Materie. Auch wenn sie die Spuren verwischt, setzt sie eine mehr als Jahrhunderte lange Geschichte von Begegnungen zwischen der Dichtung, dem Stein, dem Volk und den Schriften voraus. Im Laufe dieser langen Geschichte hat sich diese Vorstellung durchgesetzt, deren Ablehnung die gesamte Poetik der Repräsentation bestimmte: die Dichtung ist ein Modus der Sprache, sie hat das Wesen der Sprache selbst zum Wesen. Doch durch diese Geschichte wurde auch der innere Widerspruch des neuen dichterischen Systems deutlich, dieser Widerspruch, dessen unendliche Bereinigung die Literatur ist.

2.

Vom Buch aus Stein zum Lebensbuch

Vor der Mauer und der heiligen Wüste gab es die Kathedrale. Vor Flauberts »Buch über nichts«, und damit dieses Buch denkbar ist, gab es dieses monströse Buch, das »Buch aus Stein« von Victor Hugo. Und natürlich ist der Text von Planche »metaphorisch«. Hugo erschafft den Kathedralenroman, aber er schreibt mit Wörtern, nicht mit Steinen. Doch die Metapher ist nicht nur eine bildliche Redeweise dafür, dass das Buch von Hugo die Handlung der Beschreibung unterordnet, die Rede den Bildern und die Syntax den Wörtern. Sie bestätigt in polemischer Weise ein neues Prinzip der Übersetzung der Künste ineinander. Sie erinnert uns damit daran, dass die Dichtung zwei Dinge ist: Sie ist einerseits eine besondere Kunst, aber sie ist auch das Prinzip des Zusammenhalts des Systems der Künste, der Umwandelbarkeit ihrer Formen.

Die Poetik der Repräsentation vereinte das System der Schönen Künste gemäß einem doppelten Prinzip. Das erste war das Prinzip der mimetischen Identität, das im *ut pictura poesis* ausgedrückt war. Es regelte, dass die Malerei und die Dichtung ineinander umwandelbar waren, aber auch, dass die Musik und der Tanz beurteilt werden mussten, um den Namen »Kunst« zu verdienen. Sicherlich stieß das von Batteux entwickelte Prinzip schnell an seine Grenzen. Diderot hatte auf eigene Kosten die Grenzen der Übersetzung zwischen der bildhaften Szene und der theatralischen Bühne erforscht. Burke hatte gezeigt, dass die Macht der »Bilder« von Milton paradoxerweise auf dem beruhte, was sie nicht sehen ließen. Der *Laokoon* von Lessing hatte den Untergang des Prinzips verkündet: Das steinerne Gesicht, das dem Helden Vergils vom Bildhauer verliehen worden war, konnte die Dichtung von Vergil nur übersetzen, indem es das Schreckliche ins Groteske verzerrte. Doch das Prinzip einer Übersetzbarkeit der Künste wurde dadurch nicht aufgehoben. Es muss sich nur von der problematischen Übereinstimmung der Nachahmungsformen zur Gleichwertigkeit der Ausdrucksformen verschieben.

Das zweite Prinzip war das Modell des organischen Zusammenhalts. Das Werk, wie auch immer die Materie und die Form der Nachahmung beschaffen sein mochten, war ein »schönes Lebendiges«, eine Ganzheit von Teilen, die zusammengefügt waren, um einem einzigen Ziel zu dienen. Es setzte die Dynamik des Lebens mit der Strenge der architektonischen Proportionen gleich. Dieses vereinigende Ideal der schönen Proportion und der organischen Einheit selbst wurde von der Kritik Burkes zerrissen. Doch es gibt keine Poetik ohne die Idee der Übersetzbarkeit der Künste und die neue Poetik wird nicht von der Bemühung zu trennen sein, diese Übersetzbarkeit neu zu denken: nicht mehr, um den anderen Künsten das Modell der repräsentativen Fiktion aufzuzwingen, sondern im Gegenteil, um ihnen ein Ersatzprinzip der Poetizität zu entlehnen, ein Prinzip, das fähig ist, die literarische Besonderheit vom repräsentativen Modell zu befreien. Mallarmé und Proust werden beispielhaft diese besondere Vorgehensweise veranschaulichen, mit der die Dichtung versucht, der Musik, der Malerei oder dem Tanz die Formel zu stehlen, die in die Literatur »zurückgeführt« werden kann und somit das dichterische Privileg neu zu begründen, und sei es, indem sie selbst diesen Künsten dieses Prinzip liefert: die pikturale »Metapher« Elstirs oder die »Konversation« der Sonate von Vinteuil. Das Prinzip dieser komplexen Spiele ist auf jeden Fall klar: Es handelt sich nunmehr darum, die Entsprechung der Künste nicht als eine Gleichwertigkeit zwischen den Weisen des Umgangs mit einer Geschichte zu denken, sondern als Analogie zwischen Formen der Sprache. Wenn Gustave Planche die Metapher des sprechenden Steins gegen Hugo wenden kann, dann deswegen, weil sie mehr als eine Metapher ist, oder weil die Metapher nun mehr als eine »Figur« ist, die nur dazu bestimmt wäre, zweckdienlich die Rede zu schmücken; weil sie als Analogie der Sprachen das Prinzip der Poetizität selbst ist.

Der Roman des Erneuerers Hugo und der Diskurs seines rückwärtsgewandten Kritikers sind auf dieser Basis beide gleichermaßen möglich: Beide setzen die Analogie zwischen dem Monument des Buches und dem Gedicht aus Stein als Analogie zweier Sprachwerke voraus. Die Kathedrale ist hier kein architektonisches, sondern ein schriftstellerisches Modell. Das bedeutet zweierlei. Wenn das Werk eine Kathedrale ist, dann einerseits, weil sie das Monument einer Kunst ist, die nicht vom mimetischen Prinzip regiert wird. Wie die Kathedrale ist der neue Roman mit nichts außerhalb von ihm vergleichbar, er verweist auf kein System repräsentativer Entsprechung mit einem Stoff. Er errichtet mit dem Material der Wörter ein Monument, von dem man nur die Weite der Proportionen und die Fülle der Figuren zu beurteilen hat. Die architektonische Metapher kann in eine sprachliche Metapher übersetzt werden, um auszudrücken, dass das Werk vor allem die Verwirklichung einer besonderen Schöpferkraft ist. Sie ist gleichsam eine besondere Sprache, die in das Material der gewöhnlichen Sprache gehauen ist. Das sagt ein anderer Redakteur der *Revue des Deux Mondes*: »Die von Herrn Hugo geschriebenen Seiten, die Schwächen und Schönheiten, können nur von ihm stammen. Manchmal ist der Gedanke so mächtig, dass er bereit zu sein scheint, den Satz zu sprengen, der ihn in sich einschließt. Manchmal ist ein Bild so pittoresk, dass der Maler es nicht so wiedergeben könnte, wie der Dichter es verstanden hat. Manchmal ist die Sprache so fremdartig, dass es scheint, als hätte der Autor, um sie zu schreiben, unbekannte Buchstaben einer ursprünglichen Sprache verwendet und als läge die Kombination der Buchstaben des Alphabets selbst allein in seiner Macht.«[1] Die Kathedrale der Wörter ist ein einzigartiges Werk, das von der Macht eines Genies stammt, welche die traditionelle Aufgabe des Genies übersteigt, wie Batteux sie analysiert hatte: den zu repräsentierenden Gegenstand »gut sehen«. Sie ist bereits »Buch über nichts«, Signatur eines Individuums als solches.[2] Doch wenn das unvergleichliche Buch die bloße individuelle Macht des Genies ausdrückt, dann ähnelt es dem, was auch nur die bloße anonyme Macht ihrer Schöpfer, der einzige Geist *[génie]* einer gemeinsamen Seele, die Steinkathedrale ausdrückt. Das entfesselte Genie des Schöpfers erkennt sich als dem anonymen Geist *[génie]* ähnlich, der das kollektive Gedicht, das kollektive Gebet der Kathedrale

---

1 C. D., »Notre-Dame de Paris, par M. Victor Hugo«, *Revue des Deux Mondes*, 1831, Bd. I, S. 188.
2 »Man wird, so hoffe ich, so weit kommen, nur noch den Namen des Autors auf den Buchdeckel zu schreiben.« (Emile Deschamps, »M. de Balzac«, *Revue des Deux Mondes*, 1831, Bd. IV, S. 314f.).

erbaut hat. Der Dichter kann den Roman der Steinkathedrale zu einer Kathedrale aus Wörtern machen, weil jene bereits selbst ein Buch ist. Das notiert der Reisende Hugo, als er in der Nacht das Portal des Kölner Doms erblickt: »Ein Licht, das in einem Nachbarfenster erschien, erhellte für einen Augenblick unter der Wölbung eine Menge von hervorstehenden sitzenden Statuen, Engeln und Heiligen, die in einem großen Buch lasen, das offen auf ihren Knien lag, oder die mit erhobenem Finger sprachen oder predigten. Die einen studierten, die anderen lehrten. Bewundernswerter Prolog für eine Kirche, die nichts anderes als zu Marmor, Bronze und Stein gewordenes Wort ist.«[3]

Die ursprüngliche Macht der Dichtung ist der gemeinsamen Macht entlehnt, von der die Gedichte ihren Ursprung nehmen. Die Kathedrale ist Steindichtung, Identität des Werkes eines Architekten mit dem Glauben eines Volkes, Materialisierung des Inhalts dieses Glaubens: Macht der Fleischwerdung des Wortes. Dem vereinenden Prinzip der Geschichte, wie es das *ut pictura poesis* ausdrückte, ist das vereinende Prinzip des Wortes entgegengesetzt als Sprache aller Sprachen, Sprache, die ursprünglich die Macht der Verkörperung jeder einzelnen Sprache in sich sammelte. Die besondere Sprache des Dichters dient nur dazu, die gemeinsame Macht des Wortes auszudrücken, wie sie die Kathedrale sichtbar macht, die göttliche Macht der Sprache, die gemeinsamer Geist eines Volkes geworden ist. Sprache, die sich im Stein vergessen würde und ihn der Unbekümmertheit der Erbauer-Niederreißer ausliefern würde, wenn eine dichterische Sprache nicht von Neuem im Gedicht der Worte die dichterisch-religiöse Macht zeigen würde, die in ihm eingeschrieben ist. Zwischen den Lesern und Predigern des Lebensbuches, die im steinernen Torbogen dargestellt sind, der Kathedrale als Buch oder als im Stein verkörpertes Wort, dem Glauben der Kathedralenerbauer und dem Unternehmen, in einem Roman fleischliche Figuren lebendig zu machen, die analog diesen bildhauerischen Figuren und den Wörter-Steinen des Kathedralen-Buchs sind, bildet sich ein Kreis, der jenen nachahmt, der einst den dramatischen Dichter mit einem ganzen Uni-

---

3 Victor Hugo, *Le Rhin*, in *Œuvres complètes*, 1968, Bd. VI, S. 253.

versum der handelnden Sprache verbunden hatte. Doch dieser Kreis ist nicht mehr derjenige der Sprach-Handlung des Redners, sondern er ist der Kreis der Schrift. Dem heiligen Redner ist der Heilige oder Engel aus Stein entgegengesetzt, der besser als er die Macht des fleischgewordenen Wortes ausspricht. An der Stelle des profanen Redners, der den versammelten Männern eine Ansprache hält, steht der Erbauer des Steingedichts, das besser als er die Macht der vom Wort bewohnten Gemeinschaft ausdrückt. Die redegewandte Sprache ist nunmehr die stille Sprache dessen, was nicht in der Sprache der Wörter spricht oder was die Wörter nicht als Instrumente einer Überzeugungs- oder Verführungsrede sprechen lässt, sondern als Symbole der Macht des Wortes, der Macht, durch die das Wort Fleisch wird. Der Kreis der Sprache, der das Buch des Dichters mit dem Buch des Torbogens und das Buch des Torbogens mit dem Lebensbuch verbindet, das den Erbauer inspiriert hat, kann ganz nahe dem erscheinen, der sich um die Theaterbühne bildete. Und doch hat sich ein Paradigma der lebendigen Sprache an die Stelle eines anderen gesetzt: ein Paradigma der Schrift als lebendige Sprache. Es beherrscht nunmehr die Dichtung und bewirkt, dass sie nicht mehr eine Gattung der Belletristik ist, die vom Gebrauch der Fiktion bestimmt wird, sondern ein Gebrauch der Sprache und ein Gebrauch, der sich beispielhaft in der Prosa der gattungslosen Gattung des Romans zeigt. Die Prosa von Hugo ist dichterisch, weil sie nicht die gemeißelte Szene auf dem Torbogen der Kathedrale nachbildet, sondern das, was diese Szene ausdrückt – das heißt zugleich manifestiert und symbolisiert –, was ihr Schweigen also doppelt sagt, nämlich den Unterschied, durch den der Stein Wort wird und das Wort Stein.

Doch um die Formel zu verstehen, die das Gedicht und den Stein gleichsetzt, und um ihre Folgen abzuleiten, muss man die unterschiedlichen Beziehungen entfalten, die sie birgt: zwischen dem Roman und dem Lebensbuch; zwischen dem Lebensbuch und dem Gedicht; zwischen dem Gedicht, dem Volk und dem Stein. Beginnen wir also am Anfang, das heißt mit dem offensichtlichen Paradox, das im Namen der Dichtung die Nicht-Gattung des Romans mit dem heiligen Text verbindet. 1669 hat Pierre-Daniel Huet seine Abhandlung *De l'origine des romans* (*Vom Ursprung der Romane*) veröffentlicht. Huet gehört laut Voltaire zur Sorte jener »Literaten«, die sich mehr für die lateinischen Verse begeistern (die er mit seinem Freund Ménange austauscht) als für die Neuheiten des tragischen Theaters. Es ist nur umso bezeichnender zu sehen, wie er sich mit seinem Komplizen für die regellose Literatur des Romans interessiert, im Geheimen mit Madame de Lafayette zusammenarbeitet und für ihr Buch *La Princesse de Montpensier* ein Vorwort verfasst, das ebenso lang ist wie das Buch selbst. Und es ist noch bezeichnender, die Verbindung zu sehen, die er zwischen der verachteten Gattung des Romans, der dichterischen Tradition und dem heiligen Buch herstellt, dessen Priester er bald sein wird.

Auf den ersten Blick scheint Huets Absicht sich in einer Erweiterung des dichterischen Bereichs zusammenfassen zu lassen, die geeignet ist, die randständige Gattung des Romans zu beinhalten. Er stützt sich übrigens dabei auf eine »Maxime von Aristoteles«, die im Text der *Poetik* unauffindbar ist, doch bestimmt seiner Doktrin entspricht: »Der Dichter ist mehr Dichter durch die Fiktionen, die er erfindet, als durch die Verse, die er zusammenstellt.« Der Begriff der *mimesis* wird diskret durch den abstrakteren des Fabulierens ersetzt. Gerade durch diese Ersetzung beginnt die scheinbare Ausdehnung des mimetischen Bereichs ihr Prinzip selbst zu unterwandern. Denn »Fabulieren« meint zwei Dinge zugleich: Es bedeutet die vorgestellte und undeutliche Wahrnehmung, die sich die Völker des barbarischen Abendlandes von einer Wahrheit machen, die sie unfähig sind zu erkennen. Doch es ist auch die Gesamtheit der Kunstgriffe (Fabeln, Lautbilder oder -spiele), welche die Völker des verfeinerten Morgenlandes erfunden haben, um die Wahrheit weiterzugeben, um zu verstecken, was versteckt werden muss, und zu schmücken, was weitergereicht werden soll. Der Bereich des Fabulierens ist also derjenige der sinnlichen Darbietung einer nichtsinnlichen Wahrheit. Und diese Darbietungsweise ist zugleich die Kunst, mittels der die Weisen die Prinzipien der Theologie und der Wissenschaft in Fabeln einhüllten oder in Hieroglyphen versteckten, und die natürliche Geschicklichkeit der Völker »dichterischen Geistes und fruchtbar in Erfindungen«, die nur in Bildern sprechen und sich nur durch Allegorien ausdrücken. Diese Art haben Homer und Herodot die Griechen gelehrt und darin haben Pythagoras und Platon ihre Philosophie verkleidet, Äsop in Volksfabeln übersetzt, die Araber von Äsop übernommen und in den Koran verwandelt. Doch das ist auch die Art der Perser, verliebt in diese »Kunst des angenehmen Lügens«, von der noch die Gaukler des großen Platzes von Isfahan zeugen. Sie ist noch dieselbe der chinesischen Lehrfabeln oder der philosophischen Parabeln der Inder. Diese orientalische Art ist schließlich die Art der heiligen Schrift selbst, »ganz mystisch, ganz allegorisch, ganz rätselhaft«. Die Psalmen, die Sprichwörter, der Prediger und das Buch Hiob sind »dichterische Werke voller Figuren, die in unseren Schriften gewagt und gewalttätig wirken würden und die gewöhnlich in denen dieser Nation sind«; das Hohelied ist »ein dramatisches Stück in der Form der Hirtendichtung, in der die leidenschaftlichen Gefühle des Gatten und der Gattin in einer so zarten und so berührenden Weise ausgedrückt werden, dass wir verzaubert wären, wenn diese Ausdrücke und Figuren etwas mehr Bezug mit unserem Wesen hätten«.[4] Sicherlich ist es seit *De doctrina christiana* des Augustinus anerkannt, dass der heilige Text Tropen verwendet, die formal mit denen der profanen Dichtung vergleichbar sind, und Erasmus hat mit Nachdruck daran erinnert. Man erkennt jedoch den Weg, der beschritten wurde: Die Heilige Schrift wird von diesem Mann der Kirche, des Hofes und der Schrift problemlos als ganze nicht nur auf die Tropen der Dichter, sondern auf den Fabuliergeist der Völker zurückgeführt. Die Heilige Schrift ist eine Dichtung, eine Dichtung, die den menschlichen Fabuliergeist, aber auch den eigentümlichen Geist eines uns weit entfernten Volkes ausdrückt. Unter denselben Begriff des Fabulierens fallen also die Bilder der Propheten, die Rätsel des Salomon, die Gleichnisse von Jesus, die gekünstelten Gleichklänge der Psalmen oder des Augustinus, die orientalischen Wendungen des heiligen Hieronymus, die Auslegungen der Talmudisten und die bildlichen Erklärungen des Paulus. Die Fabel, die Metapher, der Reim und die Auslegung bilden allesamt Arten und Weisen dieser Fabulierkraft, das heißt der bildlichen Darstellung der Wahrheit. Alle machen dieselbe Bildsprache aus, in der

---

4 Pierre-Daniel Huet, *Traité de l'origine des romans*, Reproduktion, Genf 1970, S. 28f.

die Kategorien der *inventio*, der *dispositio* und der *elocutio* alle auf einmal zusammenbrechen, und mit ihnen die »Literatur« der Gelehrten. Der Roman tritt mit der Heiligen Schrift in Verbindung im Namen einer Theorie der Dichtung, die aus ihr eine Tropologie, eine bildliche Sprache der Wahrheit macht.

Der Begriff des Fabulierens vereint somit Gegensätzliches: die alte dramatische Auffassung der Dichtung und eine neue, die ihr eine wesentlich tropologische Natur verleiht. Vico hat in der *Neuen Wissenschaft* von 1725 den Kompromiss aufgekündigt und den Umsturz von »allem, was man über den Ursprung der Dichtung« von Aristoteles bis Scaliger gesagt hat, verkündet. Die »aristotelische« Formel von Huet besagte, dass der Dichter durch seinen Gebrauch von Fiktionen ein Dichter ist und nicht durch die Verwendung einer bestimmten Art der Sprache. Doch der Begriff des Fabulierens, den er gebrauchte, ruinierte in Wirklichkeit diesen Gegensatz: Die Fiktion und die Figur glichen darin einander. Vico formuliert also die Umkehrung in ihrer ganzen Allgemeinheit: die Fiktion ist Figur, sie ist eine Sprechweise. Doch die Figur selbst ist keine Erfindung der Kunst mehr, keine Technik der Sprache, die im Dienste der rhetorischen Überzeugung oder des dichterischen Vergnügens steht. Sie ist die Art der Sprache, die einem bestimmten Stadium ihrer Entwicklung entspricht. Und dieses Stadium der Sprache ist auch eines des Denkens. Die bildhafte Sprache ist der Ausdruck einer spontanen Wahrnehmung der Dinge, die noch nicht das Eigentliche und das Bildliche, den Begriff und das Bild, die Dinge und unsere Gefühle unterscheidet. Die Dichtung erfindet nicht, sie ist nicht die *techné* einer Figur, des Künstlers, der eine wahrscheinliche Fiktion konstruiert für das Vergnügen einer anderen Figur, die man Zuschauer nennt, die ebenso in der Kunst des Sprechens bewandert ist. Sie ist eine Sprache, welche die Dinge ausspricht, »wie sie sind«, für jemanden, der zur Sprache und zum Denken erwacht, so wie er sie sieht und sie ausspricht, wie er sie nicht anders sehen und aussprechen kann. Sie ist die notwendige Vereinigung einer Sprache und eines Denkens, eines Wissens und eines Nichtwissens. Diese Revolution des Poetizitätsbegriffs wird durch die Schwindel erregende Kaskade von Synonymen zusammengefasst, die das Kapitel der *poetischen Logik* eröffnet: »›Logik‹ kommt von dem Wort λογος, das zunächst eigentlich ›Fabel‹ bedeutet, was in italienischer Übersetzung ›favella‹ [Gesprochenes, Sprache] heißt – und die Fabel hieß bei den Griechen auch μύθος, woher den Lateinern ›mutus‹ [stumm] kommt; denn in den stummen Zeiten entstand die Sprache als geistige […], weswegen λογος sowohl ›Idee‹ als auch ›Wort‹ bedeutet.«[5]

Gehen wir der Abfolge der Implikationen nach. Die Fiktion – oder die Figur, was auf dasselbe hinausläuft – ist die Weise, wie das Menschenkind, der noch stumme Mensch, die Welt begreift, nämlich nach seinem Ebenbild: Er sieht den Himmel und erkennt darin einen Jupiter, der wie er eine Gestensprache spricht, der seinen Willen durch die Zeichen des Donners und des Blitzes zugleich ausspricht und ausführt. Die ursprünglichen Figuren der rhetorischen und dichterischen Kunst sind die Gesten, durch die der Mensch die Dinge bezeichnet. Sie sind die Fiktionen, die er sich davon macht, die falsch sind, wenn sie als Repräsentation ihres Seins nimmt, wahr aber darin, wie sie die Stellung des Menschen unter den Dingen ausdrücken. Die Rhetorik ist Mythologie, die Mythologie ist Anthropologie. Die Geschöpfe der Fiktion sind die Universalien der Vorstellungskraft, die an der Stelle der allgemeinen Ideen stehen, die der Mensch noch nicht zu abstrahieren in der Lage ist. Die Fabel ist die gemeinsame Geburt der Sprache und des Denkens. Sie ist das erste Stadium des Denkens, wie es in einer Sprache von undeutlichen Gesten und Lauten formuliert werden kann, in einer Sprache, die noch der Stummheit gleicht. Diese Universalien der Vorstellungskraft, in denen sich die fiktionale Macht zusammenfassen lässt, kann man ganz mit einer Taubstummensprache vergleichen. Taubstumme sprechen nämlich auf zwei Weisen: durch Gesten, welche die Ähnlichkeit dessen nachzeichnen, was sie bedeuten sollen, und durch undeutliche Laute, die sich ohne Erfolg um artikulierte Sprache bemühen. Aus der ersten Sprache entstehen die Bilder, Ähnlichkeiten und Vergleiche der Dichtung: die Tropen, die nicht Erfindungen der Dichter sind, sondern die »notwendige Ausdrucksweise aller ersten poetischen

---

5 Giambattista Vico, *Prinzipien einer neuen Wissenschaft über die gemeinsame Natur der Völker*, übersetzt von Vittorio Hösle und Christoph Jermann, Hamburg 2009, S. 188.

Völker gewesen sind«. Aus der zweiten Sprache gehen der Gesang und der Vers hervor, die der Prosa vorgängig sind: die Menschen mussten »*ihre ersten Sprachen singend bilden*«.[6]

Somit ist die ursprüngliche Macht der Dichtung gleich der anfänglichen Ohnmacht eines Denkens, das nicht abstrahieren und einer Sprache, die nicht artikulieren kann. Die Dichtung ist die Erfindung dieser Götter in der Gestalt, in welcher der Mensch seine Macht des Denkens und der Sprache offenbart, das heißt zugleich erkennt und verkennt. Doch natürlich ist dieses »Wissen« über die falschen Götter, das die ursprüngliche Dichtung und Weisheit der Völker ist, auch die Art und Weise, wie die Vorsehung des wahren Gottes ihnen erlaubt, Bewusstsein von sich selbst zu erlangen. Und dieses Wissen ist nicht abstrakt. Es ist das geschichtliche Bewusstsein eines Volkes, das sich in seine Institutionen und Denkmäler übersetzt. Die »Dichter« sind auch Theologen und Gründer der Völker. Die »Hieroglyphen«, durch welche die göttliche Vorsehung sich den Menschen zu verstehen gibt und ihnen Bewusstsein von sich selbst verschafft, sind nicht diese rätselhaften Zeichen, die Träger einer verborgenen Weisheit, auf die so viele Interpretationen und Träumereien aufbauen. Sie sind der Altar des Kultes und der Stab der Auguren; das Herdfeuer und die Graburne; der Pflug des Bauern, die Tafel des Schreibers und das Steuer des Schiffes; das Schwert des Kriegers und die Waage der Justiz. Sie sind die Instrumente und Sinnbilder, die Institutionen und Denkmäler des gemeinschaftlichen Lebens.

Wie man weiß, gehört die Dichtung nicht zu Vicos Forschungsgegenstand. Wenn er sich bemüht, den »wahrhaften Homer« zu suchen, dann nicht, um eine Poetik zu begründen, sondern um einen Streit zu schlichten, der ebenso alt ist wie das Christentum, um ein für alle Mal das Argument des Heidentums zu widerlegen, das in den Fabeln von Homer wie in den ägyptischen Hieroglyphen das Versteck einer antiken und bewundernswerten Weisheit sah. Der Theorie des doppelten Bodens der dichterischen Sprache stellt er eine radikale These entgegen: Die Dichtung ist nur eine Kindheitssprache, die Sprache einer Menschheit, die von der Bild-

---

6 Vico, *Prinzipien einer neuen Wissenschaft*, S. 195 und S. 114.

geste und der Taubheit des Gesangs, von der ursprünglichen Stille zur artikulierten Sprache übergeht. Diese scheinbare Widerlegung der Doppelheit der dichterischen Sprache stellt nun in Wirklichkeit ihre Radikalisierung dar. Die »stumme« Sprache der Dichtung ist auch die Form, in der die Wahrheit den Sterblichen erschienen ist, einer Menschheit, die sich ihrer bewusst wird. Indem Vico den allegorischen Charakter der Dichtung widerlegt, sichert er ihre Stellung als symbolische Sprache, als Sprache, die weniger durch das spricht, was sie sagt, als durch das, was sie nicht sagt, durch die Macht, die sich durch sie ausdrückt. Der Erfolg des Gedichts wird mit der Unzulänglichkeit einer Sprache identifiziert, das heißt mit der sinnlichen Offenbarung einer Wahrheit, und das heißt wiederum mit der Selbstvergegenwärtigung einer Gemeinschaft durch ihre Werke. Dieses Bewusstsein ist der Sprache der dichterischen Wörter ebenso eingeschrieben, wie es sich in die Werkzeuge der Landwirtschaft, die Institutionen des Rechts oder die Sinnbilder der Gerechtigkeit einschreibt. Einerseits ist die Dichtung nur eine besondere Manifestation der Poetizität einer Welt, das heißt der Art und Weise, wie eine Wahrheit sich dem kollektiven Bewusstsein in Form von Werken und Institutionen gibt. Auf der anderen Seite ist sie ein vorzügliches Werkzeug für das Verständnis dieser Wahrheit. Sie ist ein Bestandteil des Gedichts der Welt und eine Hermeneutik ihrer Poetizität, der Weise, wie diese Wahrheit in stumm-sprechenden Werken vorweggenommen wird, in Werken, die als Bilder sprechen, als Stein, als Materie, die der Bedeutung widersteht, die sie freigibt.

Die Suche nach dem »wahrhaften Homer« führt also zu einer Revolution des gesamten Systems der Belletristik. Als Quintet ein Jahrhundert später Bilanz zieht, kann er behaupten, dass die Lösung der Frage nach der Geschichtlichkeit Homers »die Grundlagen der Kunst verändert hat«. Indem Vico aus Homer »die Stimme des antiken Griechenlands, das Echo des göttlichen Wortes, die Stimme der Menge, die niemandem gehört«,[7] gemacht hat, hat er die Stellung der Dichtung verändert. Diese ist nun nicht mehr die Tätigkeit der Herstellung von Gedichten. Sie ist die Eigenschaft

---

7 Edgar Quinet, *Allemagne et Italie*, 1839, Bd. II, S. 98.

dichterischer Gegenstände. Die Dichtung wird durch die Poetizität definiert. Und diese ist ein Sprachzustand, eine spezifische Art der Zwischen-Zugehörigkeit zu Denken und Sprache, ein Verhältnis zwischen dem, was das eine weiß und nicht weiß, und dem, was die andere sagt und nicht sagt. Die Dichtung ist die Manifestation einer Poetizität, die dem ursprünglichen Wesen der Sprache angehört – »Gedicht des gesamten Menschengeschlechts«, wie August Schlegel sagen wird.[8]

Doch die Gleichsetzung ist auch umgekehrt zu denken. Man wird jeden Gegenstand dichterisch nennen, der in diesem Unterschied zu sich selbst, der die dichterische Sprache definiert, das heißt die Sprache in ihrem ursprünglichen Zustand, wahrgenommen werden kann. Die Poetizität ist diese Eigenschaft, durch die ein Gegenstand sich verdoppeln kann, durch die er nicht nur als eine Gesamtheit von Eigenschaften, sondern als die Offenbarung seines Wesens aufgefasst werden kann; nicht nur als Wirkung bestimmter Gründe, sondern als die Metapher oder die Metonymie der Macht, die sie erzeugt hat. Dieser Übergang von einer Ordnung kausaler Verkettung zu einer Ausdrucksordnung kann in der scheinbar harmlosen Bemerkung von Novalis zusammengefasst werden: »Ein Kind ist eine sichtbar gewordene Liebe«,[9] was so verallgemeinert werden kann: Die Wirkung einer Ursache ist das Zeichen, das die Macht ihrer Ursache sichtbar macht. Der Übergang von einer kausalen Poetik der »Geschichte« zu einer Ausdruckspoetik der Sprache ist ganz in dieser Verschiebung enthalten. Jede Konfiguration sinnlicher Eigenschaft kann nun einer Anordnung von Zeichen gleichgesetzt werden, also einer Manifestation der Sprache in ihrem dichterischen Ursprungszustand. Diese Verdoppelung kann sich an jedem Gegenstand vollziehen. »Jedes Ding stellt zuvörderst sich selbst dar, d. h. es offenbart sein Innres durch sein Äußres, sein Wesen durch die Erscheinung (Es ist daher Symbol für sich selbst); demnach das, womit es in

---

8 August Wilhelm Schlegel, *Vorlesungen über Ästhetik I*, hg. Ernst Behler, Paderborn u.a. 1989, S. 388.
9 Novalis, *Schriften*, Bd. III: *Das philosophische Werk* 2, hg. von Richard Samuel, Stuttgart 1960, S. 253. (A.d.Ü.)

näheren Verhältnissen steht und Einwirkungen davon erfährt; endlich ist es ein Spiegel des Universums.«[10]

Jeder Stein kann somit Sprache sein: Der in Stein gehauene Engel, von dem Hugo spricht, der das Zeichen seines Arbeiters mit der Macht des beschworenen Wortes und mit der Macht des kollektiven Glaubens vereint, aber auch der Kieselstein, von dem Jouffroy redet: Wahrscheinlich sagt er uns nicht viel, weil er wenig hervorstechende Eigenschaften hat, doch seine Form und seine Farbe sind bereits geschriebene Zeichen, noch wenig lesbar, aber dazu berufen, lesbarer zu sein, sobald man ihn behaut oder gar wenn man ihn im Kristall der Wörter sagt.[11] Diese Macht der Sprache, die jedem Gegenstand innewohnt, kann man auf mystische Weise interpretieren wie die jungen deutschen Philosophen und Dichter, die Kants Satz von der Natur als »Chiffreschrift (...), wodurch die Natur in ihren schönen Formen figürlich zu uns spricht«,[12] um die Wette wiederholen, und wie Novalis das Studium der Materialien der alten »Lehre der Signaturen«[13] gleichsetzen. Doch man kann sie auch rationalisieren und in ihr das Zeugnis dafür lesen, dass die stummen Dinge die Tätigkeit der Menschen in sich tragen. So wird im Übergang des »Lyrismus« von Michelet zur nüchternen Wissenschaft der Historiker der *Annales* eine neue Vorstellung von der Geschichtswissenschaft gegründet werden, die auf der Entzifferung der »stummen Zeugen« beruht. Das Prinzip, das diesen unterschiedlichen Deutungen gemeinsam ist, ist Folgendes: Nicht nur hängt die Poetizität von keinem Prinzip der Schicklichkeit der Gattung ab, sondern sie bestimmt auch weder eine besondere Form noch eine besondere Materie. Sie ist die Sprache des Steins wie der Wörter, der Romanprosa wie des Epos, der Sitten wie der

---

10 Schlegel, *Vorlesungen über Ästhetik I*, S. 250/1.
11 Vgl. Théodore Simon Jouffroy: »Der Stein ist nicht viel, weil seine elementaren Zeichen nicht genügend hervorstechen. Er ist ein gekritzeltes, schlecht geschriebenes Wort.« (*Cours d'esthétique*, Paris 1845, S. 220).
12 Immanuel Kant, *Kritik der Urteilskraft*, Frankfurt/M. 1974. Hier § 42, S. 234. (A.d.Ü.)
13 »Der Mensch spricht nicht allein – auch das Universum spricht – alles spricht – unendlichen Sprachen/ Lehre von Signaturen.« Novalis, *Schriften*, Band II: *Das philosophische Werk 1*, S. 500. (Hier und überall: Rechtschreibung modernisiert, A.d.Ü.)

Werke. Der Dichter ist nunmehr derjenige, der die Poetizität der Dinge ausspricht. Das kann der homerische Dichter sein, wie ihn Hegel auffassen wird, der die Poetizität einer kollektiven Lebensart ausdrückt. Das kann der proustsche Romanschriftsteller sein, der die Hieroglyphen des in ihm eingedrückten[14] Buches entziffert, und aus dem Geräusch einer Gabel eine Welt hervorzieht und die Stabreime der Dinge in den Ringen des Stils aneinanderkettet. Durch den Ausdruck dieser Distanz der Sprache zu sich selbst und der Verdoppelung kann jedes Ding Sprache werden, die nunmehr den poetischen Geist als Einheit des Bewussten und des Unbewussten, des Individuellen und des Anonymen bestimmt. Man muss vom Ausdruck ausgehen, um die Begriffe und die Gegensätze zu denken, die den Bereich der Literatur abgrenzen.

---

14 Im Original: »livre imprimé en nous«. Proustscher Ausdruck, der, wie Rancière weiter unten anmerkt, ein Spiel mit der Bedeutung von *imprimer* ist, das *impression* (Eindruck) und »das gedruckte Buch« miteinander verbindet. (A.d.Ü.)

3.

Das Lebensbuch und der Ausdruck der Gesellschaft

Gehen wir von diesem Vorrang der *elocutio* aus, welcher der Theorie der Absolutheit des Stils und den Begriffen Raum geben wird, die heute verwendet werden, um das Eigentliche der modernen literarischen Sprache zu bezeichnen, nämlich den »intransitiven« oder »selbstzweckhaften« Charakter der Sprache. Die Anhänger der literarischen Außergewöhnlichkeit oder die Ankläger ihrer Utopie beziehen sich gern auf die deutsche Romantik und ganz besonders auf die Formel von Novalis: »Der lächerliche Irrtum ist nur zu bewundern, dass die Leute meinen – sie sprächen um der Dinge willen. Gerade das Eigentümliche der Sprache, dass sie sich bloß um sich selbst bekümmert, weiß keiner.«[1] Doch man muss erkennen, dass diese »Selbstzweckhaftigkeit« der Sprache keineswegs Formalismus ist. Wenn die Sprache sich nur um sich selbst zu kümmern hat, dann nicht, weil sie ein selbstgenügsames Spiel ist, sondern weil sie bereits in sich Erfahrung der Welt und Text des Wissens ist, weil sie noch vor uns diese Erfahrung ausspricht. »Wenn man den Leuten nur begreiflich machen könnte, dass es mit der Sprache wie mit den mathematischen Formeln sei. – Sie machen eine Welt für sich aus – sie spielen nur mit sich selbst, sie drücken nichts als ihre wunderbare Natur aus, und eben darum sind sie so ausdrucksvoll – eben darum spiegelt sich in ihnen das seltsame Verhältnisspiel der Dinge.«[2] Die Abstraktion der mathematischen Zeichen verabschiedet die repräsentative Ähnlichkeit. Doch sie nimmt damit selbst die Eigenschaft einer Spiegel-Sprache an, die in ihren inneren Spielen die intimen Spiele der Beziehungen zwischen den Dingen ausdrückt. Die Sprache spiegelt die Dinge nicht wider, sondern sie drückt ihre Beziehungen aus. Dieser Ausdruck wird jedoch selbst als eine andere Ähnlichkeit aufgefasst. Wenn die Sprache nicht die Funktion hat, die Vorstel-

---

1 Novalis, »Monolog«, in: Novalis, *Schriften*, Bd. II: *Das philosophische Werk* 1, S. 672.
2 Ebd., S. 203f.

lungen, Situationen, Dinge oder Personen nach den Normen der Ähnlichkeit zu repräsentieren, dann deswegen, weil sie bereits auf ihrem eigenen Körper die Physiognomie dessen, was sie sagt, darbietet. Sie ähnelt nicht den Dingen wie eine Kopie, weil sie ihre Ähnlichkeit wie ein Gedächtnis trägt. Sie ist kein Kommunikationsinstrument, weil sie bereits der Spiegel der Gemeinschaft ist. Die Sprache besteht aus Materialitäten, die Materialisierungen ihres eigenen Geistes sind, dieses Geistes, der Welt werden muss. Und diese Zukunft wird selbst von der Art bezeugt, wie jede physische Wirklichkeit sich verdoppeln kann, auf ihrem Körper ihr Wesen, ihre Geschichte, ihr Schicksal zeigen kann.

Man darf die Formel von Novalis also nicht als Behauptung der Intransitivität der Sprache interpretieren, die der kommunikativen Transitivität entgegengesetzt wäre. Der Gegensatz ist klarerweise ein ideologischer Kunstgriff. Jede Kommunikation verwendet nämlich Zeichen, die von unterschiedlichen Bedeutungsarten abhängen: Zeichen, die nichts bedeuten, Zeichen, die hinter ihrer Botschaft verschwinden, Zeichen, die als Gesten oder Ikonen Wert haben. Die dichterische »Kommunikation« im Allgemeinen gründet auf der systematischen Ausbeutung dieser Ordnungsunterschiede. Der Übergang von einer Poetik der Repräsentation zu einer Poetik des Ausdrucks bringt die Hierarchie dieser Beziehungen durcheinander. Der Sprache als Instrument des Aufzeigens und der Beispielgebung, die an einen qualifizierten Zuhörer gerichtet ist, setzt die Ausdruckspoetik die Sprache als lebendigen Körper von Symbolen entgegen, das heißt von Ausdrücken, die das, was sie sagen, auf ihrem Körper zugleich zeigen und verstecken, von Ausdrücken, die somit weniger diese oder jene bestimmte Sache offenbar machen, als das Wesen und die Geschichte der Sprache als Macht der Welt und der Gemeinschaft selbst. Die Sprache wird also nicht auf ihre eigene Einsamkeit verwiesen. Es gibt keine Einsamkeit der Sprache. Es gibt zwei bevorzugte Achsen, in denen sie gedacht werden kann: die horizontale Achse der einem bestimmten Zuhörer übertragenen Botschaft, den man einen Gegenstand sehen lässt; oder die vertikale Achse, bei der die Sprache vor allem spricht, indem sie ihre eigene Herkunft zeigt, indem sie die sedimentierten Kräfte in ihrer eigenen Tiefe ausdrückt. Es besteht also kein Widerspruch zwischen der »monologischen« Formel von Novalis, dem die reine Dichtung repräsentierenden Mystiker, und den vernünftigen Erwägungen des Ökonomen Sismondi, der den Ursprung der Dichtung auf diesen Augenblick des Lebens der Nationen zurückführt, als »man nicht schreibt, um zu schreiben, und man nicht redet, um zu reden.«[3] Diese dem Anschein nach widersprüchlichen Thesen sind nicht nur miteinander verknüpft durch die Beziehung von Novalis zu den Brüdern Schlegel und von August Schlegel zum Kreis der Madame de Staël, zu dem Sismondi gehört, sondern durch ihre Zugehörigkeit zu derselben Idee der Entsprechung der Sprache zu dem, was sie sagt. Die Sprache ist selbstgenügsam, weil sich die Gesetze einer Welt in ihr spiegeln.

Diese Welt selbst kann unterschiedliche Gestalten annehmen, mehr oder weniger mystisch oder rational. Für Novalis, der von Swedenborg beeinflusst ist, entspricht sie »der inneren Welt der Sinne«, welche die Wahrheit der anderen Welt ist, diese geistige Wahrheit, den der Prozess der *Bildung[4] eines Tages der empirischen Wirklichkeit anpassen muss. Ein anderer Swedenborgianer, Balzac, wird es verstehen, diese innere Welt der Sinne und die Anatomie einer Gesellschaft gleichwertig zu machen. Die Sprache drückt nunmehr vor allem ihre Herkunft aus. Doch diese Herkunft kann ebenso auf die Gesetze der Geschichte und der Gesellschaft wie auf die der geistigen Welt zurückgeführt werden. Das Wesen der Dichtung ist ident mit dem der Sprache, sofern sie das innere Gesetz der Gesellschaften ist. Die Literatur ist »gesellschaftlich«, sie ist der Ausdruck einer Gesellschaft, wenn sie sich nur um sich selbst kümmert, das heißt um die Weise, wie die Wörter eine Welt enthalten. Sie ist »autonom«, insofern sie keine eigenen Regeln hat, insofern sie der umrisslose Ort ist, an dem die Manifestationen der Poetizität ausgestellt sind. In diesem Sinn kann Jouffroy sagen, dass sie »nicht eigentlich eine Kunst ist, sondern die Übersetzung der Künste«.[5] Die »dichterische« Übersetzung der Künste war vorher die Gleichwertigkeit der unterschiedlichen

---

3   Sismondi, *De la Littérature du Midi de l'Europe*, Paris 1819, S. 2.
4   Im Original deutsche Begriffe sind hier und im Folgenden kursiv und mit vorangestelltem *Asteriskus gekennzeichnet (A.d.Ü.)
5   Jouffroy, *Cours d'Esthétique*, S. 199.

Arten desselben Repräsentationsaktes. Nunmehr ist sie etwas völlig anderes: die Übersetzung der »Sprachen«. Jede Kunst ist eine spezifische Sprache, eine eigene Art der Kombination der Ausdruckswerte des Tons, des Zeichens und der Form. Doch auch eine besondere Poetik ist eine spezifische Version des Prinzips der Übersetzung zwischen Sprachen. »Romantik«, »Realismus« oder »Symbolismus«, diese »Schulen«, in die man für gewöhnlich das romantische Jahrhundert aufteilt, werden tatsächlich allesamt vom selben Prinzip bestimmt. Wenn sie untereinander verschieden sind, dann nur durch den Punkt, von dem aus sie diese Übersetzung vollziehen. So wie Zola ihn poetisiert, ist der Wasserfall an Stoffen in der Vitrine des Geschäftes von Octave Mouret tatsächlich das Gedicht eines Gedichts. Er ist das Gedicht dieses doppelten Wesens, dieses »sinnlich übersinnlichen Ding(s)«, das laut Marx die Ware ist. Das Buch ist mehr dem Gedicht dieses übersinnlichen Dings gewidmet als den Drangsalen der bleichen Denise. Und die unaufhörliche »realistische« oder »naturalistische« Beschreibung ist keineswegs dem Prinzip der Reportage und dem informativen Gebrauch der Sprache geschuldet, auch nicht der kalkulierten Strategie des »Wirklichkeitseffekts«. Sie hat ihren Grund in der Poetik der sprachlichen Verdoppelung jedes Dings.[6] *Das Paradies der Damen* präsentiert uns eine »innere Welt der Sinne«, die nicht mehr und nicht weniger mystisch ist

---

6 Zola hat zumindest ein Mal ein klares Bewusstsein davon, als er seinen Naturalismus beschuldigt, oft die »Natur« der Wissenschaft durch die verzauberte Natur der Romantik ersetzt zu haben, und seine eigene Interpretation der »Versteinerung« gibt, die dem literarischen Projekt innerlich ist: »Jetzt ist es gewiss, dass wir uns kaum an diese wissenschaftliche Strenge halten. Jede Reaktion ist so heftig und wir reagieren noch gegen die abstrakte Formel der vorigen Jahrhunderte. Die Natur ist in unsere Werke mit so ungestümem Schwung eingetreten, dass sie sie gefüllt hat und manchmal die Menschlichkeit ertränkt hat, die Figuren erstickt und weggefegt hat inmitten eines Zusammenbruchs von Felsen und großen Bäumen [...]. Man träumt also alle möglichen verrückten Dinge, man schreibt Werke, in denen Bäche zu singen beginnen, in denen die Eichen miteinander reden, in denen weiße Felsen wie Frauenbusen in der Mittagshitze seufzen. Und es gibt Symphonien von Blätterwerken, Rollen für die Grashalme, Gedichte von Klarheiten und Gerüchen. Wenn es eine mögliche Entschuldigung für solche Abweichungen geben kann, dann die, dass wir davon geträumt haben, die Menschlichkeit auszuweiten und wir sie sogar in

als die baudelairesche »doppelte Kammer«, das »Schloss der Reinheit« Mallarmés oder der »Schattenmund« von Hugo. Die dichterische Verdoppelung jedes Dings kann mystisch wie positivistisch interpretiert werden. Im ersten Fall kann sie die Welt der Geister erscheinen lassen, im zweiten die Eigenschaft einer Zivilisation oder die Herrschaft einer Klasse. Doch Mystizismus und Positivismus können auch zusammenpassen wie Cuvier und Swedenborg im Vorwort von *Die menschliche Komödie*. Hugo und Balzac, zwei Autoren, die stark vom symbolischen Mystizismus geprägt sind, bemühen sich lange vor den positivistischen Gelehrten, der Weise nachzuvollziehen, wie der Mensch, »seine Sitten, sein Denken, sein Leben in allem ausdrücken will, was er seinen Bedürfnissen anpasst«, und sie legen die Prinzipien dieser »von so vielen Historikern übergangene(n) Geschichte [...] – die Geschichte der Sitten«[7] dar. Und vor ihnen haben die Historiker der Ursprünge der modernen europäischen Zivilisationen, Barante und Guizot, die neue Bedeutung der Literatur verbreitet, indem sie ihre Entwicklung unter Berücksichtigung der Institutionen und der Sitten studierten.

»Die Literatur, Ausdruck der Gesellschaft«: diese Formel, die sich in Frankreich in den ersten Jahren des 19. Jahrhunderts ausbreitet, wird allgemein Bonald zugeschrieben. Und man erkennt leicht, wie sie mit der Sorge zusammenhängt, die das gegenrevolutionäre Denken nicht loslässt, die über Saint-Simon und Auguste Comte der wissenschaftlichen Soziologie Durkheims ihren Antrieb geben wird: die Kritik am Formalismus der Theorien zum Gesellschaftsvertrag und zu den Menschenrechten; die Forderung einer organischen Gesellschaft, in der die Gesetze, Sitten und Meinungen sich ineinander spiegeln und dasselbe organische Zusammenhaltsprinzip ausdrücken. Gegen die »Philosophie« und gegen den Apriorismus des Naturgesetzes und des Gesellschaftsvertrages taucht die Literatur als die Sprache der in ihrer Geschichte ver-

---

die Steine am Weg gesteckt haben.« (Emile Zola, *Le roman expérimental*, Paris 1971, S. 232ff.).
7 Honoré de Balzac, »Vorrede zur ›Menschlichen Komödie‹«, in: *Die Menschliche Komödie. Supplement*, aus dem Französischen von Claudia Schmölders, Zürich 1989, S. 7–27, hier: S. 10 und S. 13.

wurzelten Gesellschaften auf, die in ihrem tiefen organischen Leben aufgefasst werden. Chateaubriand wird anmerken, dass die Emigranten der Revolution und die Exilierten des Kaiserreichs die ersten waren, die diese Sprache sprachen.[8] Sie ist jedoch nicht der Ausdruck der Gegenrevolution, sondern viel tiefer die Sprache der Zivilisation, deren geheimer Gang sich weder um die Befehle der Regierung kümmert, die ihn vorwegnehmen wollen, noch um die, die ihm zu widerstehen versuchen. Es ist also natürlich, dass diejenigen sie als erste formulieren, welche die revolutionäre Umwälzung außerhalb der Zeit und der Sprache der Meinung versetzt hat. Doch auch jene formulieren sie zuerst, die versuchen, eine politische Ordnung zu bestimmen, welche die Freiheit gerade im Gang der Gesellschaften begründet und sie im Rhythmus der Veränderung der Zivilisation gehen lässt. Somit wurde die neue Idee der Literatur nicht von den Gegenrevolutionären durchgesetzt, sondern von den Anhängern des dritten Weges zwischen jakobinischer Revolution und aristokratischer Gegenrevolution, von den Anhängern dieser vernünftigen Freiheit, als deren beispielhafte Vertreterin Neckers Tochter, Germaine de Staël, zu nennen ist. Diese kümmern sich genauso wenig wie Vico darum, eine neue Poetik zu begründen. Sie spricht es für sie in der Einleitung zu ihrem Buch *Von der Betrachtung der Literatur im Zusammenhang mit den gesellschaftlichen Institutionen* (*De la littérature considérée dans ses rapports avec les institutions sociales*) aus: Die Hüter des Tempels der Belletristik können ruhig schlafen: »Man kennt mein Werk schlecht, wenn man annimmt, ich hätte zum Ziel, eine Poetik zu machen. Ich habe von der ersten Seite an gesagt, dass Voltaire, Marmontel und La Harpe diesbezüglich nichts zu wünschen übrig lassen. Aber ich wollte das Verhältnis aufzeigen, das zwischen der Literatur und den gesellschaftlichen Institutio-

---

8 »Die Literatur, die das neue Zeitalter ausdrückt, hat nur vierzig oder fünfzig Jahre nach der Zeit regiert, deren Idiom sie war [...]. Madame de Staël, Benjamin Constant, Lemercier, Bonald, schließlich ich, wir waren die ersten, die diese Sprache gesprochen haben. Die Veränderung der Literatur, derer sich das 19. Jahrhundert brüstet, ist aus der Emigration und aus dem Exil zu ihm gekommen.« Chateaubriand, *Mémoires d'outre-tombe*, 13. Buch, Kap. 2, Paris, 1946, Bd. 1, S. 467.

nen eines jeden Landes besteht [...]; ich wollte auch beweisen, dass die Vernunft und die Philosophie immer neue Kräfte erlangt haben durch die unzähligen Unglücke des Menschengeschlechts. Mein Geschmack in der Poesie ist wenig im Vergleich zu diesen großen Ergebnissen [...] und derjenige, der den meinen entgegengesetzte Meinungen hätte über die Freuden der Vorstellungskraft, könnte noch gänzlich meiner Meinung sein über die Beziehungen, die ich zwischen dem politischen Zustand der Völker und ihrer Literatur hergestellt habe.«[9]

Es liegt ein wenig Ironie in dieser Bescheidenheit. Und es ist kein Zufall, dass Balzac seinen geistigen Bruder, den Mystiker Louis Lambert, zum Patensohn der Madame de Staël gemacht hat. Es ist auch richtig, dass ihr Geschmack in vielen Punkten mit dem von La Harpe übereinstimmen kann, den sie sicher besser kennt als Vico. Ihr vorrangiges Anliegen ist nicht ästhetischer, sondern politischer Natur. Es geht darum, in derselben Weise den »Geist« der Literatur zu suchen, wie Montesquieu den Geist der Gesetze gesucht hat, darum, diejenigen zu widerlegen, die in der Revolution eine Katastrophe sehen, die von den Schriftstellern der Aufklärung hervorgerufen worden wäre, und umgekehrt die geschichtlich notwendige Entwicklung zu sehen, welche die Revolution über die Zeugnisse der Literatur bestimmt hat, aber auch die Rolle der »Literaten« in einer wohl eingerichteten Republik. Unter dem Vorwand, etwas anderes zu behandeln als die Poetik, sich mit dem äußerlichen Verhältnis der Werke zu den Institutionen und zu den Sitten zu beschäftigen, reißt sie jedoch nieder, was das Herzstück des repräsentativen Systems war, nämlich gerade dessen Normativität. In der repräsentativen Poetik war es unmöglich, die Gründe der Herstellung der Dichtung und das Urteil über ihren Wert voneinander zu trennen. Die Wissenschaft der Poetik definierte, was die Dichtungen sein mussten, um jenen zu gefallen, die dazu berufen waren, sie zu beurteilen. An die Stelle dieses Verhältnisses zwischen dem Wissen über die Herstellung und der Norm des Geschmacks tritt die Analogie zwischen Geist, Sprache

---

9 Germaine de Staël, *De la littérature considérée dans ses rapports avec les institutions sociales,* Nachdruck Genf 1967, Bd. I, S. 196f.

und Gesellschaft. Man hat sich nicht mehr darum zu kümmern, was die Dichtung sein soll, damit sie ihre autorisierten Richter befriedigt. Die Dichtung als die Sprache des Geistes einer Zeit, eines Volkes, der Zivilisation, ist das, was sie sein muss. Indem Madame de Staël sich nicht um die symbolischen Grundlagen der Ausdruckspoetik kümmert, bestätigt sie die neutralisierte Version davon, die *weiße* Version, könnte man sagen, diejenige, welche die Poetik des unbewussten Volksgeistes und die des schaffenden Künstlers, die Intransitivität der Literatur und ihre Spiegelfunktion, den Ausdruck der verdeckten geistigen Welt und den der gesellschaftlichen Produktionsverhältnisse auf ihren kleinsten gemeinsamen Nenner reduziert. Sie begründet somit die gleichzeitige Möglichkeit von scheinbar gegensätzlichen Vorgehensweisen: die der Mystiker oder der Bilderstürmer der romantischen Revolution und diejenige von vernünftigen Leuten wie Guizot, Barante, Villemain, für die das Studium der Literatur als »Ausdruck der Gesellschaft« mit der Suche nach einer neuen politischen Ordnung in Hand in Hand geht, einer Ordnung, welche die geschichtlichen Ergebnisse der Revolution akzeptiert und die postrevolutionäre Gesellschaft stabilisiert: eine Ordnung, in der die Regierungsformen »der Ausdruck der Sitten, der Überzeugungen, des Glaubens eines Volkes« sind, und in der die Gesetze mit den Sitten über »eine Art Kleingeld der Meinungen, der Gewohnheiten, der Zuneigungen«[10] in Verbindung stehen; eine Regierungsform, die wie das shakespearesche Theater fähig ist, zugleich »die Bedürfnisse der Massen und die der höheren Geister«[11] zu befriedigen; in der die Gesetze ihre Kraft aus den Sitten beziehen und mit ihnen durch die Vermittlung eines Meinungssystems harmonieren. Barante wird Pair de France unter der Restauration sein, Guizot und Villemain Minister der »rechten Mitte« unter Louis-Philippe. Sie werden den Bilderstürmer Hugo in die Académie française aufnehmen. Die literarische Radikalität und die Banalisierung des Begriffs der Literatur passen zusammen wie die Verabsolutierung der Kunst und

---

10 Barante, *De la littérature française pendant le XVIIIe siècle*, Paris 1809, S. XXVII.
11 Guizot, »Vie de Shakespeare«, in: *Shakespeare, Œuvres*, Paris 1821, Bd. I, S. CL.

die Entwicklung der Wissenschaften der Geschichte, der Politik und der Gesellschaft.

Das Prinzip dieser Zusammengehörigkeit ist einfach. Es gibt nur zwei Arten von Poetiken: eine repräsentative Poetik, welche die Gattung und die Vollkommenheit der Dichtungen innerhalb der Gattung ausgehend von der Erfindung ihrer Fabel bestimmt; und eine Ausdruckspoetik, die sie als direkte Ausdrücke der dichterischen Macht bestimmt; eine normative Poetik, die sagt, wie die Dichtungen gemacht sein müssen, und eine geschichtliche Poetik, die sagt, wie sie gemacht sind, das heißt eigentlich, wie sie einen Zustand der Dinge, der Sprache, der Sitten ausdrücken, die sie gezeugt haben. Diese wesentliche Aufteilung setzt auf dieselbe Seite die Adepten der reinen Literatur und die Historiker und Soziologen, die daraus den Ausdruck einer Gesellschaft machen, wie sie auf dieselbe Seite die Träumer einer Geisterwelt und die Geologen der gesellschaftlichen Mentalitäten stellt. Sie bringt die Praxis der reinen Künstler und die Sozialkritiker unter das Gesetz desselben spiritualistischen Gesetzes, dessen unentwurzelbare Gültigkeit an seiner erstaunlichen Fähigkeit liegt, sich in das Prinzip der positiven Wissenschaft und der materialistischen Philosophie zu verwandeln. Dieses Prinzip lässt sich in zwei grundlegenden Regeln zusammenfassen: erstens, in den Wörtern die Macht des Lebens finden, welche Wörter hervorbringt; zweitens, im Sichtbaren das Zeichen des Unsichtbaren finden. »Wenn Sie die großen, steifen In-folio-Bände, die vergilbten Blätter eines Manuskripts, kurz, eines Gedichts, eines Codes, eines Symbols des Glaubens durchblättern, was fällt Ihnen als erstes auf? Es ist nicht von alleine entstanden. Es ist nur eine Abdruckform, wie eine fossile Muschel, ein Abdruck, der einer dieser im Stein von einem Tier hinterlassenen Form entspricht, das gelebt hat und gestorben ist. Unter der Muschelschale gab es ein Tier und unter dem Dokument einen Menschen [...]. Wenn Sie mit Ihren Augen einen sichtbaren Menschen beobachten, was suchen Sie? Den unsichtbaren Menschen. Diese Worte, die an Ihr Ohr gelangen, diese Gesten, diese Gesichtszüge, diese Kleidung, diese Taten und sinnlichen Werke aller Art sind für Sie nur Ausdrücke; etwas drückt sich darin aus, eine Seele. Es gibt einen inneren Menschen, der unter dem äußeren versteckt ist, und der zweite macht nur den ersten sichtbar.« Wer sich so unter das mystische Zeichen des »unsichtbaren Menschen« von Saint-Martin, des Geistes des Buchstabens und der inneren Welt der Sinne begibt, ist niemand anderer als der große Bilderstürmer, der die hassenswerte »Reduktion« der Werke der Literatur auf die Bedingungen der Rasse, des Milieus und des Moments begründet, Hippolyte Taine.[12] Sicherlich beurteilt der junge Mallarmé die Theorie von Taine, welche die Literatur zum Ausdruck einer Rasse und eines spezifischen Milieus macht, als »für den Künstler demütigend«, doch obwohl er ihm vorwirft, nicht die »Schönheit des Verses« zu verstehen, gesteht er ihm zu »wunderbar die Seele der Dichtung« zu spüren.[13] Proust wird ebenso gegen Sainte-Beuve die Unabhängigkeit der Macht des Werkes von den Bedingungen seiner Entstehung reklamieren und die patriotische oder Volkskunst, die seine Zeitgenossen fordern, ablehnen. Doch dies tut er einzig deshalb, weil beide auf halbem Weg im Verhältnis des Werks zur Notwendigkeit, deren Ausdruck es ist, stehen bleiben. Die Entzifferung des proustschen inneren Buches ist nicht von der Beobachtung der Gesetze und der Wandlungen einer Gesellschaft zu trennen, und die Behauptung, dass das Werk die Übersetzung der einzigen Welt ist, die jeder Künstler sieht, ist ganz und gar mit der These vereinbar, dass jede dieser einzigartigen Visionen »auf ihre Weise die allgemeinsten Gesetze der Gattung und einen Augenblick der Entwicklung widerspiegelt«, sodass man in denselben Bilderrahmen einen Hügel von Marguerite Audoux und eine Wiese von Tolstoi einsetzen kann.[14]

Daher ist es Oberflächlichkeit, das *l'art pour l'art* und den Elfenbeinturm des Schriftstellers den harten Gesetzen der gesellschaftlichen Wirklichkeit entgegenzusetzen, oder der schöpferischen Kraft der Werke die kulturelle oder soziologische Relativierung der Literatur und der Kunst. Literatur und Zivilisation sind zwei

---

12 Hippolyte Taine, *Histoire de la littérature anglaise*, 9. Aufl. Paris 1891, S. VI und XI.
13 Stéphane Mallarmé, Brief an Eugène Lefébure, 30. Juni 1865, *Correspondance*, Paris 1959, Bd. I, S. 170.
14 Marcel Proust, Fragment des Heftes 26, in: *Bulletin d'information proustiennes*, Nr. 10, 1960, S. 27.

Begriffe, die sich gemeinsam durchgesetzt haben. Die Literatur als das freie Werk des individuellen Genies und die Literatur als Zeugnis des Geistes oder der Sitten einer Gesellschaft beruhen auf derselben Revolution, die das Prinzip des Ausdrucks anstelle des Prinzips der Repräsentation gesetzt hat, indem sie die Dichtung zu einem Sprachmodus gemacht hat. Diejenigen, die in Frankreich »die Literatur« erfinden (Sismondi, Barante, Villemain, Guizot, Quinet, Michelet, Hugo, Balzac und ein paar andere), erfinden zugleich auch unsere »Kultur«, die sie eher »Zivilisation« nennen. Sie stellen die hermeneutischen Prinzipien der Geschichte und der Soziologie auf, der Wissenschaften, die dem Schweigen der Dinge die Eloquenz wahrer Zeugenschaft über eine Welt verleihen, oder die jedes ausgesprochene Wort auf die stumme Wahrheit verweisen, welche die Haltung des Sprechers oder das Papier des Schriftstellers ausdrückt. Der Gegensatz zwischen schaffendem Individuum und der Gemeinschaft oder jener zwischen dem künstlerischen Schaffen und dem Kulturbetrieb sind nur ausgehend von derselben Vorstellung von Sprache und von derselben Unterbrechung des Kreislaufes der Repräsentation aussprechbar. Dieser Kreislauf bestimmte eine bestimmte Gesellschaft des Sprachaktes, eine Gesamtheit von rechtmäßigen Beziehungen und von Kriterien der Rechtmäßigkeit zwischen dem Autor, seinem »Stoff« und seinem Zuschauer. Die Unterbrechung dieses Kreislaufes lässt die Sphäre der Literatur und die der Gesellschaftsbeziehungen in derselben Dimension miteinander koexistieren. Sie setzt die Besonderheit des Werkes in eine direkte Ausdrucksbeziehung zu der Gemeinschaft, die sie sichtbar macht. Jede drückt die andere aus, aber ohne dass es eine Norm für diese Gegenseitigkeit gibt. Gerade der Begriff des Genies vollzieht den Übergang von der einen zur anderen Seite. Das romantische Genie ist nur insofern das eines Individuums, als es der Genius eines Ortes, einer Zeit, eines Volkes, einer Geschichte ist. Die Literatur ist die Vollendung der normenlosen Macht der Poetizität nur insofern, als sie der »Ausdruck der Gesellschaft« ist. Doch dieses Verhältnis ist gegenseitig. Jedes Zeitalter und jede Form der Zivilisation »trägt ihre Literatur, so wie jede geologische Epoche vom Erscheinen gewisser organisierter Gattungen, die demselben System angehören, geprägt ist.« Aber auch: »Eine Dichtung schafft ein Volk. Das heroische Griechenland hat Homer geschaffen. Aus Homer ist das zivilisierte Griechenland hervorgegangen.«[15]

Ein Volk macht eine Dichtung, eine Dichtung macht ein Volk. Die Gleichungsformel stellt sich von Anfang an in ihren beiden Gestalten dar. Es gibt jene, die von einer neuen Dichtung für ein neues, künftiges Volk träumen. *Das älteste Systemprogramm des deutschen Idealismus*, zur Zeit der Französischen Revolution von Hegel, Hölderlin und Schelling zu Papier gebracht, ist hierfür stellvertretend. Es gibt jene, die in den Dichtungen der Vergangenheit die Physiognomie des Volkes, das sie geschaffen hat, suchen. Diesen Weg hat Madame de Staël beschritten, und er wurde von den Literaturhistorikern der Zeit von Louis-Philippe weiterverfolgt. Doch vor allem Hegel, der ältere Hegel der *Vorlesungen über die Ästhetik*, wird den Literaturhistorikern ihre Prinzipien verleihen, die Taine in der positiven Literaturwissenschaft systematisieren wird. Der unendliche Streit zwischen den Hütern der Kunst und den Entzauberern ist in der unendlichen Umkehrbarkeit der Formel begründet. Gautier wird in den 1830er Jahren gegen die »soziale Kunst« polemisieren können, Taine in den 1860ern die Geschichte der englischen Literatur mit der Physiologie eines Volkes identifizieren; Lanson setzt um die Jahrhundertwende in den republikanischen Schulprogrammen die Geschichte der literarisch Schaffenden gegen die literarische Geschichte einer Gesellschaft durch; Sartre und Bourdieu entzaubern in der zweiten Jahrhunderthälfte die Illusionen vom Schöpfer. Die Anhänger des »Universalismus« können heute den »Kulturrelativismus« geißeln und sich über diejenigen entrüsten, die es wagen, die erhabene Kunst von Shakespeare und die simple Herstellung von Stiefeln in dieselbe Kategorie der »Kultur« aufzunehmen. Doch die Begriffe, die sie einander entgegensetzen, leben von ihrer Zusammengehörigkeit. Shakespeares Genie hat sich als künstlerisches Modell erst dann durchgesetzt, seitdem anerkannt wird, dass beide Ausdrücke derselben Zivilisation sind. Deswegen hat die marxistische Soziologie einen Großteil des Erbes der Geisteswissenschaften

---

15 Jean-Jacques Ampère, »De l'histoire de la littérature française«, *Revue des Deux Mondes*, 1834, Bd. IV, S. 415 und 409.

übernehmen können. Sicherlich hat Lukács seine *Theorie des Romans* als Jugendsünde verleugnen können, als noch im hermeneutischen Idealismus der Geisteswissenschaften gefangen, der in den deutschen Universitäten vor 1914 herrschte. Seine Analysen wurden trotzdem weitgehend als materialistische Erklärung des Verhältnisses zwischen der Romanform und der bürgerlichen Herrschaft übernommen. Denn der Geist ist gerade der Name für die Umtauschbarkeit der Ausdrucksfähigkeit, die sich im Werk zeigt, und der kollektiven Macht, die sie manifestiert. Es ist vergeblich, der Illusion derer, die an die Absolutheit der Literatur glauben, die Weisheit jener gegenüberzustellen, welche die gesellschaftlichen Bedingungen ihrer Produktion kennen. Die Literatur als Ausdruck des individuellen Genies und die Literatur als Ausdruck der Gesellschaft sind die zwei Versionen desselben Textes, sie drücken ein und dieselbe Wahrnehmungsweise der Werke der Schreibkunst aus.

Zweiter Teil

Von der allgemeinen Poetik zum stummen Buchstaben

4.

Von der Dichtung der Zukunft zur Dichtung der Vergangenheit

»L'art pour l'art« und die Literatur als Ausdruck der Gesellschaft sind zwei Namen für denselben geschichtlichen Modus der Schreibkunst. Das bedeutet nicht, dass dieser Modus nicht in sich widersprüchlich ist. Die Literatur könnte selbst nur die Entwicklung dieses Widerspruchs sein. Man muss ihn noch genau bestimmen. Auf den ersten Blick scheint die Kunst des Wortes sich nunmehr zwischen zwei Untergängen zu entfalten. Einerseits läuft die einzelne Form des Werkes Gefahr, sich auf die einfache Manifestation einer kollektiven Seinsweise zu reduzieren; andererseits droht ihr das Schicksal, auf die bloße Virtuosität einer individuellen Machart beschränkt zu werden. In der Polemik der *Vorlesungen über die Ästhetik*, die Hegel in den 1820er Jahren hält, wird diese doppelte Gefahr in zwei Namen zusammengefasst. Der erste ist der von Friedrich August Wolf, der große Philologe, der die These von Vico radikalisierte, indem er die geschichtliche Inexistenz Homers behauptete. In seinen *Prolegomena*, veröffentlicht 1795, hat er die Unterschiedlichkeit zwischen den Teilen der homerischen Dichtungen ins Feld geführt und vorgeschlagen, darin eine Zusammenfügung von Werken zu sehen, die von unterschiedlichen Autoren zu unterschiedlichen Epochen geschrieben worden war. Der zweite Name ist Friedrich Richter, genannt Jean Paul, der Autor jener unsteten Romane, in denen der Schriftsteller sich ständig in Szene setzt und seinen Humor zulasten schablonenartiger Figuren und einer Geschichte ohne Anfang noch Ende hervorhebt. Doch diese Polarität, die das romantische Paradigma zwischen kultureller Anonymität und der reinen individuellen Handschrift schwanken lässt, liegt nicht an der Gegensätzlichkeit der Prinzipien und der Zwecke zwischen der künstlerischen Individualität und der politischen oder gesellschaftlichen Gemeinschaft. Der Widerspruch zwischen dem Gesellschaftlichen und dem Individuellen ist nur der oberflächliche Ausdruck eines grundlegenderen Widerspruchs, der gerade im Kern der neuen Definition der dichterischen *Originalität* angesiedelt ist.

Denn die anti-repräsentative Poetik hat zwei sich widersprechende Prinzipien. Gemäß dem Prinzip der Gleichgültigkeit verlangt ein Stoff keine Form und auch keinen Stil, die ihm eigen wären. Es gibt nichts, was der Dichter in einer bestimmten Weise sagen muss. Das Eigentliche der Kunst ist es, durch jeden beliebigen Stoff ihre reine Absicht zu verwirklichen. Doch wenn die Poetizität eine Seinsweise der Sprache ist, dann umgekehrt als bestimmtes Verhältnis der Sprache zu dem, was sie sagt. Im Gegensatz zu jedem Prinzip der Gleichgültigkeit ist die Dichtung eine Sprache, die durch ihre Motivation, durch ihre Ähnlichkeit mit dem, was sie sagt, gekennzeichnet ist. Anders als der freie Künstler ist der Dichter derjenige, der nichts anderes ausdrücken kann, als was er ausdrückt, und der es nicht in einem anderen Sprachmodus ausdrücken kann. Die Vergleiche Vicos mit der Taubstummensprache stellten ein für alle Mal das Paradox auf, dass die Dichtung eine Sprache ist, insofern sie eine Unzulänglichkeit der Sprache ist. Sie ist das Werk einer Sprache, die nicht eigentlich das sagt, was sie sagt, der Ausdruck eines Denkens, das sich nicht in ihm selbst darbietet. Was sie in Gleichklang mit dem Entwicklungsstand des menschlichen Denkens versetzt, ist die Identität dieser ursprünglichen Tugend mit einer ursprünglichen Unzulänglichkeit. Die Dichtung identifiziert ihre Geschichte mit der Geschichte des Denkens nur unter dem Titel der Vorgeschichte. Ihre Übereinstimmung mit der Entwicklung der »Vernunft und der Philosophie«, von der Madame de Staël spricht, macht aus ihr auch ein Relikt, das die Entwicklung beseitigen muss. Die romantische Dichtung steht also vor einem Dilemma: Entweder nimmt sie diese geschichtliche Teleologie auf sich, die aus der neuen Dichtung im Wesentlichen eine neue Hermeneutik der vergangenen Dichtung macht; oder sie beansprucht diese Poetik als Prinzip der Produktion einer neuen Dichtung, was sie dazu zwingt, die Literatur in der Theorie und in der Praxis als Vereinigung von zwei widersprüchlichen Prinzipien zu verwirklichen, dem Prinzip eines spezifischen Unterschiedes, der in das objektive Leben der Sprache und des Geistes eingeschrieben ist, und dem Prinzip einer absoluten Gleichgültigkeit der Form der Verwirklichung des Kunstwollens.

Die hegelsche Ästhetik erscheint als die radikale Systematisierung des ersten Weges, also nicht als die Auswahl einer Alternative, sondern als die Ablehnung der Alternative, die vorwegnehmende Ablehnung der Möglichkeit der Literatur als neue Produktionsweise der Schreibkunst und als neue Behandlungsweise der Entsprechung der Künste. Hegels Theorie der Dichtung und die *Vorlesungen über die Ästhetik* verfolgen somit ein doppeltes Ziel. Auf einer ersten Ebene regeln sie das Dilemma zwischen dem Individuellen und dem Kollektiven. Sie versuchen diesen doppelten Verlust der Kunst abzuwenden, der von den symmetrischen Unternehmungen von Friedrich August Wolf und von Jean Paul zusammengefasst wird, vonseiten der entmystifizierenden Philologie oder von der gesetzlosen »Phantasie«. Sie bestimmen das richtige Verhältnis zwischen dem Wissen und dem Nichtwissen, zwischen der sprachlichen Offenbarung des Sinns und dem Schweigen des Steins, zwischen den kollektiven Seinsweisen und der besonderen Aussageart der Sprache der Kunst, die den Status der Poetizität sichert. Doch sie nehmen in Kauf, dass die These, welche die Poetizität mit einem bestimmten *Sprachzustand* oder einer geschichtlichen Denkart gleichsetzt, radikalisiert wird, dass sich die Spannung zwischen den Prinzipien der romantischen Poetik in eine Trennung der Zeitalter des Geistes verwandelt. Die Polemik gegen die »Phantasie« und den Humor von Jean Paul zielt also auf etwas ganz anderes ab als auf das bloße Gleichgewicht zwischen dem individuellen künstlerischen Schaffen und dem kollektiven Ausdruck. Sie trennt radikal die beiden Prinzipien der romantischen Poetik: das Prinzip des Denkens als Sprache und das Prinzip der Gleichgültigkeit des Dargestellten. Sie verwandelt sie in getrennte Zeitalter: in das moderne Zeitalter, das »literarische« Zeitalter der Gleichgültigkeit des Dargestellten im Gegensatz zum Zeitalter der Dichtung, zum Zeitalter des in der Äußerlichkeit des Werkes gegenwärtigen Denkens. Was Hegel also theoretisiert, ist die Unmöglichkeit, dass aus der romantischen Poetik eine neue Gestalt der Schreibkunst hervorkommt, diese Gestalt, die zwei Jahrhunderte lang unter dem Namen Literatur weitergeführt werden wird.

Weit davon entfernt also, die Literatur gegen die Auflösungsformen zu bewahren, die der Dualität ihrer Prinzipien innewohnt, attackiert Hegel den Versuch, sie zu versöhnen, die Romantik zum Prinzip einer verallgemeinerten Poesie zu machen. Dreißig Jahre zuvor versuchten sich die jungen Romantiker des *Athenäums*-Kreises daran. Diese hatten tatsächlich der Idee einer verallgemeinerten Poesie ihre radikale Form verliehen: eine Poesie, die bereits in der Natur anwesend war, welche »ein Gedicht [ist], das in geheimer wunderbarer Schrift verschlossen liegt«,[1] gebündelt im objektiven Spiegel der Sprache und in der »Phantasie« des Künstlers, der fähig war, jedes Ding zu poetisieren, aus jeder endlichen Wirklichkeit die Hieroglyphe des Unendlichen zu machen. Ohne Zweifel hatte Schiller eine Kontinuitätslösung in diese Vision eingeführt, indem er zwei Formen und zwei Zeitalter der Dichtung unterschied: die naive Dichtung und die sentimentalische. Naiv ist für ihn diejenige Dichtung, deren Herstellung nicht vom spontanen Bewusstsein einer Welt getrennt ist, die selbst nicht das Natürliche und das Kulturelle, das Poetische und das Prosaische voneinander trennt. Von dieser »Naivität«, die weit entfernt ist von jeglicher ursprünglichen Einfältigkeit, zeugt die Dichtung der Griechen, der Ausdruck einer Kontinuität zwischen den subjektiven Gefühlen, den kollektiven Lebensweisen, der gemeinsamen Religion und den Kunstformen. Sentimentalisch ist die Dichtung, die der Moderne eigen ist, die Dichtung einer Welt, die nach einer verlorenen Natur schmachtet, welche der Prosa der Gesellschaftsordnung die Gefühle des Herzens entgegenstellt oder die natürlichen Sitten den Künsten und Institutionen der Zivilisation. Die sentimentalische Dichtung ist diejenige, die sich als von der prosaischen Welt getrennte, ihr entgegengesetzte Form weiß, die gezwungen ist, sich gegen sie zur Geltung zu bringen. Doch Schiller nannte idealische Dichtung diejenige, welche die Trennung überwindet, und die postkantianische Philosophie bot das Prinzip dieser Dichtung an. Die objektivistische Theorie einer in sich poetischen Welt konnte als Grundlage dienen für eine sub-

---

[1] Friedrich Wilhelm Joseph Schelling, *Das System des transzendentalen Idealismus*, hg. von Horst D. Brandt und Peter Müller, Hamburg 2000, S. 299. (A.d.Ü.)

jektivistische Theorie der dichterischen Phantasie. Die Natur »ist ein Gedicht, das in geheimer und wunderbarer Schrift verschlossen liegt«, sagt Schelling, Kant paraphrasierend. Der Schlüssel zu diesem Gedicht ist vielleicht verloren, die große Welt der allgemeinen Poetizität ist wie von einem Zauberer in der düsteren Objektivität der toten Dinge und der prosaischen Welt versteinert. Doch die neue Philosophie liefert in Fichtes Stimme das Werkzeug, um diesen Schlüssel neu zu schmieden. In seiner Selbstidentität hält das Ich der transzendentalen Subjektivität bereits das Prinzip der Einheit von Subjektivem und Objektivem, von Endlichem und Unendlichem inne. Es kann also den »Bann« brechen, der das Gedicht der Natur gefangen hielt, das heißt es als das erkennen, was es in seinem göttlichen Wesen ist und in der menschlichen Wirklichkeit werden muss, nämlich eine »sinnlich wahrnehmbare [...] Einbildungskraft«,[2] wobei unter Einbildungskraft nicht die Fähigkeit zur Fiktion verstanden wird, sondern die Macht der *Bildung, die »Bilder« erzeugt, welche Lebensformen sind, Momente eines Bildungsprozesses der Menschheit als Künstler. »Fichtens Ich – ist ein Robinson«, sagt Novalis.[3] Es ist die Fähigkeit, das Gleichwertige einer verlorenen Welt wiederzuerschaffen, die Welle des Geistes, welche die verstreuten Buchstaben des Gedichts der Natur erweckt, die Stimme und der Rhythmus, welche die Prosa der Konsonanten in Gesang verwandeln. Die reine Subjektivität arbeitet an einer gemeinsamen Welt. »Es können *wunderbare Kunstwerke* hier entstehen, wenn man das Fichtisieren erst artistisch zu treiben beginnt.«[4]

Die Romantik ist also nicht dazu verdammt, vom verlorenen Paradies der Naivität zu träumen. Sie kann diese verlorene Naivität und das Programm einer neuen Dichtung in eine einzige geschichtliche Teleologie integrieren. Und vielleicht ist es diese Teleologie der wiedergefundenen Kontinuität zwischen einer der

---

2 Novalis, *Schriften*, Bd. III: *Das philosophische Werk* II, S. 252. (A.d.Ü.)
3 Ebd., S. 405.
4 Ebd., S. 314. Über das Natur-Gedicht vgl. das letzte Kapitel des *Systems des transzendentalen Idealismus* von Schelling, auf das die *Vorlesungen über die Literatur und die Kunst* von A. W. Schlegel verweisen, und Philippe Lacoue-Labarthe und Jean-Luc Nancy, *L'Absolu littéraire*, Paris 1978, S. 342.

Welt innerlichen Dichtung und einer aus der Subjektivität gewonnenen Dichtung, welche Schlegels Begriff des »Fragments« ausdrückt. Das Fragment wurde oft als das Kennzeichen einer Unvollendetheit und der Enttotalisierung gedacht, die dem modernen Werk eigen wären. Indem man es mit dem blanchotschen Thema des »entwerkten« Werkes in Verbindung bringt, schlägt man die »Literatur« auf die Seite einer Grenzerfahrung. Doch diese Sichtweise ist sicherlich zu pathetisch. Ein Fragment ist keine Ruine, sondern eher ein Samenkorn. »Alle Asche ist Blütenstaub«, sagt Novalis.[5] Das Fragment ist die Einheit, in der jedes starre Ding in die Bewegung der Wandlungen zurückgeführt wird. Philosophisch gesehen ist es die endliche Gestalt eines unendlichen Prozesses. Dichterisch ist es die neue Ausdruckseinheit, welche die narrativen und diskursiven Einheiten der Repräsentation ersetzt. Diese Umwandlung vollzieht beispielhaft das *Athenäums*-Fragment 77: »Ein Dialog ist eine Kette oder ein Kranz von Fragmenten. Ein Briefwechsel ist ein Dialog in vergrößertem Maßstabe und Memorabilien sind ein System von Fragmenten.«[6] Die Werke der Vergangenheit zu fragmentieren bedeutet, die Bande ihrer repräsentativen Einheit aufzulösen, um ihr romantisches Wesen von expressiven Fragmentkränzen, von Hieroglyphen des Gedichts der Natur und der Sprache, von Momenten einer *Bildung, welche zugleich Bilder, Formen und Lebensmöglichkeiten erschafft, (neu)erleben zu lassen. Das bedeutet, sie vor sie selbst zu stellen und sie in dieselbe Bewegung einzuschreiben wie die Skizzen der neuen Dichtung, die sich zugleich als die unendliche Fähigkeit des dichterischen Ichs erweist und als die Produktion dieser oder jener der provisorischen Formen, der »Individualitäten«, in denen sie sich freiwillig eingrenzt, in denen sie ihre subjektive Freiheit mit der objektiven Bildung eines werdenden Geistes identifiziert.

Der Abstand des Gedichts zu dem, was es sagt, ist also nicht die Unzulänglichkeit einer Kindheitssprache, sondern im Gegenteil die reine Bewegung, durch welche die Dichtung sich immer

---

5   Ebd., S. 301. (A.d.Ü.)
6   Friedrich Schlegel, »Athenäums-Fragmente«, in: *Kritische Friedrich-Schlegel-Ausgabe*, Bd. 2, *Charakteristiken und Kritiken I (1796–1801)*, hg. v. Hans Eicher, S. 165–272, hier: S. 176.

jenseits ihrer bestimmten Gestalten entwirft und sie in den Verlauf eines in Bildung begriffenen Lebens einbringt. Die Macht der Teilung des Fragments ist identisch mit der Macht des Vorgriffs des Projekts, wie die auflösende Fähigkeit des Witzes identisch ist mit der vereinigenden Fähigkeit des Symbols. Diese Gleichheit des Wesens des Fragments und des Projekts drückt das *Athenäums*-Fragment 22 aus: »Ein Projekt ist der subjektive Keim eines werdenden Objekts. Ein vollkommenes Projekt müsste zugleich ganz subjektiv und ganz objektiv, ein unteilbares lebendiges Individuum sein. Seinem Ursprunge nach ganz subjektiv, original, nur gerade in diesem Geiste möglich; seinem Charakter nach ganz objektiv, physisch und moralisch notwendig. Der Sinn für Projekte, die man Fragmente der Zukunft nennen könnte, ist von dem Sinn für Fragmente aus der Vergangenheit verschieden, die bei ihm progressiv, bei jenem aber regressiv ist. Das Wesentliche ist die Fähigkeit, Gegenstände unmittelbar zugleich zu idealisieren und zu realisieren, zu ergänzen und teilweise in sich auszuführen. Da nun transzendental eben das ist, was auf die Verbindung oder Trennung des Idealen und des Realen Bezug hat, so könnte man wohl sagen, der Sinn für Fragmente und Projekte sei der transzendentale Bestandteil des historischen Geistes.«[7] Das Fragment ist die beliebige Ausdruckseinheit, die beliebige metaphorische Einheit – Traum, Kieselstein oder Witz, Zitat oder Programm –, in dem die Vergangenheit und die Zukunft, das Ideale und das Reale, das Subjektive und das Objektive, das Bewusste und das Unbewusste einander ihre Fähigkeiten leihen. Es ist die gegenwärtig gemachte Vergangenheit und die in die Zukunft geworfene Gegenwart. Es ist das sinnlich gewordene Unsichtbare und das vergeistigte Sinnliche. Es ist zugleich die Selbstdarstellung des Künstlersubjekts, die Individualität des Werkes, in der es sich auflöst und ein Moment des großen Bildungsprozesses der Welt des

---

7 F. Schlegel, *Athenäums-Fragmente*, S. 168f. Es sei angemerkt, dass das einer der wenigen Texte Schlegels ist, der eine zumindest indirekte Definition vom Begriff des Fragments gibt und man vergleiche mit dem Fragment 77: »Es gibt noch keins, was im Stoff und Form fragmentarisch, zugleich ganz subjektiv und individuell und ganz objektiv und wie ein notwendiger Teil im System aller Wissenschaften wäre.« Ebd., S. 176.

Geistes. Die »romantische« Dichtung verwirklicht somit die Identität der Gegensätze, in ihr gilt als oberstes Gesetz, »dass die Willkür des Dichters kein Gesetz über sich leide« und dennoch kann sie »gleich dem Epos ein Spiegel der ganzen umgebenden Welt, ein Bild des Zeitalters werden.«[8] Doch diese Gleichheit der Gegensätze ist werdende Identität: beständiger Verweis der schöpferischen Subjektivität auf das Fragment, in dem sie sich darstellt, ohne den Vorgeschmack und die Form einer künftigen Geisteswelt zu erschöpfen, wo selbst der Unterschied zwischen dem Künstler und dem Kunstwerk sich aufheben muss. Diese potenzielle Gleichheit des Kunstwerkes und des Künstlers als Werk, der individuellen Phantasie und der Bildung einer gemeinsamen Welt, wird unterstützt von der Gleichheit der Kunstform – der Form als Erzeugnis einer Herstellung – und der Lebensform, der Form als Präsentation der Bewegung des Lebens.

Die Poetik des Fragments bietet also die geträumte Einheit zwischen dem Prinzip der Gleichheit und dem Prinzip der Symbolisierung. Das Fragment ist Symbol: beliebiges Stück und Mikrokosmos einer Welt. Es ist freie Herstellung der Einbildungskraft und es ist lebendige Form, die von der Bewegung der Lebensformen mitgerissen wird. Das Fragment ist bei seiner romantischen Geburt nicht die Enttotalisierung, welche die Literatur als Erfahrung des Unmöglichen begründet. Es ist vielmehr die Auflösung der Widersprüche der neuen Totalität. Und wenn die Literatur daraus hervorgeht, dann durch die Spaltung dessen, was es beanspruchte zu versammeln. Die gesamte Geschichte der Literatur wird vielleicht tatsächlich die des Schicksals dieses »Kranzes von Fragmenten« sein, welcher der alten narrativen und diskursiven Ordnung das Bild einer anderen Totalität entgegensetzte.

Die Theorie des Fragments ließ somit auf die verlorene Welt der »Naivität« eine neue Dichtung folgen, die nicht mehr das unmittelbare Bewusstsein einer Welt war, sondern ihre Neuerschaffung auf Grundlage der unendlichen Subjektivität. Diese Neuerschaffung kann bei Novalis im mystisch-poetischen Begriff des Zaubers ausgedrückt werden. Aber sie kann sich auch als die neue

---

8 F. Schlegel, *Athenäums-Fragmente*, Fragment 116, S. 182.

Aufgabe der Vernunft zeigen. Die Texte des *Athenäums* oder *Das Älteste Systemprogramm des deutschen Idealismus* hatten diese Aufgabe formuliert: Die sinnliche Unbegrenztheit der Einbildungskraft sollte sich in den Dienst des Unendlichen der Vernunftideen stellen, sollte ihre Macht, das Denken sinnlich zu machen, mit der Macht der Theorie identifizieren. Der Geist würde aus sich eine neue Mythologie beziehen und die Dichtung würde zum Preis der verlorenen Naivität die Kräfte der Erkenntnis gewinnen. Indem die Sprache von sich ausgehend die Macht wiedererlangen würde, durch die sie ein »Gedicht des gesamten Menschengeschlechts« ist, wäre sie fähig, sich selbst zu spiegeln, ihre »Theorie« zu erzeugen in der Form des Gedichts ihrer eigenen Poetizität und der Poetizität im Allgemeinen. Auf das verlorene Epos folgte der Roman, die gattungslose Gattung, die Gattung der Gattungsvermischungen, in der die Erzählung, der Gesang oder der Diskurs unterschiedlich das Prinzip der Poetizität offenbaren würden. Dem homerischen Epos, in dem der Dichter hinter der Darstellung einer dichterischen Welt verschwindet, wäre der Roman des *Don Quijote* entgegengesetzt, der uns umgekehrt das dichterische Prinzip in einer Figur personifiziert darstellt, in ihrer Begegnung mit der Welt der Prosa und in ihrem Kampf, diese begegnete Wirklichkeit zu poetisieren; und mehr noch der Roman *Wilhelm Meisters Lehrjahre*, in dem der Werdegang des Helden gleich war mit dem Rückgang der Formen der Dichtung: Die Prosa des Romans wurde nun geradezu die Poesie der Poesie und das Lebensbuch.

Dieser Poetik der Universalpoesie stellt Hegel eine strenge Konsequenz entgegen: Die Universalisierung der Poesie ist untrennbar von ihrer Vergeschichtlichung. Sie ist universell *als* Sprache einer Welt, die sich noch nicht gänzlich selbst kennt. Die Einheit zwischen der Herstellung des dichterischen Bildes und der Bewegung der Lebensformen gehört einem bestimmten Stadium der Entwicklung des menschlichen *Tuns* und *Handelns* an, das heute vorbei ist. Der Kern der hegelschen Demonstration liegt ganz selbstverständlich in der Analyse des Epos und der Welt des Epos. Denn das Epos wird mit Homer gleichgesetzt und das Problem Homers wird seit Vico in der Frage nach dem Wesen der Dichtung selbst zusammengefasst. Aber das Epos ist auch der Ort, an dem die neue Definition der Poetizität am besten seinen Begriff darstellen und seine harmonische Veranschaulichung geben kann – in der Vergangenheit. »Als solch eine ursprüngliche Totalität ist das epische Werk die Sage, das Buch, die Bibel eines Volks, und jede große und bedeutende Nation hat dergleichen absolut erste Bücher, in denen ihr, was ihr ursprünglicher Geist ist, ausgesprochen wird.«[9] Die Formulierung zeigt deutlich die Umkehrung des klassischen Prinzips der Gattungshaftigkeit. Die »Gattungen« der Epik, der Lyrik und der Tragödie, die Hegel in der Reihenfolge der *Vorlesungen* von August Wilhelm Schlegel untersucht, sind keine Formen mehr, die der spezifischen Würde eines Stoffes angemessen sind. Das Epos ist nicht mehr die Darstellung der Götter und der Helden in einer besonderen kompositorischen und metrischen Form. Es ist der Ausdruck des Lebens eines Volkes, die Dichtung, die einem bestimmten Zustand der Sprache entspricht, welche selbst einen Zustand der Verhältnisse zwischen dem Denken und seiner Welt widerspiegelt. Es ist folglich die beispielhafte Manifestation dieser »Naivität«, die von Schiller konzeptualisiert wurde, die nicht die Einfältigkeit der Frühzeit ist, sondern die genaue Übereinstimmung von dichterischer Macht und ihrem Geburtsboden oder -milieu. Es ist die Dichtung einer bereits dichterischen Welt, einer Welt, die keine Trennung von Dichtung und Prosa kennt, und in der die Formen des gemeinschaftlichen Lebens und die des dichterischen Ausdrucks auf eine gleiche *Machart* verweisen.

Das ist das Universum, das Homer besingt: das Universum einer Zeit, in der die Tätigkeiten der Menschen und der Ort, der sie vereinigt, noch nicht außer ihnen oder über ihnen objektiviert sind, in den Gesetzen des Staates, in den Arten der industriellen Herstellung oder in den Rädern der Verwaltung, sondern in der sie vertraute Seins- und Macharten sind, Charakterzüge, Gefühle und Glaubensangelegenheiten. »Was der Mensch zum äußeren Leben gebraucht, Haus und Hof, Gezelt, Sessel, Bett, Schwert und Lanze, das Schiff, mit dem er das Meer durchfurcht, der Wagen, der ihn zum Kampf führt, Sieden und Braten, Schlachten, Speisen

---

9 Georg Friedrich Wilhelm Hegel, *Vorlesungen über die Ästhetik*, Bd. 3, Frankfurt/M., 1986, S. 331.

und Trinken: es darf ihm nichts von allem diesen nur ein totes Mittel geworden sein, sondern er muss sich noch mit ganzem Sinn und Selbst darin lebendig fühlen und dadurch dem an sich Äußerlichen durch den engen Zusammenhang mit dem menschlichen Individuum ein selber menschlich beseeltes individuelles Gepräge geben«.[10] Diese individuelle und kollektive Seinsweise, die der Seinsweise der Maschinenwelt und des modernen Staates diametral entgegengesetzt ist, wurde von den Dichtungen Homers ausgedrückt: »Hier haben wir im häuslichen und öffentlichen Leben ebensowenig eine barbarische Wirklichkeit als die bloß verständige Prosa eines geordneten Familien- und Staatslebens, sondern jene ursprünglich poetische Mitte vor uns, wie ich sie oben bezeichnet habe.«[11]

Die Dichtung Homers spiegelt diese »Mitte« wider. Dafür muss Homer selbst daran teilhaben. Doch nicht als die anonyme Stimme des archaischen Volkes, deren Echo sich in vereinzelten Dichtungen zerstreuen würde, sondern als die Stimme eines Künstlers, der einer ist, wie diese Welt eine ist. Die Objektivität der epischen Dichtung verlangt, dass »der Dichter als Subjekt gegen seinen Gegenstand zurücktreten und in demselben verschwinden«[12] muss, und doch »kann das epische Gedicht als wirkliches Kunstwerk nur von *einem* Individuum herstammen«.[13] Homer muss also mit dieser Welt verbunden sein, die er beschreibt, aber bereits von ihr entfernt sein, in einer zeitlichen Distanz zu ihr stehen, von wo aus die diffuse Poetizität einer kollektiven Lebensweise als Prinzip eines individuellen Werkes erfasst werden kann. Doch auch diese kollektive Welt, zu deren Sänger er sich macht, die Welt der Nichttrennung der Tätigkeiten, ist selbst schlechthin die Welt der Individuen. Die substanzielle Gemeinschaft des ethischen Lebens erscheint darin nur als Manifestation der Tätigkeit und des Charakters der Individuen. Die epische Einheit der Macharten zeigt sich schlechthin in der Beschreibung dieser Kriegsherren, die ebenso Hersteller ihrer eigenen Möbel wie Köche und Diener ihrer

---

10 Ebd., S. 341.
11 Ebd., S. 341f.
12 Ebd., S. 336
13 Ebd.

Gäste sind. »Das Zepter Agamemnons ist ein Familienstab, den sein Ahnherr selber abgehauen und auf die Nachkommen vererbt hat; Odysseus hat sich sein großes Ehebett selbst gezimmert; und wenn auch die berühmten Waffen Achills nicht seine eigene Arbeit sind, so wird doch auch hier die vielfache Verschlingung der Tätigkeiten abgebrochen, da es Hephaistos ist, welcher sie auf Bitten der Thetis verfertigt.«[14] Die epische Welt ist poetisch – antiprosaisch –, weil sie die genaue Übereinstimmung zwischen dem kollektiven *ethos* und den individuellen Charakteren ist. Die Individualität des homerischen Volksbuches entspricht dieser Einheit. Homer schreibt seine Dichtung, wie Atreus sein Zepter zuschneidet und Odysseus sein Ehebett. Deshalb kann diese Dichtung zugleich ein Lebensbuch sein, in das Gewebe des kollektiven Lebens geschnitzt, und das notwendig individuelle Werk eines einzigen Künstlers.

Das Epos ist also die Utopie der Dichtung und zugleich eine Form der Dichtung. Es stellt exakt den Ausdruck zwischen dem individuellen schaffenden Genie und einer der gemeinsamen Welt innerlichen Poetizität dar. Es verwirklicht beispielhaft diese Übereinstimmung des Sinns und der sinnlichen Materie, die das Wesen der Kunst als Denkweise ist, Manifestation eines Denkens, das außer sich ist, das restlos in die Äußerlichkeit des Steins oder in die Monolithik der Figur eingegangen ist. Das Handeln des epischen Helden drückt wie die Gestalt des Gottes aus Stein diese Fleischwerdung des Denkens aus, das plastische Form geworden ist, welche zugleich das Schweigen des Zeichens und die zwiespältige Sprache des Symbols hinter sich lässt. Das ausgewogene Gleichgewicht der hegelschen Ästhetik liegt an dieser Übereinstimmung zwischen einer klassischen Theorie der Form gewordenen Idee und der romantischen Idee der Dichtung als noch sich selbst fremdes Denken. Der Gott aus Stein, dessen Schweigen die sinnliche Form der Idee ist, und der monolithische epische Held drücken die kollektive Welt der Individuen aus, bieten die angemessene Manifestation des Denkens und seines Unterschieds zu sich selbst. Diese Übereinstimmung ist ebenso die einer indivi-

---

14 Hegel, *Vorlesungen über die Ästhetik*, Bd. 1, S. 338.

duellen dichterischen Macht und der Poetizität einer Welt. Die Klassik wird gerade durch diese doppelte Übereinstimmung definiert. Doch diese Bestimmung der »Klassik« hat eine recht bemerkenswerte Eigenschaft: Sie ist nichts anderes als die Formulierung der romantischen Poetik. Hegels Besonderheit liegt darin, die romantische Poetik in eine Theorie der Klassik zu verwandeln. Das Sprach-Werk, die schöne Übereinstimmung von Form und Bedeutung, des hergestellten Werks und der lebendigen Form, der schöpferischen Individualität und der kollektiven Poetizität, all das, was die Brüder Schlegel oder Novalis zur Aufgabe der neuen Dichtung gemacht hatten, ist nun eine Sache der Vergangenheit. Die romantische Poetik wird somit gegen ihre Theoretiker gewendet. Ihr Zukunftsprogramm wird Interpretation der Vergangenheit. Diese Interpretation der Vergangenheit zeigt ihrerseits, dass das Zukunftsprogramm keine Zukunft hat. So wird der schillersche Bruch radikalisiert. Das Schicksal des Epos allegorisiert das Schicksal der Dichtung im Allgemeinen. Das Epos ist der Ruhm einer Welt – der Welt vor dem Staat und der Arbeitsteilung –, es ist auch ihr Untergangsgesang. Es ist eine Utopie der Vergangenheit, die den Nachteil der Unmöglichkeit der neuen Utopie des Lebensbuches/-gedichts hat.

Hegel verallgemeinert nämlich das Paradox der romantischen Klassik. Damit die Idee sich in der Form der Kunst zugleich zeigt und auflöst, muss eine genaue Deckungsgleichheit zwischen dem bestehen, was der Künstler machen will, und dem, was er nicht machen will, was er macht, ohne es zu wissen und zu wollen. Diese Bedingung bindet den Erfolg der Kunst an den Niedergang eben der Positivität, die ihr Festigkeit verleiht. Homer macht seine Dichtung wie Atreus sein Zepter oder Odysseus sein Bett. Doch die notwendige Identität zwischen dem, was er macht, und dem, was er nicht macht, verbindet ihn dementsprechend mit dem epischen Helden, der ein solcher nur ist durch die Identität in seiner »*Sache« seines eigenen Willens und der Äußerlichkeit des Ereignisses, das ihn erwartet. Der epische Ruhm und der Erfolg seiner Dichtung beruhen auf der »Sandbank des Endlichen«. Die homerische Erzählung führt mit Achilles gleich die kollektive Welt der Individuen in den Tod. Man muss die Bedeutung dieses Endes sehen. Denn es ist eine solche »kollektive Welt der Individuen«, welche die jungen Schwärmer der Jahre um 1800 in die Zukunft projiziert hatten, in dieses »Systemprogramm des deutschen Idealismus«, dessen Skizze Hegel, Hölderlin und Schelling gezeichnet hatten. Sie träumten damals von einer Welt der Freiheit, in der das mechanische Gesetz des Staates vom lebendigen Geist der Gemeinschaft ersetzt würde, von den Ideen der Vernunft, die zu gemeinsamen Gedichten werden, die »ästhetisch« würden, *das heißt* »mythologisch«, um in einer neuen Religion die Einheit der Denker und des Volkes zu besiegeln. Die hegelsche Theorie des Epos führt diese gestrige Zukunft zum Tod. Sie zeigt, dass es die Vergangenheit des Staates und der Gemeinschaft ist, nicht ihre Zukunft.

Doch diese Beseitigung einer politischen Utopie der Poetizität besiegelt auch das Schicksal der Dichtung selbst. Die beispielhafte Übereinstimmung von epischer Gemeinschaft, ihres Helden und ihres Dichters übersetzt die natürliche »Poetizität« einer Welt vor den staatlichen und industriellen Rationalisierungen des menschlichen Handelns. Doch sie vollzieht sich auch vor dem Hintergrund der Nicht-Übereinstimmung, die am Anfang der »Sprache« der Kunst steht. Die Kunst ist die Manifestation eines Denkens außer sich, gefangen in den Materialien, die es belebt und zur Idealität erhebt: Stein, Holz, Farbe, Ton oder Sprache; eines Denkens, das zur Seele eines Bildes, zum Lächeln eines Gottes und Bild oder Rhythmus des Gedichts wird. Die Kunst ist die Sichtbarwerdung eines noch äußerlichen Denkens, das sich noch selbst dunkel ist, in einer Sprache, deren poetische Tugend mit ihrer Undurchsichtigkeit verbunden ist. Die Tugend der Dichtung ist eben dieser doppelte Makel, den Vico analysierte: die Schwierigkeit des Geistes, seine eigene Macht zu erkennen; und der Widerstand der Sprache, bloßes Instrument des Denkens zu werden. Die Denkmacht der Dichtung ist die eines Geistes, der sich nur in der Figur und dem Rhythmus einer Sprache erkennt, die selbst noch im Figürlichen des Bildes und in der zeitlichen Dicke ihrer Materialität gefangen ist. Das lässt die Dichtung in Gleichklang mit einer Welt stehen, in der die individuellen und kollektiven Tätigkeiten noch nicht der juridischen oder ökonomischen Rationalität unterworfen sind. Das ist es auch, was aus der Dichtung einen geschichtlichen Augenblick der Verhältnisse zwischen dem

Denken, seiner Sprache und seiner Welt macht, und einen Augenblick, der vergehen muss. Die Zeit der bürgerlichen Gesellschaft und des modernen Staates entzieht nicht nur den Tätigkeiten der empirischen Welt ihre Poetizität. Sie ist auch die Zeit, in welcher der Geist Bewusstsein von seinem eigenen Herrschaftsgebiet erlangt und Besitz genommen hat von einer Sprache, die neutrales Werkzeug des Ausdrucks des Denkens geworden ist. Der Geist muss sich nicht mehr in seiner äußerlichen Manifestation wiedererkennen, in den Fabeln, Charakteren, Bildern und Rhythmen der Dichtung. Er braucht die Dichtung nicht mehr. Aber diese hat auch ihre eigene Materie verloren, nämlich die doppelte Undurchsichtigkeit der Sprache für die Bedeutung und der Bedeutung für sich selbst.

Hegel verlangt nun, dass man alle Konsequenzen der romantischen Theorie der Dichtung zieht. Diese macht die Dichtung zu einer symbolischen Sprache. Doch der Symbolismus eignet sich für die Form der Kunst nur durch seine Unzulänglichkeit für den Ausdruck des Denkens. Die Übereinstimmung von sprachlichem Ausdruck und sinnlicher Form ist nur ein vergänglicher Augenblick der Versöhnung. Die romantische Poetik als Prinzip der Kunst hat sich bereits vollendet, und sie hat sich als Klassik vollendet. Die Romantik kann jetzt nichts anderes mehr sein als die schillersche »sentimentalische Dichtung«, die formale Idee der zu vollziehenden Vereinigung von subjektivem Prinzip der Poetizität und der Objektivität der Prosa der Welt. Man muss die Trivialität von Herrn Jourdain, des Bürgers als Edelmann Molières, in seiner ganzen Konsequenz denken: Man kann nur in Versen oder in Prosa denken.[15] Poesie und Prosa sind unterschiedliche Arten des Verhältnisses zwischen Denken, Sprache und Welt. Die literarischen Erneuerer schlossen daraus, dass sich Denkweisen von den einfachen empirischen Formen unterscheiden, und dass man das Wesen der Dichtung in einem Prosaroman verwirklichen kann. Doch sie gingen nicht bis ans Ende der Logik. Diese Arten des Verhältnisses zwischen Denken, Sprache und Welt, sind geschichtlich.

---

15 Vgl. Molière, *Le Bourgeois gentilhomme / Der Bürger als Edelmann*, Französisch/Deutsch, übersetzt und herausgegeben von Hanspeter Plocher, Stuttgart 2004, S. 48f. (A.d.Ü.)

Die Prosa ist nicht nur eine Weise, von einer Zeile zur nächsten überzugehen, auch nicht nur eine Metapher, um die empirische Wirklichkeit den Träumen der Einbildungskraft entgegenzustellen. Sie ist eine geschichtliche Welt. Und diese geschichtliche Welt schreibt das Ende der Dichtung als wesentliche Form des Denkens, als Form der Repräsentation der »großen Interessen« des Geistes vor. Man kann sicherlich so viele Sonette, Tragödien oder Lobreden schreiben, wie man will. Nur haben diese nicht mehr die Stellung der ägyptischen Pyramide, der griechischen Tragödie oder des shakespeareschen Dramas, nicht mehr die Stellung einer Denkart, durch die sie in der Äußerlichkeit der Gestalt ihren eigenen Inhalt darstellt. Zur Zeit der Prosa der Welt spricht sich das Bewusstsein des Geistes von sich selbst in der Prosa der Philosophie und der Wissenschaft aus. Es gibt keine Fortsetzung der Poetizität, keine Poetik der Prosa. Vergebens möchte die Poesie sich selbst überschreiten und selbst Theorie werden. Sie verlässt damit nur den Bereich der Kunst, ohne deswegen in den Bereich der Philosophie einzutreten.

Man muss also den Abgrund sehen, den der so oft zitierte hegelsche Satz über den Roman als »moderne, bürgerliche Epopöe«[16] in sich trägt. Lukács macht ihn zum Prinzip seiner Theorie des Romans und möchte darin die Grundlagen einer hegelschen Theorie der Literatur sehen. Doch dieser Satz eröffnet keine Theorie des Romans, sondern verschließt eine, nämlich diejenige, die Schelling und Friedrich Schiller auf den Grundlagen des *Don Quijote* und des *Wilhelm Meister* erarbeitet hatten. Der Bruch Wilhelm Meisters mit der Welt des Handels, seine theatralischen Erfahrungen und seine Diskussionen über das Theater, seine Begegnung mit Mignon und ihrem Gesang, Symbole der »Poesie der Natur«, seine schließliche Erlangung der Weisheit, welche die der Ästhetik als Lebensart ist, das alles machte Goethes Roman für Friedrich Schlegel zum Prototypen des »Gedichts des Gedichts«, dessen poetische Theorie seiner Poetizität und die Theorie der dichterischen Existenz im Allgemeinen er selbst lieferte.[17] Hegel dreht die Sicht-

---

16 Hegel, *Vorlesungen über die Ästhetik*, Bd. 3, S. 392.
17 Friedrich Schlegel, »Über Goethes Meister«, in: *Charakteristiken und Kritiken I*, Paderborn 1967.

weise um, trotz der unvermeidlichen Ehrerbietung, die er Goethe zukommen lässt. Was für Schelling oder Schlegel das Prinzip der »unendlichen Poetizität« war, ist für ihn umgekehrt das Kennzeichen eines geschichtlichen Abschlusses. Das Epos war die Dichtung eines »ursprünglich poetischen Weltzustandes«. Der Roman stellt sich hingegen als Anstrengung dar, einer Welt die Poetizität wiederzugeben, die sie verloren hat. Doch eine solche Anstrengung ist widersprüchlich. Man kann einer Welt die Poetizität, die sie verloren hat, nicht wiedergeben. Der Roman ist also dazu verurteilt, nur seine eigenen Bedingungen abzubilden: den Abstand zwischen den dichterischen Bestrebungen und der Prosa der bürgerlichen Welt. Fernab von Goethes oder Friedrich Schlegels Ehrgeiz hat der Bildungsroman als wesentlichen Inhalt die Komödie des Ideals, den Roman der jungen Bürgerlichen, die provisorisch mit der Familie, der Gesellschaft, dem Staat oder dem Handel brechen, die aber, nachdem sie sich in der weiten Welt herumgetrieben haben, Philister werden so gut wie die anderen auch.[18] Oder aber dieser Inhalt selbst verschwindet. Die Situationen und Ereignisse des Romans sind nur »gereimte Stücke« (Novalis) oder »ein Wörterbuch an Reimen« (Jean Paul). Der Roman hat keinen anderen Gegenstand als die unendliche Wiederholung des Aktes, der jede prosaische Sache repoetisiert. In der Praxis wird diese Unterordnung jeder endlichen Wirklichkeit unter die Selbstbehauptung des Ichs zur reinen Zurschaustellung der Virtuosität des Künstlers, die Gelegenheit für den Romancier, diese Phantasie endlos zur Geltung zu bringen, in der sich die dichterische Macht zusammenfasst, jede endliche Wirklichkeit in Hieroglyphe des Unendlichen zu verwandeln. Diese Macht lässt sich jedoch nur durch die Zerstörung jedes Gegenstandes beweisen. Das Prinzip der Gleichgültigkeit nimmt also überhand über das Prinzip der Poetizität. Die Wahrheit des Romans ist dieser »Humor«, dessen bestes Beispiel die Romane Jean Pauls sind. Ständig ist der Autor auf der Bühne. Er häuft Vorworte und Anhänge an, Anhänge an die Vorworte und Vorworte an die Anhänge, bringt endlich die Figur, die sein Doppelgänger ist, in Gang und wirft sie in eine bedeutungs-

---

18 Hegel, *Vorlesungen über die Ästhetik*, Bd. 2, S. 220.

lose Geschichte, doch nur um sie auf dem Weg zu vergessen und einen dichterischen Exkurs oder eine Diskussion mit dem Leser zu beginnen. Die »Dichtung« ist nichts anderes mehr als die kontinuierliche Auflösung der Repräsentation, als der Akt des Sich-zur-Schau-Stellens selbst, der Akt, zulasten jedes Gegenstandes die bloße leere Absicht zur Schau zu stellen. Die romantische Poetik dreht sich also um. Der beschränkten Poetizität einer »lebendigen Sprache«, die auf die Rednerbühne beschränkt war, setzte sie die große Bühne der lebendigen Sprache entgegen, die Bühne der Schrift, die Bühne des fleischgewordenen Wortes, der Gedicht gewordenen Natur oder die reine Phantasie, die überall Hieroglyphen oder Arabesken des Unendlichen zieht. Die Abenteuer ohne Anfang und Ende von inkonsistenten Helden Jean Pauls verwandeln diese große Szene des »Alles spricht« in reines Herumirren des toten Buchstabens. Jean Paul weihte den Roman dazu, die dichterische Aufgabe zu vollbringen, uns zu lehren, die Zeichen der Welt zu lesen, ihre Grammatik und ihr Wörterbuch zu sein. »Unsere Seele schreibt mit vierundzwanzig Zeichen der Zeichen (d. h. mit vierundzwanzig Buchstaben der Wörter) an Seelen; die Natur mit Millionen.«[19] Wird diese vorgebliche Sprache der Symbole der Seele, die zur Seele sprechen, wie die Natur zu uns spricht, nicht letztlich zur leblosen Trockenheit der Zeichen des Alphabets? Was die Geschichten von Jean Paul der aristotelischen Poetik der gut konstruierten Handlungen entgegensetzt, ist für Hegel nicht mehr die Vereinigung der individuellen dichterischen Kraft und des substanziellen Geistes einer Kollektivität, sondern ihr Gegenteil, die Vereinigung der Willkür der Phantasie mit dem herumirrenden Umlauf des Papiers, das heißt des Ungeistes.

---

19 Jean Paul, *Leben des Quintus Fixlein*, Bayreuth 1796, S. 349.

5.

Das zerstückelte Buch

Hegel macht somit den Anspruch der neuen Dichtung, die sich gerade in der Form der Prosa beweist, zunichte. In ihrer objektivistischen Form verliert sich die romanhafte Dichtung in der bürgerlichen Welt. In ihrer subjektivistischen Version reduziert sie das Werk auf die bloße Zurschaustellung des toten Zeichens der Kunst, auf die Unterschrift des Künstlers. Die Romantik ist also nicht das Prinzip einer neuen Poetik. Sie ist der Eintritt der Dichtung und der Kunst in das Zeitalter ihrer Auflösung. Das Prinzip dieser Auflösung ist die Unvereinbarkeit der zwei Prinzipien, welche die antirepräsentative Poetik organisieren: das eine, das die Dichtung zu einem eigenen Modus der Sprache macht, und das andere, das die Gleichgültigkeit der Form in Bezug auf den dargestellten Stoff verkündet. Wenn die Dichtung und die Kunst Arten der Sprache und des Denkens sind, können sie kein Gleichgültigkeitsprinzip kennen. Die Kunst ist eine Sprache, sofern sie den notwendigen – angemessenen oder nicht angemessenen – Bezug des Denkens auf seinen Gegenstand ausdrückt. Sie verschwindet dort, wo dieser Bezug gleichgültig ist. Sicherlich ist es unredlich, wenn Hegel die »progressive Universalpoesie« der Brüder Schlegel auf den Humor von Jean Paul reduziert, und noch dazu ihre Sarkasmen gegen ihn übernimmt. Er formuliert deswegen jedoch nicht weniger das Paradox, mit dem sich die gesamte Unternehmung der Literatur herumschlagen wird. Die Unternehmung wird nämlich die unendliche Bemühung sein, eine Übereinstimmung entgegengesetzter Prinzipien theoretisch zu definieren und praktisch herzustellen, vom »Buch über nichts« von Flaubert, der die einzigartige klangliche Form finden muss, die jeden Satz zur Offenbarung der Idee macht, bis zum proustschen Paradox des »in uns eingedrückten Buches«, dessen Entzifferung das Werk eines Buches ist, »in dem keine einzige Tatsache berichtet wird, die nicht erfunden ist«.[1] Doch Hegel entschleiert durch seine Verbissenheit

---

[1] Marcel Proust, *Die wiedergefundene Zeit*, aus dem Französischen von Eva Rechel-Mertens, revidiert von Luzius Keller, Frankfurt/M. 2004, S. 227.

gegen die Schüler- und Lehrergeschichten von Jean Paul hinter dem Widerspruch des Ausdrucksprinzips der Notwendigkeit und dem antirepräsentativen Prinzip der Gleichgültigkeit einen tiefer gehenden Widerspruch, dessen bevorzugtes Gebiet das Eponym der Romantik ist, die gattungslose Gattung des Romans. Dieser Widerspruch stellt nicht nur der Gleichgültigkeit eines Stoffs die Notwendigkeit eines Schreibens gegenüber, sondern stellt ein Schreiben gegen ein anderes Schreiben: die Schrift als Wort, das eine Verkörperungsmacht bezeugt, die in der Dichtung, im Volk und im Stein gegenwärtig ist, gegen eine Schrift als körperloser Buchstabe, der zu jedem Gebrauch und jedem Sprecher verfügbar ist, weil er von jedem Körper, der seine Wahrheit erweisen würde, getrennt ist. Hinter dem Gegensatz von zwei Hauptprinzipien, welche die romantische Dichtung zerteilen, steht also der Konflikt der Schriften, der sich als die verborgene Wahrheit der literarischen Neuheit erweist.

Um das besser zu verstehen, werden wir kurz bei einer der Fabeln und bei einem der Helden Halt machen, deren Inkonsistenz Hegel beklagt. 1809 veröffentlicht Jean Paul sein *Leben Fibels*, ein Werk, dessen Titel bereits die humoristische Note anzeigt. Das Wort Fibel, allgemeiner Name für Abc-Bücher, wird von Jean Paul zum Eigennamen, zum Namen dessen, der das gleichlautende Buch geschrieben hat. Die Fiktion des Buches liegt nun gänzlich in der Unternehmung des Autors, das Leben und Werk dieses Fibels zu rekonstituieren. Die Aufgabe ist schwer, so sagt er uns, weil die Quellen unauffindbar sind. Davon müde, vergeblich die Gelehrten und Bibliotheken zu befragen, hat er sich den Märkten und Buchhändlern zugewandt. So hat er in der Auslage eines Buchhändlers, eines konvertierten Juden, die Überreste eines monumentalen Werkes gefunden, die vierzig Bände des Werkes und Lebens Fibels, von dem aber nur die Buchdeckel erhalten sind. Abgesehen von ein paar Blättern wurde nämlich der Inhalt von französischen Soldaten in den Wind gestreut. Zum Glück haben die Dorfbewohner jedoch die vom Wind zerstreuten Blätter aufgesammelt und daraus Kaffee-Tüten, Papierdrachen, Leibchenmuster, Stuhlkappen oder Heringspapiere gemacht. Der Erzähler macht sich also in Begleitung der Dorfknabenschaft daran, eines nach dem anderen der zu diesen pittoresken Zwecken wiederverwerteten losen Blätter des Buches aufzusammeln. Die Geschichte des Buches wird uns im Laufe dieser Zusammensammlung geliefert. Der junge Fibel, Sohn eines Vogelfängers, hatte sich früh schon nicht für das Lesen, sondern für die Buchstaben als solche und in ihrer Materialität interessiert. Ein nächtlicher Traum, in dem ihm ein Hahn erschienen war, hatte ihm das Prinzip seines »Werkes« eingegeben: die Angleichung des Buchstabens *H* und der Gestalt des *Hahns* durch die Lautmalerei (*Ha*). Es folgen verschiedene Abenteuer bis zur Erschöpfung der Quellen über das Leben Fibels, den wir jedoch am Ende in der Gestalt eines von allen vergessenen 125-Jährigen im Nachbardorf finden.

Den Biografen von Jean Paul zufolge ironisierte der Autor in dieser Fabel des zerstückelten Buches über das Schicksal seiner eigenen Jugendwerke, die wegen der Absatzschwierigkeiten in ähnlicher Weise für alle möglichen praktischen Zwecke wiederverwertet wurden. In den Augen seiner Kritiker August Wilhelm Schlegel oder Hegel könnte die Geschichte vor allem seine Methode zufälliger Komposition symbolisieren. Doch fällt es leicht zu erkennen, dass diese »aus der Luft gegriffene« Geschichte einem bewährten Romanmodell folgt und geradezu dem Gründungsroman der modernen Romantradition, dem *Don Quijote* entlehnt ist. Die Fiktion des der glücklichen Begegnung mit wiederverwerteten Papierblättern entstammenden Buches leitet sich direkt vom 11. Kapitel des *Don Quijote* ab. Im 8. Kapitel hatte der Erzähler die Erzählung der unglücklichen Abenteuer seines Helden plötzlich mitten in der Schlacht gegen die Biskayer unterbrochen. Das Manuskript, das zu seiner Verfügung stand, ende hier und er habe umsonst weitere Quellen über das Leben des irrenden Ritters gesucht, sagte er. Im nächsten Kapitel ereignet sich jedoch ein glücklicher Zufall. Der Erzähler begegnet in den Straßen von Toledo einem Jungen, der alte Papierhefte zum Seidenhändler trägt, um sie zu verkaufen. Von seiner Leidenschaft getrieben, alles zu lesen, »wären es auch nur Papierschnitzel von der Gasse«, nimmt er eines der Hefte und findet es mit arabischer Schrift bedeckt. Durch die Vermittlung eines spanischen Morisken erfährt er, dass das Manuskript die Geschichte von Don Quijote, aufgeschrieben von Cide Hamete Benengeli enthält. Er muss also nur noch die Bücher übersetzen lassen, damit die Erzählung weitergeht.

Indem Jean Paul diese Geschichte auf wiederverwertete Papiere umlegt, entlehnt er dem Modell der Romanphantasie nicht nur eine Episode, sondern ein bestimmtes Verhältnis zwischen der Darlegung und der Fabel. Denn die Fabel des fremdsprachigen Buches, das in letzter Sekunde vor der industriellen Wiederverwertung gerettet wurde, bildet nicht nur eine Episode im Roman von Cervantes. Sie beginnt ein ganz bestimmtes Spiel, das während des ganzen Buches die Fiktion des unglücklichen Ritters, der ein Opfer der Bücher war, durch eine Fiktionalisierung der Erzählfunktion selbst verdoppelt. Bald stellt sich der Erzähler als bloßer Kopist dar, der vom Zufall des angetroffenen Materials abhängt, um die Geschichte seines Helden erzählen zu können. Bald jedoch übernimmt er, und der Autor durch ihn, die Funktion des Herrschers über die Figur und seine Geschichte. Dieses Spiel wird vor allem im zweiten Buch gespielt, das geschrieben wurde, um der »Fortsetzung« entgegenzutreten, die ein Plagiator zusammengestellt hatte, in der Don Quijote die Druckerei besucht, in der seine eigene Geschichte gedruckt wird, und über die echte und die falsche Version seiner Heldentaten urteilt. Jean Paul hat die Geschichte des wiederverwerteten Manuskripts nicht nur von Cervantes entlehnt. Er hat auch den Aussagemodus, der sie begleitet, entlehnt, dieses Spiel mit der Wirklichkeit der narrativen Funktion, welche die »Humoristen« des 18. Jahrhunderts und vor allem Laurence Sterne in der Zwischenzeit vervollkommnet hatten. Die »Phantasie« von Jean Paul hat an einer Tradition der Fabulisierung der Schrift teil, die einen Geschichtetypus – jenen der Liebhaber der geschriebenen Zeichen – mit einem Spiel über die Aussage der Fabel verbindet.

Doch Cervantes hat die Geschichte vom gefundenen Manuskript nicht selbst erfunden. Sie ist eine parodistische Version eines Topos des Romans, den besonders das Buch versinnbildlicht, welches das Hauptziel seines Spottes ist, nämlich *Amadis von Gallien*. Das Vorwort des *Amadis* erzählt uns nämlich, wie das Manuskript, das die Geschichte des Helden enthält, durch Zufall in den Kellern eines alten verlassenen Schlosses gefunden wurde. Doch die Genealogie der Fabel hört jedoch hier nicht auf. Die Ritterromane vom Typ des *Amadis* sind selbst in eine lange Tradition eingeschrieben, die über den *Trojaroman*, den *Theben-*

roman und den *Alexanderroman* die Geschichten des Rittertums mit den großen antiken Erzählungen verbindet. Und das gefundene Buch des *Amadis* findet sein Vorbild in einer ganz besonderen »Ausgrabung«, die im 3. Jahrhundert unserer Zeitrechnung stattgefunden hat. Es handelt sich um die »Entdeckung« der »wahrhaften« Erzählungen des Trojanischen Krieges, die vorgeblich – zur Entlarvung von Homer, dem Lügner – von zwei authentischen Zeugen des Krieges geschrieben wurden, welche jeweils in einem der beiden Lager gekämpft hatten: auf trojanischer Seite Dares, der Phrygier, Gefährte des Antenor; auf achäischer Seite Diktys, der Kreter, Gefährte des Idomeneo. Die Geschichte des Diktys wird nun von einem Vorwort und einem Sendbrief eingeleitet, die uns die Umstände der Entdeckung des Manuskriptes beschreiben. Lange nach dem Fall von Troja, unter der Herrschaft des Nero, wurde das Grab des Diktys bei einem Erdbeben auf Kreta zerstört und sein Inhalt freigelegt. Hirten hatten nun eine kleine Schachtel entdeckt. Anstelle des erhofften Schatzes fanden sie fünf Tafeln in phönizischer Schrift. Bei der Übersetzung stellte sich heraus, dass es sich um die Erinnerungen von Diktys handelte, der befohlen hatte, dass seine Erzählung mit ihm begraben werden sollte. Doch die Geschichte ist damit noch nicht zu Ende. Wenn man von Homer spricht und seine Erzählungen korrigiert, kann Platon nicht weit sein. Diese Geschichte vom Erdbeben und von Hirten, die begierig sind, bei günstiger Gelegenheit die Toten zu berauben, nimmt ganz klar Elemente einer anderen *Geschichte* auf, die von Platon im zweiten Buch der *Politeia* erzählt wird, nämlich die Geschichte des Hirten Gyges, der unter Ausnutzung eines Erdbebens in den Bauch der Erde eindringt und dort an der Hand eines Toten einen Goldring findet, der ihn unsichtbar macht und ihm erlaubt, die Königin von Lydien zu verführen, den König zu töten und seinen Platz einzunehmen.

Der Topos des Romans vom geretteten Manuskript würde somit bis zur Ursprungsfabel zurückreichen.[2] Doch welche theoretische Stellung soll man den Ähnlichkeiten und Verwandlungen der

---

[2] Zu dieser Filiation verweise ich auf das Werk von William Nelson, *Fact or Fiction: The Dilemma of the Renaissance Storyteller*, Cambridge/Mass. 1973.

Episoden zuweisen? Welches Verhältnis besteht zwischen den Possen von Jean Paul, über die sich Hegel lustig macht, und den Verbrechen des Gyges, an die Glaukon erinnerte, um zu zeigen, dass niemand die Gerechtigkeit wählt, wenn er ungestraft ungerecht sein kann? Welche Verbindung stellt die Romangeschichte des gefundenen Manuskripts zwischen den beiden her? Und was geht diese Verbindung die Idee der Literatur selbst an? Wenn man versucht, diese Fragen zu beantworten, dann muss man sich anderen Wandlungen der Fabel vom zerstreuten Buch zuwenden, nicht denen der fünfzehn Jahrhunderte, die dem *Leben Fibels* vorangehen, sondern denen der dreißig darauf folgenden Jahre. In diesen Jahren entwickeln sich nämlich die Autobiografien der Kinder des Volkes, die im Allgemeinen eine obligatorische Stelle enthalten, und zwar die Schilderung der Begegnung mit der Welt der Schrift. Eines Tages fand das kleine Kind zufällig auf einer offenen Auslage, auf einem Platz oder einem Hafen, den es aus ganz anderen Gründen aufsuchte, in einem verlassenen Dachboden oder in einem Haus, in dem es Zuflucht suchen musste, ein Buch – immer ein einziges – oder vielmehr weniger als ein Buch. Tatsächlich ist der Band in allen Erzählungen abgenutzt und unvollständig. Der Buchdeckel oder gar die Titelseite fehlt. Oder aber statt des Buches wird das bloße in der Straße aufgesammelte Papier oder die Verpackung von Nahrungsmitteln für das Kind zu Fragmenten einer wunderbaren Enzyklopädie. Die außergewöhnliche Begegnung mit der Schrift, die ein Schicksal verändert, ist immer mit dieser Stellung des Übergangs zwischen zwei Universen verbunden: mit dem Zustand der Erbenlosigkeit des Buches, das nahe daran ist, den Kreislauf des Sinns zu verlassen, um als reine Materie wiederverwertet zu werden, für jeden industriellen oder Haushaltsgebrauch geeignet; oder umgekehrt, die zufällige Aufsammlung von Verpackungspapier, das sich in einen Sammelband verwandelt. Von den *Mémoires d'un enfant de la Savoie* (*Erinnerungen eines Kindes aus Savoyen*), 1844 vom ehemaligen Schornsteinfeger Claude Genous veröffentlicht, zu *Marie-Claire*, 1910 von der ehemaligen Schäferin Margerite Audoux publiziert, durchläuft die Erzählung tausend Varianten, doch die Bestandteile bleiben im Kern dieselben: die Unvorgesehenheit der Begegnung mit den zwei Varianten des offenen Marktes oder des verlassenen

Ortes; der schlechte Zustand des Buches, das schon fast keines mehr ist; Einheit des Buches, das umso mehr für alle Bücher steht; Eintritt in ein neues Leben.[3] Der Topos des gefundenen Buches – oder des zerstückelten Buches –, welcher der Romanfantasie eigen ist, verwandelt sich somit in die soziale Fabel des Eintretens in die Schrift. Fabel oder Mythos, im Sinne der *mythoi* von Platon, dieser Erzählungen von den Schicksalen der Seele, die in seine Dialoge eingestreut sind und besonders diese Geschichte des Hirten Gyges beinhalten.

Welche Beziehung besteht nun aber zwischen dem Hirten, der den König ermordet, und den sanften und träumerischen Zimmerleuten, Schriftsetzern, Schustern oder Webern, von denen diese Erzählungen über die Initiation in eine andere Bestimmung, in die Bestimmung der Menschen der Schrift handeln? Bezeichnenderweise zeigen uns das die Literaten, wenn sie auf diese Neuheit reagieren, die in den 1830er Jahren Arbeiterliteratur genannt wird, die Literatur, die von den Kindern der Arbeit geschaffen wurde, die auf die andere Seite der symbolischen Schranke des Buches übergetreten sind. Doch noch bezeichnender ist, dass jene, die von dieser Invasion des Tempels der Kunst durch die Kinder der Arbeit beunruhigt werden, nicht die Getreuen des Aristoteles sind, nicht die Anhänger der Aufteilung der Gattungen und der Schicklichkeit, sondern die Befürworter der neuen Poetik, dieser neuen Dichtung ohne Grenzen, die das Werk des inspirierten Dichters und das Gedicht aus Stein des anonymen Volkes miteinander vereint. Sie sind es, die das gefundene Buch und das Todeswerk

---

3 Nehmen wir als Beispiel die Entdeckung, die Marie-Claire auf dem Dachboden des Bauernhofes macht, weil Proust besonders davon beeindruckt war: »Ich fand nur ein kleines Buch ohne Deckel, dessen Blätter an den Ecken eingerollt waren, als ob man es lange in der Tasche getragen hätte. Die ersten zwei Seiten fehlten und die dritte war so sehr verschmutzt, dass die Buchstaben gänzlich ausgelöscht waren. Ich näherte mich der Dachluke, um mehr Licht zu haben, und auf der Kopfzeile sah ich, dass es *Die Abenteuer Telemachs* waren.« (Marguerite Audoux, *Marie-Claire*, Paris 1987, S. 131). Für weitere Beispiele siehe meine Bücher *La Nuit des prolétaires*, Paris 1997 und *Courts voyages au pays du peuple*, Paris 1990. Für den symbolischen Wert des Telemach als Buch, in dem der Unwissende sich als fähig zu lesen entdecken muss, siehe auch meinen *Unwissenden Lehrmeister*, Wien 2007.

zueinander in Beziehung setzen. Das tun sie, indem sie die Fabel des Don Quijote in ihrer Schattenseite als Fabel vom Opfer des Buches erneuern. Charles Nodier eröffnet den Weg, indem er die Argumentation derer umdreht, die mit der Bildung das Verbrechen bekämpfen wollen. Umgekehrt ist sie es, welche die ehrlichen Kinder des Volkes in Kriminelle verwandelt.[4] Dann kommt Victor Hugo, der 1838 die Geschichte von Ruy Blas aufs Theater bringt, die Geschichte jenes Waisen, den das Collège zu einem Dichter gemacht hat statt zu einem Arbeiter, und seiner fatalen Liebe zu einer Königin. Im darauf folgenden Jahr erzählt Balzac im *Landpfarrer* die Geschichte der Véronique Sauviat, der Tochter des Eisenhändlers von Limoges, deren Leben von einem in einer offenen Auslage gefundenen Exemplar von *Paul und Virginie* so durcheinandergebracht wird, dass sie zur Anstifterin eines Verbrechens wird. 1841 klagt Lerminier, ehemaliger Redakteur des *Globe*, ehemaliger Saint-Simonist, Rechtsphilosoph und einer der Hauptbeteiligten an der Einführung der deutschen Philosophie in Frankreich, die Gefahr dieser neuen »Literatur« an, in derselben *Revue des Deux Mondes*, welche die begeisterten Schriften der jungen Romantiker und die Warnung von Gustave Planche aufgenommen hatte. Er verfasst seinen Artikel »Von der Arbeiterliteratur« nach dem Selbstmord des Schriftsetzers Adolphe Boyer, der über den Misserfolg seines Buches verzweifelte. In Wirklichkeit betraf dieses Buch keineswegs die Literatur, sondern die Arbeitsorganisation, und Boyer starb nicht als *poète maudit*, sondern als enttäuschter Aktivist. Der Selbstmord Boyers wurde dennoch zum Symbol für die tödliche Eitelkeit der »Literatur der Arbeiter«. Lerminier setzte die Argumentation der Verdammung fest. Erstens können diese Lehrlinge, die ins Gebiet der Literatur vordringen, nur ungeschickte Nachahmer sein, die unfruchtbar für die Kunst sind. Zweitens sind sie somit dem Misserfolg und allen Verführungen der Verzweiflung geweiht. Doch diese Schrift ist tiefer gehend nicht nur der Ruin von ein paar Unglücklichen, sondern die Störung der Ordnung, welche die Menschen des Werkzeugs für die

---

[4] Charles Nodier, »De l'utilité morale de l'instruction pour le peuple«, in: *Rêveries*, Paris 1979.

geregelten Werke des Werkzeugs bestimmt, und die Menschen des Denkens für die Wache des Denkens. Sieben Jahre zuvor hatte derselbe Lerminier in derselben Zeitschrift einen Artikel über die Souveränität des Volkes geschrieben, um die Herausgabe der *Volksenzyklopädie* seiner ehemaligen Religionsbrüder Pierre Leroux und Jean Reynaud zu unterstützen. Er hatte gezeigt, dass diese Souveränität nicht ein einfaches rechtlich-politisches Prinzip war, sondern »ein komplettes System, das sich geschichtlich entwickelt« und »ein Dogma, eine Religion, eine Philosophie, eine Poetik und eine Politik« beinhaltet.[5] Die dazwischen liegenden sieben Jahre haben nicht nur seine Gefühle für die Souveränität des Volkes erkalten lassen. Sie haben vor allem in der scheinbar kleinen Angelegenheit der »Arbeiterliteratur« den Riss in diesem schönen Zusammenhalt sichtbar gemacht, den demokratischen Umlauf der Schrift als die radikale Störung jeder Harmonie zwischen dieser Poetik und dieser Politik aufscheinen lassen.

Die hegelsche Anklage lässt also einen doppelten Boden erkennen, der zugleich der doppelte Boden der Literatur selbst ist. Die Possen über das zerfetzte Buch symbolisieren nicht nur die eitlen Anstrengungen des romanesken Humors der Repoetisierung der Welt der Prosa. Hinter der theoretischen Gestalt des fichteschen Lehrlings, der in der endlosen Arbeit dieser Repoetisierung verloren ist, hinter dem erobernden Robinson von Novalis, der ein unglücklicher Don Quijote geworden ist, erscheint eine beunruhigende gesellschaftliche Gestalt, der Lehrling der Welt des Denkens.[6] Und hinter den haarsträubenden Geschichten von Büchern in losen Blättern zeichnen sich die dunkleren Fabeln von verlore-

---

5 Lerminier, »De l'encyclopédie à deux sous et de l'instruction pour le peuple«, *Revue des Deux Mondes* 1834, Bd. 1.
6 Sonderbarerweise verläuft übrigens am Ende des Abschnitts der *Vorlesungen über die Ästhetik*, welcher der romantischen Kunst gewidmet ist, der Übergang von den shakespeareschen Figuren zur Sentimentalität von Jean Paul über die beinahe soziologischen Überlegungen zur »Monophonie« dieser »Männer aus den niederen Ständen«, die keine »Bildung zu allgemeinen Zwecken« erhalten haben (Hegel, *Vorlesungen über Ästhetik*, Bd. 2, S. 208). Doch vor Hegel hatte A. W. Schlegel das anonyme, aber durchsichtige Portrait dieses Romanschriftstellers gezeichnet, der in seinem kleinen Dorf die Selbstgespräche seines launenhaften Humors schreibt, bevor er in die Stadt geht, um dort

nen Kindern und verdorbenen Arbeitern ab. Diese sind tatsächlich an die Geschichte vom Hirten Gyges angelehnt. Diese Geschichte hatte Platon nämlich zusammengestellt, indem er die von Herodot erzählte Geschichte auf bezeichnende Weise umänderte. Hier war Gyges ein Hauptmann der Wachen des Kandaules, des Königs von Lydien. Dieser, der zu stolz ist auf die Schönheit seiner Frau, lässt sie schleierlos vom versteckten Gyges bewundern. Doch die Gemahlin durchschaut die List, verführt Gyges und bewaffnet ihn gegen ihren Gatten, um ihre Erniedrigung zu rächen. Indem Platon einen anderen Gyges erfindet, einen Vorfahren vom Gyges Herodots, vollzieht er eine doppelte Verwandlung der Geschichte und der Lehre daraus. Die vom naiven Kandaules erdachte Verbergung wird das Geheimnis der Unsichtbarkeit, das Gyges im Land der Toten entdeckt und das in ihm die Berufung des Ehrgeizigen und Verbrechers weckt. Der Offizier wird Hirte, das heißt der Mann aus dem Volk schlechthin, der den Arbeiten und den Freuden des Feldes geweiht ist und der von der Entdeckung der Macht der Unsichtbarkeit verdorben wird, die, woran uns der *Phaidros* erinnert, zugleich die Macht der Erkenntnis und die Macht des Totengottes ist. Gyges ist also der erste dieser »deklassierten« Arbeiter, deren Bedrohung in der Moderne das Denken der Besitzenden heimsuchen wird. Jenseits ihres unmittelbaren Kontextes erhält die Fabel ihren Sinn von dem Prinzip, das den platonischen Staat beherrscht, nämlich dass jeder im Gemeinwesen seine eigene Sache machen soll. Vor allem sollen die Seelen aus Erz, die der Arbeit des Nährstandes geweiht sind, sich nicht in die Angelegenheiten der Gemeinschaft und in die Dinge des Denkens einmischen, welche die Aufgabe der Seelen aus Gold sind. Die Argumentation von Lerminier wie die Geschichte von Nodier, Hugo oder Balzac und viele ihrer Epigonen sind moderne Abwandlungen dieser Goldenen Regel des platonischen Staates.

---

als großer Mann gefeiert zu werden: kurz, Jean Paul illustriert das Porträt des Autodidakten (vgl. Schlegel, *Vorlesungen über Ästhetik*, Bd. I, S. 487).

6.

Die Fabel vom Buchstaben

Man muss nun zwischen der Geschichte vom verdorbenen Hirten, den romanesken Possen über das verlorene und wiedergefundene Buch und den modernen Fabeln über das Kind aus dem Volk, das ins Verderben geführt wird, die Verbindung zweier anderer platonischer Mythen einführen. Der erste ist eine andere Erzählung aus dem Totenreich, die am Ende der *Politeia* steht, die Erzählung von Er, dem Pamphylier, der verletzt und totgeglaubt auf dem Schlachtfeld geblieben war und der so mitverfolgen konnte, was sich dort abspielt, und uns eine detaillierte Schilderung davon gibt und uns das wesentliche Geheimnis verrät: dass die Seelen selbst ihr Schicksal aus den Losen auswählen, die wie auf einer Auslage auf dem öffentlichen Platz hingeworfen liegen. Der zweite ist der Mythos von der Erfindung der Schrift, den Sokrates am Ende des *Phaidros* präsentiert. Wie man sich erinnert, setzt der König Thamos dem Erfinder Theuth, der ihm seine Erfindung anpreist, ein doppeltes Argument entgegen. Erstens ähnelt der geschriebene Buchstabe einer stummen Malerei, einem toten Gemälde der Sprache, das immer nur dieselbe Sache imitieren und unendlich wiederholen kann. Sie ist eine verwaiste Rede, von dem entblößt, was die Macht der lebendigen Rede, der Rede des Herrn ausmacht: die Möglichkeit »sich selbst zu Hilfe zu kommen«, zu antworten, wenn man sie darüber befragt, was sie sagt, und somit in der Seele dessen, an den sie sich wendet, ein lebendiger Samen zu werden, der fähig ist, von alleine Frucht zu tragen. Zweitens macht dieses Schweigen den geschriebenen Buchstaben aber auch zu geschwätzig. Die geschriebene Rede, die nicht von einem Vater geleitet wird, der sie einer rechtmäßigen Vorgangsweise gehorchend dorthin trägt, wo sie Frucht tragen soll, irrt auf gut Glück herum. Sie wird in ihrer stummen Weise mit jedem sprechen, ohne diejenigen, mit denen es sich schickt zu sprechen, von denen unterscheiden zu können, mit denen sie nicht sprechen soll. Kurz, der König antwortet dem Erfinder, der ihm eine nützliche Technik anbietet, dass die Schrift etwas anderes ist. Sie ist nicht einfach ein Mittel der Reproduktion der Rede und der Bewahrung des Wissens, sie ist ein spezifisches System der Aussage und des Umlaufs der Sprache und des Wissens, das System einer verwaisten Aussage, einer Rede, die von alleine spricht, ihre Herkunft vergisst und unbekümmert ist über ihren Empfänger. Man könnte sie mit den Worten der gegenwärtigen Literaturtheoretiker »autotelisch« oder »intransitiv« nennen. Aber gerade die platonische Analyse bringt die Anhaltspunkte durcheinander, die diese Begriffe für uns vermitteln. Ihre »Intransitivität« lässt den Buchstaben zirkulieren, ihr »Autotelismus« bewirkt, dass jeder Beliebige sie sich aneignen kann. Der platonische Mythos zeigt uns, dass der Gegensatz nicht derjenige zwischen einer Sprache ist, die kommunizieren würde und einer, die nicht kommunizieren würde, sondern dass er zwischen zwei unterschiedlichen Inszenierungen des Sprechaktes verläuft. Die Sprache, die von alleine spricht, ist nicht die sartresche »Säule des Schweigens«, die für Initiierte in einem für die Menge verschlossenen Garten errichtet wird. Sie ist im Gegenteil die Zerstörung jeder geschützten Bühne der Übertragung der Rede. Der Modus der Sichtbarkeit und der Verfügbarkeit, der dem geschriebenen Buchstaben eigen ist, stört jedes Verhältnis zwischen der rechtmäßigen Zugehörigkeit des Diskurses zu der Instanz, die ihn ausspricht, und der Instanz, die ihn aufnehmen soll, und zu den Modi, in denen er empfangen werden soll. Er bringt sogar die Art und Weise durcheinander, wie der Diskurs und das Wissen eine Sichtbarkeit anordnen und Autorität besitzen.

Platons Text bestimmt also nicht die »Fehler« der Schrift oder eine Minderwertigkeit des geschriebenen Wortes gegenüber der lebendigen. Er lässt eine wesentliche Verdoppelung des Begriffs der Schrift sichtbar werden und er macht aus dieser Verdoppelung gerade den Begriff der Schrift als Form der Rede. Die Schrift ist nämlich nicht die einfache Prägung von Zeichen, die der vokalen Aussprache entgegengesetzt wäre. Sie ist eine besondere Inszenierung des Sprechaktes. Die Schrift zeichnet stets viel mehr als nur aneinandergereihte Zeichen, sie schreibt zugleich ein bestimmtes Verhältnis der Körper zu ihren Seelen, der Körper zueinander und der Gemeinschaft zu ihrer Seele vor. Sie ist eine besondere Aufteilung des Sinnlichen, eine spezifische Strukturierung der gemeinsamen Welt. Diese Strukturierung erscheint bei

Platon gerade als die Störung der legitimen Ordnung, durch die der *logos* sich und die Körper in der Gemeinschaft verteilt. Im *Phaidros* stellte der vorhergehende Mythos von den Zikaden zwei Kategorien von Menschen gegenüber, die Arbeiter, die in den heißen Stunden, wenn die Zikaden singen, im Schatten ihre Siesta halten; und die Dialektiker, die von den ersten durch die Muße der Rede getrennt sind, durch den lebendigen und unbegrenzten Austausch der Gedanken. Davor hatte noch ein anderer Mythos, der von dem geflügelten Gespann und seinem Sturz, diese Aufteilung der Bestimmungen in der Wahrheit gegründet. Er hatte nämlich die Ungleichheit der Verkörperungen der Seelen in dieser oder jener Bestimmung mit der gezeigten Fähigkeit oder Unfähigkeit der Seelen verbunden, den Anblick der himmlischen Wahrheiten zu ertragen. Die niedere Bestimmung zeugte also von der Unwürdigkeit einer Lebensweise, die von den wahren Weisen des *Sehens* und des *Sagens* getrennt ist.

Die Schrift ist nun die Form der sprachlichen Aussage, die diese Hierarchisierung der Wesen nach ihrer »logischen« Fähigkeit durcheinanderbringt. Sie löst jedes geordnete Prinzip der Verkörperung der Gemeinschaft im *logos* auf. Sie führt die radikale Dissonanz in die gemeinschaftliche Symphonie ein, so wie Platon sie denkt, als Harmonie zwischen den Weisen des *Machens*, des *Seins* und des *Sagens*. Harmonie zwischen drei Dingen: den Beschäftigungen der Bürger – was sie »machen«, aber mehr noch, die Art und Weise, wie sie ihre Zeit verbringen; ihr *ethos* – ihre Art und Weise, an ihrem Platz zu sein, und dort eine bestimmte Beschäftigung zu bezeichnen; und dem gemeinschaftlichen *nomos*: dieser *nomos*, der nicht nur das Gesetz ist, sondern ebenso sehr das *Lied* der Gemeinschaft, ihr Geist, der als Grundton empfunden wird, als Lebensrhythmus eines jeden und aller. Diese Symphonie einer Republik, welche die Beschäftigungen, die Seinsweisen und die Tonart der Gemeinschaft harmonisiert, ist bei Platon der demokratischen Anarchie entgegengesetzt. Die Demokratie ist nämlich nicht ein System, das sich bloß durch eine unterschiedliche Verteilung der Macht bestimmt. Sie ist tiefer gehend als eine bestimmte Aufteilung des Sinnlichen definiert, als eine spezifische Neuverteilung ihrer Orte. Das Prinzip der Neuverteilung ist gerade das System dieses verwaisten, verfügbaren Buchstabens, den wir

Literarizität nennen können. Die Demokratie ist die Herrschaft der Schrift, wo die Perversion des Buchstabens identisch ist mit dem Gesetz der Gemeinschaft. Sie wird von diesen Räumen der Schrift eingesetzt, die durch ihre zu bevölkerte Leere und durch ihre zu geschwätzige Stummheit das lebendige Gewebe des gemeinschaftlichen *ethos* durchlöchern.

Die platonische Polemik liefert uns einige Beispiele für diese Räume der stummen und geschwätzigen Buchstaben. Da wäre etwa die königliche Säulenhalle von Athen, wo die Gesetze auf beweglichen Schreibtafeln geschrieben sind, aufgepflanzt wie dumme Gemälde oder Reden ohne Vater, ähnlich, so sagt uns der *Politikos*, diesen Rezepten, die ein verreister Arzt für jede zukünftige Krankheit hinterlässt. Da wäre ferner das Orchester des Theaters, wo der Erstbeste, so sagt Sokrates, für eine Drachme die Bücher von Anaxagoras kaufen kann, des Lehrers von Perikles, des Denkers, der gesagt hat, dass der Geist alles ausgehend von gleichen Materieteilchen ordnet. Da wäre dann schließlich die Versammlung von Athen, wo die Macht eines stummen und geschwätzigen Wortes ausgeübt wird, eines Wortes, das mehr als jedes andere das Geschwätz hervorruft, das Wort *demos*. Die Demokratie ist gerade die Herrschaft der Schrift, die Herrschaft, wo das Herumirren des verwaisten Buchstabens das Gesetz macht, wo er die Stelle der lebendigen Rede, der lebendigen Seele der Gemeinschaft innehat.

Jeder kennt den großen Prozess, den Platon der Dichtung und der Nachahmung im Allgemeinen gemacht hat, ein Prozess, der den Inhalt der tragischen oder epischen Fabeln und ihre Aussageweise betrifft. Erstens lassen uns diese Fabeln, die uns Menschen in verführerischer Hülle zeigen, die Opfer der Maßlosigkeit werden, Vergnügen an der Seelenunruhe finden. Und ganz besonders übermittelt und drückt die theatralische Vermittlung des Vergnügens alle Unruhen in unsere Seele ein, die geeignet sind, die Tugend der Bürger zu zerstören. Zweitens lügt der Dichter nicht nur im Hinblick auf die Götter und Helden, deren mimetische Trugbilder ethische Gegenmodelle bilden. Er lügt auch mit Bezug auf sich selbst, er versteckt sich als Vater seiner Rede, er legt die Verantwortung dafür ab, indem er seine Stimme hinter der Stimme der tragischen Schauspieler oder der epischen Figuren versteckt. Somit bringt die dichterische Fiktion das Temperament der Bürger durcheinander, indem sie die Widersprüche der Leidenschaften und die Falschheit der Stimmen erregt. Doch die Lüge der Dichter ist vielleicht nicht die schlimmste Gefahr, welche die geordnete Verteilung der Rede in der Gemeinschaft bedroht. Die Verwirrung der Schrift ist radikaler als die der Dichtung. Sicherlich prägen die lügnerischen Fabeln der Dichter die Stempel des Falschen in die Seele ein, welche die Prinzipien der Ungerechtigkeit wachsen lassen. Sicherlich begründet die Verstellung des Dichters, der sich in seiner Rede versteckt, im Gemeinwesen die Herrschaft der Falschheit. Doch das stumm-geschwätzige Gemälde, das redet, ohne sein Sagen zu begleiten, ist fürchterlicher als das trügerische Modell, das von der Nachahmung schwacher Seelen angeboten wird; und die verwaiste Rede, die herumstreunt, ist gefährlicher als die Dichtung, deren Vater verborgen bleibt. Denn wenn die Unordnung der dichterischen Fiktion ein Zeichen des schlecht eingerichteten Gemeinwesens ist, so ist die Unordnung der Literarizität grundlegend für diese Perversion. Sie wird mit dem Prinzip einer politischen Ordnung gleichgesetzt, mit dem Prinzip der Demokratie. Diese grundlegende Unordnung versteckt sich in gewisser Weise hinter der Anklage der dichterischen Lüge. Und sie erscheint da, wo die Formen der Regelung der dichterischen Verwirrung zusammenbrechen.

Denn diese Verwirrung wird geregelt, und die griechische Antike kennt zumindest zwei Regelungen der fiktionalen Verwirrung. Die erste ist die platonische politische Regelung, die keineswegs mit der bloßen Ausschließung der Dichter gleichzusetzen ist. Platon regelt auf positive Weise die dichterische Verwirrung, indem er der schlechten *mimesis* eine gute *mimesis* entgegenhält, oder vielmehr eine andere Stellung der *mimesis*. Das zehnte Buch der *Politeia* stellt im Umkehrschluss das Prinzip auf. Der schlechte Nachahmer, Homer, bietet uns den Schein eines Scheins an: Achilles, das »Modell« des Mutes, das heißt den Hohlkopf hitziger Reden und Beschreibungen blinkender Waffen, oder Nestor, das Phantom der Weisheit. Wenn er gewusst hätte, was Weisheit und Mut sind, hätte Homer Armeen geführt, den Städten ihre Gesetze gegeben, weise oder mutige Männer ausgebildet. Das ist die wahre *mimesis*, die eine Tugend in der Seele und den lebendigen Körper eines Individuums oder eines Gemeinwesens nachahmt. Das ist die Nachahmung, die Sokrates ausübt, der selbst ein Kunstwerk ist, wie Alkibiades im *Symposion* bezeugt, oder die gesetzgebenden Philosophen, die im siebenten Buch der *Gesetze* den Ausschluss der tragischen Nachahmer dadurch rechtfertigen, dass sie selbst Autoren von Tragödien sind, und zwar der besten Tragödie, jener, die das schönste Leben nachahmt. Der dargestellten Tragödie wird das lebendige Gedicht entgegengestellt: der Chor oder der Tanz des Gemeinwesens, der sein Prinzip nachahmt und sich für seine Melodie oder seinen Ton begeistert. Die Unordnung, welche die dichterische Fiktion in das Gemeinwesen brachte, wird dadurch beseitigt, dass das Gemeinwesen selbst die Wirklichkeit des lebendigen Gedichts wird, die Vollendung der guten Nachahmung.

Die zweite Regulierung, die von der Poetik des Aristoteles etabliert wird und die geradezu die Vorstellung einer »poetischen Kunst« begründet, geht umgekehrt vor. Aristoteles lehnt nämlich die Vermischung zwischen zwei Nachahmungen ab, die Platon vollzieht: die des Dichters, der seine Fabeln und seine Figuren anbietet, und die der Seele, die handelt oder erleidet gemäß der Modelle, die ihr eingeprägt sind. Platon vereinte die zwei Nachahmungen zu einer einzigen Theorie der Identifizierung: Die theatralischen Trugbilder verwandelten sich notwendigerweise in Verwirrungen der Seele. Aristoteles trennt sie und anstatt die gerechte Seele und das gerechte Gemeinwesen zu den wahrhaften Gedichten zu machen, schränkt er in den menschlichen Tätigkeiten und den Beschäftigungen des Gemeinwesens den Platz der *mimesis* ein. Er weist die passive Stellung der *mimesis* zurück, die Platon zum Leid bringenden Trugbild gemacht hatte. Er gibt ihr die aktive Stellung einer Kenntnisart, die minderwertig, aber wirkungsvoll ist. Auf dieser Grundlage kann er ein System der Rechtmäßigkeit der *mimesis* definieren: erstens eine positive Tugend des Nachahmungsaktes als spezifische Art des Wissens; zweitens ein Wirklichkeitsprinzip der Fiktion, die ihre eigene Raum-Zeit und ihre besondere Ordnung des Sprechens umschreibt (und die allzu berühmte *katharsis* bezeichnet vor allem diese Autonomie der Sprechwirkungen, diese Zurückhaltung des tragischen Gefühls einzig auf der Theaterbühne); drittens ein Gattungsprinzip, das die Nachahmungsarten ausgehend von der Würde ihres Stoffes aufteilt; viertens Urteilskriterien dafür, ob Fabeln geeignet oder ungeeignet sind für die tragische oder epische Nachahmung. Er definiert also die ersten Elemente dieses Systems der repräsentativen Schicklichkeit, welche die klassische Poetik der Repräsentation systematisieren wird. Er begründet auch dieses Prinzip der Aktualität der Sprache, das der Poetik der Repräsentation ihren Rahmen verleihen wird, indem er das Wirklichkeitsprinzip der Fiktion, das ihre eigene Raum-Zeit und ihre besondere Ordnung des Sprechens umreißt, mit der Einbindung dieser Rede in das rhetorische Universum der gesellschaftlich tätigen Rede der Versammlungen oder der Gerichte in Einklang bringt.

Man versteht also, dass in dem Augenblick, da dieses Gebäude der Repräsentation zusammenbricht, die große romantische Poetik der universellen Schrift, die ihren Untergang ausgesprochen hatte, sich plötzlich mit einem anderen Problem konfrontiert sieht, das hinter der Regelung der Fiktion versteckt war, mit dem unauflöslich sowohl poetischen wie politischen Problem der stummen und geschwätzigen Sprache. Man wird verstehen, dass sie in den Ruinen des aristotelischen Systems die alte platonische Frage wiederfindet, und dass der Anlass die Konfrontation mit den Schicksalserzählungen der Proletarier ist, die mitgerissen werden vom Strom des herumirrenden Buchstabens und der *topoi* oder der Aussageweisen, die das Romanschreiben begleitet und allegorisiert haben. Es ist nämlich die gattungslose Gattung des Romans, die seit der Antike den Zauber des stummen und geschwätzigen Buchstabens transportiert hat. Er hat nicht nur die Fürsten, die Händler und die Puffmütter vermischt, die Stücke realistischen Lebens mit den Zaubergeschichten. Er hat nicht nur seine Geschichten überall hin verstreut, ohne zu wissen, wem sie sich ziemten und wem nicht. Er hat auch diese Art der herumirrenden Aussage eines Diskurses gefestigt, der bald die Stimme seines Vaters völlig verbirgt, bald im Gegenteil sie zu Schaden der ganzen Geschichte hervorstreicht. Der Roman ist somit der Untergang der ganzen stabilen Ökonomie der fiktionalen Aussage, ihre Unterwerfung unter die Anarchie der Schrift. Und er hat ganz selbstverständlich zum wesentlichen Helden denjenigen erkoren, der Romane liest, der sie für wahr hält, nicht weil seine Phantasie krank ist, sondern weil der Roman selbst die Krankheit der Phantasie ist, die Abschaffung jeglichen Realitätsprinzips der Fiktion durch die Abenteuer des herumirrenden Buchstabens.

Diese Abschaffung ist, so hat man gesagt, das Wesen des »Wahnsinns« von Don Quijote. Sein Wahnsinn besteht gerade darin, die Aufteilung abzulehnen, die ihm alle anbieten: der Meister Peter mit seinen Marionetten, deren Abenteuer die Zuschauer erfreuen, die dafür in diesen spezifischen Raum und zu dieser spezifischen Zeit gekommen sind, und die genau wissen, dass das Unglück der Prinzessin und die Brutalitäten des Sarazenen zum Lachen sind; der Wirt, der gesteht, von den Ritterromanen bezaubert zu sein, die er liest, wenn die Gäste ruhen, doch der genau weiß, dass die Ritter heute verschwunden sind; der Domherr, der zugibt, dass es nützlich ist, sich mit guten Büchern zu entspannen. All denen stellt Don Quijote die Weigerung entgegen, aufzuteilen, zwischen den Schriften zu trennen, welche die Welt durchstreifen und nunmehr mit königlicher Erlaubnis gedruckt werden, die für wahr gehalten werden und den anderen, die man falsch nennt. Die Verstiegenheit des Ritters von der traurigen Gestalt ist die einer ganz neuen »Nachahmung«: nicht mehr die Nachahmung des Ruhmes oder der Schändlichkeit, des Mutes oder der Angst, welche die Gattungen der Repräsentation auf den Plan ruft, sondern die Nachahmung des Buches als solches, die einfache Reduplikation der Gleichheit der Schrift. Diese Nachahmung ist nichts anderes als die Wirkung des Prinzips der Literarizität, des Prinzips der Verfügbarkeit des geschriebenen Buchstabens, das jede legitime Verteilung der Sprache, der Körper, die sie tragen und derer, die sie bezeichnen, durcheinanderbringt. Don Quijote ist der Held dieser Literarizität, die von vornherein unterirdisch das System der rechtmäßigen Nachahmung, das System der Repräsentation ruiniert hat, lange bevor die große Poetik des verkörperten Wortes sein Theater gesprengt hat. Doch diese Zerstörung geht nur vor sich, indem sie auch von vornherein durch ihre Parodie dieses Prinzip der Verkörperung, dieses Prinzip des fleischgewordenen Wortes ruiniert, das sich dem Prinzip der Repräsentation entgegenstellt.

Die Wahrheit der Schrift, welche die monarchische Bühne der Rede entthront, ist nicht die Fleischwerdung, sondern ihre Abtrünnigkeit, die »Stummheit« des herumirrenden Buchstabens. Die versöhnlichen Literaten und Christen wie Huet versuchten umsonst, den Bereich der rechtmäßigen Nachahmung zu erweitern und das romaneske Fabulieren einzubeziehen. Es war nutzlos, die Romanabenteuer und die Figuren oder Gleichnisse der Bibel in das große Reich der Tropen der »orientalischen« Phantasie zusammenzufassen. Der Roman hat von vornherein die Rahmen dieser »Phantasie« gesprengt, in die man ihn einfassen wollte, um die Willkür seiner Wege und Umwege zur Fülle der lebendigen Sprache und des lebendigen Geistes zu identifizieren. Der irrende Ritter hat den Weg zwischen den das Lebensbuch lesenden Steinheiligen im Portal des Kölner Doms und dem Dichter von *Der Glöckner von Notre-Dame* bereits versperrt. Auf die Poetik der Repräsentation sollte die große Dichtungs-Welt folgen, die Dichtung des »alles spricht«, der bereits in jedem stummen Ding anwesenden Sprache. Nur wird diese große Dichtung von ihrem Gegenteil verdoppelt, von dieser »stummen« Sprache, die sich nur verkörpert, um jeden Sprachkörper, jede Festigkeit des Lebensbuches oder der Dichtungs-Welt zu ruinieren. Die Kunst der Verkörperung ist ebenso auch die Kunst ihres Fehlens. Dieses Paradox ist der hegelschen Definition der »romantischen« Kunst wesentlich: die Verkörperung der Idee im Volk, im Epos und im Stein lag in der Vergangenheit. Sie bestimmte die Klassik der Kunst, die »ästhetische Religion«, das heißt die Kunst oder die Religion vor der christlichen Fleischwerdung. Die christliche Verkörperung wies diese Verkörperung in die Vergangenheit zurück. Sie erweiterte den Abstand zwischen der Idee und jeder künstlerischen Darstellung, zwischen der Macht der Subjektivität und jeder Form ihrer sinnlichen Manifestation ins Unendliche. Die romantische Gegenwart, das christliche Zeitalter der Kunst, wäre das Zeitalter des Rückzugs der Verkörperung, der Selbstbehauptung der Kunst, das heißt das Zeitalter ihrer Selbstzerstörung.

Derselbe Widerspruch macht die Literatur zu diesem paradoxen Namen einer Kunst, die keinen eigenen Begriff hat und sich doch anbietet, alle Absolutheiten der Kunst zu bezeichnen. Es gibt nicht einerseits die Banalität der Literatur, als neuer Name der Belletristik, und auf der anderen die Spekulationen, die diese Banalität zu leugnen versuchen, indem der Akt oder die »Erfahrung« des Schreibens sakralisiert würden. Wenn Mallarmé fragt: »Gibt es so etwas wie die Literatur?« und antwortet, dass die Literatur allein existiert, »sieht man ab von allem«,[1] dann ist das weder Ästhetizismus fin de siècle noch pathetische Erfahrung des Unmöglichen. Die »Banalität« und die »Außergewöhnlichkeit« sind begrifflich miteinander verbunden. Die Literatur existiert als der neutralisierte Name einer widersprüchlichen Poetik, als der aktive Widerspruch des Prinzips der neuen Poetik: die Identifizierung des Wesens der Dichtung mit dem Wesen der Sprache. Diese Identifizierung zerstört die Poetik der Repräsentation nur um den Preis, den Knoten der Gegensätze ins Prinzip der neuen Poetik zu versetzen: das fleischgewordene Wort und den stumm-geschwätzigen Buchstaben. Die Literatur hat das zur Grundlage, was ihren Begriff ruiniert, nämlich die Literarizität. Die Bühne der Schrift bringt nicht nur die Notwendigkeit des symbolischen Prinzips mit der Freiheit des Prinzips der Gleichgültigkeit in Widerspruch. Der Begriff der Schrift selbst verdoppelt sich dabei und die Bühne wird zu der des Kriegs der Schriften. Das »Schweigen« Mallarmés oder Blanchots wird um einen Dreh komplizierter. Was es ermöglicht, ist der Krieg zwischen zwei Stummheiten, die gleichermaßen redegewandt sind: die stumme Sprache, die durch die große romantische Poetik jedem Ding verliehen ist, und der stumme Buchstabe der zu geschwätzigen Schrift.

---

1 Stéphane Mallarmé, »Die Musik und die Literae«, in: *Kritische Schriften, Französisch und Deutsch*, hg. von Gerhard Goebel und Bettina Rommel, übersetzt von Gerhard Goebel, Gerlingen 1998, S. 74–127, hier: S. 101. (A.d.Ü.)

7.

Der Krieg der Schriften

Um verstehen zu können, worum es in diesem Krieg geht, müssen wir zu den Geschichten über die verdorbenen Kinder des Volkes zurückkehren und uns mit der düstersten unter ihnen beschäftigen, mit *Der Landpfarrer*. Auf den ersten Blick ist die von Balzac ersonnene Fabel beispielhaft platonisch. Sie erzählt die Geschichte von der tödlichen Gefahr der Schrift und der fundamentalen Verbindung zwischen Schrift und Demokratie. Die Protagonistin Véronique ist die Tochter eines bescheidenen Alteisenhändlers aus Limoges, der sich zur Zeit der Revolution und der Spekulation mit den nationalen Gütern im Geheimen bereichert hat. Die kleine Véronique findet eines Tages auf einer offenen Auslage ein Buch, *Paul und Virginie*. Dieses Buch vollzieht in ihrem Verhältnis zur Welt eine Revolution, die der Umdrehung *[révolution]* des Ringes auf dem Finger des Gyges vergleichbar ist. Seit diesem Tag ist der »Schleier, der die Natur verdeckte«, für sie zerrissen. Eine Insel der Vienne betrachtend, die sie zur Insel von Paul und Virginie gemacht hat, träumt sie nunmehr von der keuschen und erhabenen Liebe. Eines Tages wird Véronique als reiche Gattin eines Bankiers ein anderes Kind der Arbeit in die Verführung des Buches hineinziehen, den Arbeiter Jean-François Tascheron, der, um mit ihr zu fliehen, einen alten Geizhals töten wird, dessen Gold er auf der Insel versteckt. Der junge Mann wird sein Verbrechen mit dem Leben bezahlen, ohne seine Komplizin zu verraten. Diese wird als Witwe, indem sie das trostlose Land in fruchtbare Wiesen verwandelt, den Rest ihres Lebens eine Schuld büßen, die sie erst im Augenblick ihres Todes in einer öffentlichen Beichte gestehen wird.

So dargestellt, entspricht die Handlung des Romans genau der Beweisführung einer metaphysischen und politischen Fabel. Das Verbrechen des unglücklichen Tascheron ist gerade das Verbrechen des Buches, das Verbrechen des stummen und zu geschwätzigen, toten und tötenden Buchstabens, der, indem er zu jenen spricht, die nicht dafür geeignet sind, die Seelen aus Erz von ihrer

Bestimmung abgebracht hat. Die kriminalistischen Indizien, die Tascheron verraten werden, der Eisenschlüssel, der dazu gedient hatte, das Gitter des Geizhalses zu öffnen, und die Spuren der Schnallenschuhe im Schlamm sind viel eher die Allegorien des Grundes für das Verbrechen: die fatale Revolution, die Schnallenschuhe an die Füße eines Menschen bringt, der zur Bearbeitung des Eisens bestimmt war. Das eigentliche Verbrechen ist die genaue Veranschaulichung des symbolischen Verbrechens. Das Ende der Geschichte, das uns Véronique zeigt, die als philanthropische Schlossherrin die großen Bewässerungsarbeiten leitet, um die Länder des Dorfes Montégnac fruchtbar zu machen, bietet das genaue Gegenmittel an: Was man den Kindern des Volkes bringen muss, ist nicht das verderbliche Gold des Buches, sondern die praktischen Mittel, damit sie durch Arbeit ihre Lebensbedingungen verbessern können, das heißt in platonischen Begriffen, »ihre eigenen Angelegenheiten machen«.

So scheinen der Stoff der Geschichte, der Handlungsablauf und die Moral der Geschichte übereinzustimmen. Doch unsere Zusammenfassung ist trügerischer Schein. Der Romanschriftsteller hat es eben nicht geschafft, eine Geschichte zu verfassen, die die genaue Entwicklung davon wäre. Die lange und chaotische Entstehungsgeschichte des Buches zwischen der ursprünglichen Veröffentlichung des Romans als Fortsetzungsroman in *La Presse* und der Veröffentlichung als Buch zeigt die Unmöglichkeit auf, den Handlungsablauf mit dem Sinn und der Moral der Geschichte in Übereinstimmung zu bringen.[1] Balzac kann weder die Handlung des wirklichen Verbrechens mitsamt der Fabel des symbolischen Verbrechens in eine befriedigende narrative Ordnung fassen, noch dem tödlichen Buchstaben eine befriedigende lebendige Sprache entgegenhalten. Zwischen der Veröffentlichung des Fortsetzungsromans und seiner Herausgabe als Buch musste er die Ordnung der Teile umkehren. Der Fortsetzungsroman begann mit der Geschichte des Verbrechens und des Prozesses. Diese Geschichte

---

1 Zur genaueren Analyse der Besonderheiten der Erzählung erlaube ich mir, auf meinen Text »Balzac und die Insel des Buches« zu verweisen, in *Das Fleisch der Worte. Politik(en) der Literatur,* aus dem Französischen von Marc Blankenburg und Christina Hünsche, Zürich-Berlin 2010, S. 139–162.

wurde selbst von einer sonderbaren Episode eingeführt, die uns den Bischof von Limoges auf der Terrasse des bischöflichen Gartens zeigt, der schweigend eine Insel in der Vienne betrachtet und sein Schweigen nur bricht, indem er sagt, dass das gesuchte Geheimnis sicherlich dort versteckt sei. Die Erzählung lief nun rückwärts ab, ausgehend von diesem Blick, um zu seinem Gegenstand, dem Verbrechen, oder vielmehr zu seinem Grund zu gelangen. Sie weihte uns in die Umstände des Verbrechens und in die Episoden dieses Prozesses ein, an dessen Ende der junge Mann aufs Schafott steigt, als reuiger Christ, aber ohne den Namen der geheimnisvollen, über seinen Verhältnissen stehenden Frau preisgegeben zu haben, deren Identität alleine seine Tat und seine Haltung erklären könnte. Die so gekennzeichnete Leere des Grundes wurde von dem zweiten Teil aufgefüllt, der in chronologischer Ordnung das Leben der kleinen Véronique, die Begegnung mit dem fatalen Buch, ihre Träume von poetischen Inseln und ihre prosaische bürgerliche Heirat entwickelte, bis zu dem Punkt, an dem ihre Geschichte die des Prozesses erreicht. Dem letzten Teil kam somit eine doppelte Aufgabe zu: die narrative Aufgabe, die im ersten Teil unverständliche und im zweiten Teil zu offensichtliche Verbindung zu erklären; und die moralische, mit der Sühne der Heldin die Lehre der Geschichte greifbar zu machen.

Die Veröffentlichung des Buches dreht nun die Ordnung der beiden ersten Teile um. Die Ordnung ist logischer, weil sie die Ursache (das symbolische Verbrechen) vor die Wirkung (das wirkliche Verbrechen) und die Aufklärung (Véroniques Beichte) setzt. Dieser Gewinn an philosophischer Logik, welche die Ursache vor die Wirkung setzt, ist ein Mangel hinsichtlich der narrativen Logik, die sie verkörpern soll: Was ist das für eine Krimihandlung, bei der die erste Ursache des Verbrechens weit vor dem Stattfinden des Verbrechens bekannt ist? Das ist, als würde *König Ödipus* mit dem Orakel von Laios anfangen. Die Aufklärung am Ende wird dadurch noch überflüssiger. Balzac hat jedoch diesen letzten Teil beträchtlich verlängert. Er soll nämlich die Moral der Geschichte liefern und den Übeltaten der Schrift und der Demokratie nicht nur die Reue des Schuldigen, sondern auch das Gegenmittel entgegensetzen, die Wohltaten der lebendigen Sprache, der moralischen und gesellschaftlichen Ordnung, die aus dem christlichen Lebensbuch bezogen wird. Der letzte Teil des *Landpfarrers* muss seinen Titelhelden zeigen, der das Wort des Lebens ins Dorf bringt, das der junge Tascheron zu seinem Unglück verlassen hatte, und wohin Véronique zu ihrer Rettung kommt. Doch erweist es sich als ebenso schwierig die Moral des Romans zu erarbeiten wie seine narrative Ordnung zu rekonstruieren. Denn anstelle eines Predigers wird sie einen Ingenieur in Szene setzen. Das große Heilswerk, zu dem der Pfarrer Bonnet Véronique inspiriert, ist eine Kanalisierung der verschwendeten Wasser eines Baches, der Bau eines großen Bewässerungssystems, durch das die Wiesen des Dorfes Wasser erhalten und fruchtbar werden. Der letzte Teil des Buches ist im Wesentlichen der Beschreibung dieser großen Arbeiten gewidmet, deren Leitung Véronique einem jungen Polytechniker anvertraut, der begierig nach sozialer Aktion ist, ein Bruder jener jungen Ingenieure, die damals Priester der industriellen saint-simonistischen Religion werden.

Doch man muss den Sinn dieser Verschiebung begreifen. Nicht die praktische Tat nimmt den Platz ein, an dem man das Wort der Heiligen Schrift erwartete, sondern es ist eine andere Art der Schrift, eine andere Art, Linien zu ziehen, durch die der Geist des Lebens sich dem Volk der Bescheidenen mitteilt und der Gemeinschaft seine Seele verleiht. Die Linien der Wasserkanalisierung, durch die Véronique dem Dorf zu Wohlstand verhilft, sind der Text ihrer Buße, der direkt in die Erde geschrieben ist. »Ich habe meine Reue in unauslöschlichen Spuren auf dieser Erde eingegraben, sie wird ewig bestehen. Sie ist in die urbargemachten Felder eingeschrieben, in die vergrößerten Dörfer, in die Bäche, die vom Gebirge in die früher unbebaute und verwilderte, jetzt grüne und ertragreiche Ebene fließen.«[2] Die »Moral« der Geschichte setzt den gefährlichen Träumereien nicht die wirksame Tat entgegen. Sie setzt eine Schrift gegen eine andere, eine Schrift des Lebens gegen eine Schrift des Todes. Der Verlauf der Wasserlinien, die genau und zu einem einzigen Gebrauch das Lebensprinzip von seinem Ursprung zu seinem Empfänger führen, ist streng diesem

---

2 Honoré de Balzac, *Der Landpfarrer*, aus dem Französischen von Emmi Hirschberg, Zürich 1998, S. 361.

Verlauf des stummen Buchstabens entgegengesetzt, von *Paul und Virginie* oder von jedem anderen Buch, das wie es auf gut Glück durch die Welt streift und sich auf einer Marktauslage schlafen legt und allen zur Verfügung steht, deren Angelegenheit es nicht ist, Bücher zu lesen. Dem bösen Zauber der Schrift setzte Platon den Weg der lebendigen Sprache entgegen. Dem toten Buchstaben setzte das Christentum dann den Geist des Lebens, das fleischgewordene Wort entgegen. Als Balzac den Pastor dieser neuen Sprache des Lebens darstellen soll, den Priester des fleischgewordenen Wortes, begegnet er einem Paradox. Dem bösen Zauber der Schrift entspricht und antwortet keine lebendige Sprache. Die Macht der zwei Priester, des Bischofs und des Pfarrers, denen er die Seele von Véronique und den Sinn der Fabel anvertraut, ist nicht die Macht der Männer der lebendigen Sprache. Sie ist nicht die der heiligen Beredtheit oder des Evangeliums. Die Macht des Bischofs ist die eines Sehers oder eines »Spezialisten«, wie *Louis Lambert* sie bezeichnete: priesterliche Macht, die Geheimnisse der Seele zu lesen, aber auch die swedenborgsche Macht, die materiellen Erscheinungen des Sichtbaren durchdringen zu können und in ihnen den spirituellen Sinn zu lesen. In der unverständlichen Szene, welche die Geschichte eröffnete, wurde diese Macht ausgeübt und Balzac musste sie verschieben: Der auf die Insel fixierte Blick las von vornherein, ohne uns zu sagen warum, das versteckte Geheimnis einer Angelegenheit, von der wir nichts wussten. Dieser geistige Blick, der an den Beginn der Geschichte gestellt ist, veranschaulicht genau die Fähigkeit des Spezialisten: alles in Verhältnis zu seinem Beginn und zu seinem Ende zu sehen. Er geht sofort zur »geistigen« Ursache des Verbrechens, zur Insel als »Ort« des Verbrechens, als Allegorie des bösen Zaubers der Schrift, der Insel des Buches. Doch offensichtlich kann das Privileg des Sehers nur zulasten der Fiktion ausgeübt werden. Indem der Seher die Ursache des Verbrechens und die Bedeutung der Fabel anzeigt, wird der Handlungsablauf kurzgeschlossen. Oder vielmehr, er würde kurzgeschlossen, wenn er nicht stumm bliebe. Gegenüber dem Verbrechen des stumm-geschwätzigen Buchstabens ist er verdammt dazu, selbst entweder stumm oder zu geschwätzig zu sein: Wenn er spräche, würde er der Handlung die Spannung nehmen. Wenn er schweigt, entzieht er der Fabel ihre Moral.

Dieses Dilemma ist nicht nur den fiktionalen Umständen geschuldet, es verweist gerade auf die Stellung des »Sehers«. Der »Seher« schreibt nicht und spricht nicht. Er kann dem bösen Zauber der Schrift keine Lebenssprache entgegenstellen. Bereits die Fabel des *Louis Lambert* hatte uns den Seher als zur Stummheit des Wahnsinns verdammt gezeigt. Und hier ist ihm beispielhaft das Fleischwerden des Buches als Geist-Werden der Materie von der Heldin entzogen worden, die aus diesen Heilswegen die Mittel zu ihrer Verderbnis gemacht hat. Die brave Véronique hat die Verrücktheit des Don Quijote zu der ihren gemacht, der seinen Körper der Wahrheit des Buches ausgeliefert hat, und auch die Verrücktheit des Louis Lambert, der seinen Körper seiner Seele angepasst hat. Der Weg des verwaisten Buchstabens hat von vornherein das Werk der Sprache des Lebens parodiert und ruiniert. Und selbst das Wort der Heiligen Schrift wird dabei suspekt. Die paar Brocken Katechismus, die eine Ordensschwester die kleine Véronique gelehrt hatte, sagt uns der Romancier, waren bereits zu viel, bevor dann noch dazu ein gutmütiger Priester die Lektüre von *Paul und Virginie* erlaubt hatte.

Deswegen wird das Dorf auch nicht durch das Wort des Pfarrers Bonnet aufgebaut, sondern durch die Werke des Ingenieurs. Dem Übel der Demokratie der Schrift ist durch keine lebendige Sprache abzuhelfen, sondern nur durch eine andere Schrift. Bloß hat diese Schrift ganz besondere Eigenschaften. Einerseits ist diese Schrift nicht geschrieben, ohne Worte, und durch ihre Stummheit vor der Falschheit der Schrift bewahrt. Doch andererseits ist sie eine mehr als geschriebene Schrift. Sie ist nicht, wie die andere, dem vergänglichen Atem oder dem zerstörbaren Papier anvertraut. Sie ist direkt in die Erde gezogen, fest in die Materialität der Dinge eingeschrieben. Die Fiktion der in die Linien des Fruchtbarkeit bringenden Wassers eingeschriebenen Sühne ist tatsächlich die Umsetzung einer sprachlichen Utopie und einer skandalösen Politik der damaligen Zeit zugunsten der christlichen Orthodoxie und einer patriarchalischen Gesellschaftsordnung: die Utopie der Priester-Ingenieure des saint-simonistischen »neuen Christentums«. Sie haben die romantische Poetik der in den stummen Dingen anwesenden Sprache und der Gleichwertigkeit der Sprache der Wissenschaft und der gemeinschaftlichen Mystik in Begriffe des technischen und sozialen Ingenieurwesens übersetzt. Sie haben dem Jahrhundert der Spekulationen über die Sprache der Stummen, über den »wahren Homer« und die poetische Weisheit der alten Hieroglyphen die letzte und radikalste Lösung verliehen. Sie sind nach Ägypten gegangen, um mit Eisenbahnen und Kanälen direkt in den Boden das Lebensbuch, das gemeinschaftliche Gedicht zu schreiben, von dem die alten Hieroglyphen nur Schatten waren. »In Ägypten entziffern wir nicht die alten Hieroglyphen der vergangenen Größe, sondern wir meißeln in den Boden die Zeichen des zukünftigen Wohlstandes.« »Wir ziehen unsere Argumente auf einer geographischen Karte.«[3] So wurde die »Verbindung« zwischen den Seelen in Wasser- und Schienenwegen literarisiert. Und die Poetik der Schrift auf den Dingen wurde bei den Ingenieuren der Eisenbahnen und der Seelen zu einer »Politik«. Das bedeutet, dass die Kritik der stummen Schrift über den Weg einer anderen Stummheit, über eine nicht geschriebene und mehr als geschriebene Schrift zur alten platonischen Vorstellung von der Gemeinschaft als wahrhaftes Gedicht zurückkam.

Die Geschichte vom *Landpfarrer* liefert uns also weit mehr als eine klare Allegorie der Übeltaten des stumm-geschwätzigen Buchstabens zur neuen demokratischen Zeit. Sie stellt uns vor das paradoxe Verhältnis der Literatur zu ihrer Bedingung, der Literarizität. Mehr als die Fabel zählt nämlich die Unfähigkeit des Romanciers, sie in eine Handlung zu versetzen und des Moralisten, daraus eine Lehre zu ziehen. Denn die Lehre, die man aus den Methoden des Pfarrers Bonnet ziehen müsste, ist schließlich die der Saint-Simonisten, die besagt: »Genug der Worte. Genug der *flatus vocis* und der Geschöpfe aus Papier. Wir brauchen nicht mehr Worte, so erbaulich sie auch sein mögen, um die gesellschaftlichen Übel zu heilen, das heißt das Übel, das die Worte hervorgerufen haben. Jetzt muss man das Lebensbuch in Werken des Ingenieurs und des Organisators schreiben.« Doch wie

---

[3] *Livre des actes*, Paris 1833 und Michel Chevalier, *Système de la Mediterranée*, Paris 1832.

sollte der Romancier diese Schlussfolgerung des Romans zu der seinen machen, ohne die Widersprüchlichkeit seines Werkes zu verkünden? Für wen schreibt der Romanschriftsteller, wenn nicht für dieses Publikum ohne Gesicht noch Rechtmäßigkeit, das den Fortsetzungsroman der billigen Presse liest, und in dem sich nach dem Zufall des herumirrenden Blattes, diese Versammlung »einer Anzahl von jungen Leuten und jungen Damen« zerstreut, die Voltaire ablehnte? Ihnen, den Leserinnen und Lesern seiner Romane, zeigt er, dass das ganze Unglück der Helden oder Heldinnen darin besteht, Romane zu lesen; und überdies zeigt er ihnen noch, dass die Moral der Romane daran nichts ändern kann, sondern nur eine Schrift, die nicht mehr die seine ist, noch irgendeine Schrift in Worten.

Der Romancier schreibt für jene, die ihn nicht lesen dürften. Doch das ist nicht einfach ein performativer Widerspruch, der ins Ressort der Pragmatik der Kommunikation fällt. Die demokratische Krankheit und die literarische Aufführung haben dasselbe Prinzip, dieses Leben des stumm-geschwätzigen Buchstabens, des demokratischen Buchstabens, der jedes geregelte Verhältnis zwischen der Ordnung des Diskurses und der Ordnung der Stände stört. Auf dem Spiel steht nun gerade die Stellung der neuen Schrift, die Idee des Romans als neues Gedicht, das Gedicht, welches das dichterische Wesen der Sprache oder das sprachliche Wesen der Poetizität darstellt. Nicht nur bringt das Prinzip der Symbolhaftigkeit das Prinzip der Narrativität in Gefahr, dem es sich anpassen muss, damit der Roman existiert. Es zerstört sich auch selbst als poetisches Prinzip. Denn es siedelt seine Macht außerhalb der Schrift des Buches an: im geistigen und stillen Blick des Bischofs oder in den Kanälen des Pfarrers. Zwischen der Stille des Bischofs und dem Industrialismus des Pfarrers entzieht sich nicht nur die Moral der Geschichte, sondern die »linguistische« Festigkeit der romantischen Poetik, die Identifizierung des Fleisches der Sprache mit dem poetischen Wort. Das Schweigen des Sehers zeigt nicht nur die Unmöglichkeit des fiktionalen Priesters auf, durch die Rede das Übel des Buches zu heilen. Die alte Poetik war auf der Durchgängigkeit des Sehens und des Sagens gegründet. Das »Genie«, wie Batteux es analysierte, konnte gerade daran erkannt werden. Die Beobachtungskraft des Dichters, der mit von der Natur ausgewählten Zügen das ideale Bild der schönen Natur zusammensetzte, verwandelte sich in einen inneren Enthusiasmus, der zur Macht der Repräsentation wurde. Dieses Spiel des Sehens und des Sagens machte aus der Dichtkunst die Norm jeder Repräsentation. Bereits Burke, Diderot oder Lessing hatten die Vorstellung von einer Entsprechung der Künste, die Analogie des Gedichtes zur Statue oder der Malerei zum Theater zunichte gemacht. Doch mit der romantischen Poetik taucht der Widerspruch im Herzen des Gedichtes selbst auf. Die Sprache des Gedichtes ist von der Macht eines absoluten Blickes genormt, von einem nicht mimetischen Blick, den die Rede nicht vollziehen kann. Der versteinerte Blick des Prälaten auf die Insel zeugt also von einer »Intransitivität«, die nicht mit irgendeiner formalistischen Bewunderung des »Autotelismus« der Sprache zu tun hat. Sie zeugt davon, dass die dichterische Sprache nicht mehr das Sichtbare des Denkens repräsentiert, durch das jedes Ding seine Bedeutung und jedes Sichtbare sein Unsichtbares zeigt.

Doch diese Trennung hat eine doppelte Wirkung. Einerseits fungiert das Hellsehen als Vorwegnahme des Sinns, es erlaubt dieses sonderbare Spiel der romanhaften Beschreibung, bei welcher der Leser sieht, ohne zu sehen. Und dieses Spiel widerlegt von vornherein die Kritik der realistischen Plattheiten, welche die Avantgardisten des folgenden Jahrhunderts vorbringen werden. Man kann Breton zugestehen, dass wir nicht in das von Dostojewski so minutiös beschriebene Zimmer von Raskolnikow eintreten, genau so wenig, wie wir die Rockknöpfe des Vaters Grandet, die Mütze von Charles Bovary oder die Blumen des Dorfes Paradou sehen.[4] Doch dieses »Scheitern« des Realismus stellt zugleich auch die Bedingung des Erfolges des Romans dar. Die Macht, die aus ihm die romantische Gattung und die moderne Gattung schlechthin macht, ist wohl die, die Burke beschrieb, die Macht der Wörter, die berühren, ohne sehen zu lassen. Sein Problem liegt nicht in

---

4 »Ich trete nicht in sein Zimmer ein«, ist, wie man weiß, die Formel, mit der André Breton die Beschreibung des Zimmers von Raskolnikow in *Verbrechen und Strafe* schmäht. Vgl. »Erstes Manifest des Surrealismus«, in: *Als die Surrealisten noch recht hatten. Texte und Dokumente*, hg. von Gunter Metken, Stuttgart 1976, S. 21–50, hier: S. 25.

den langweiligen Plattheiten des Sehens. Der »Realismus« baut ganz auf dem Abstand zwischen Hellsehen und Sehen, auf der Möglichkeit auf, zu sehen, ohne zu sehen. Das Problem liegt im »Hellsehen« selbst. Dieses ist nämlich die Kraft eines Sehens, das nicht mehr im Dienst einer Repräsentation steht, sondern das sich selbst behauptet und sich der narrativen Logik und der Moral der Geschichte querlegt. Das symbolische Prinzip dreht sich nun um: Das Symbol, das alle Dinge sprechen lässt, das Symbol, das überall Bedeutung hineinlegt, hält diese Bedeutung auf ihrem Körper zurück. Es lässt sie nicht mehr in die Erzählung übergehen. Es wird »Bild« in der Bedeutung, die Blanchot ihm verleihen wird: Bild, das nicht mehr sehen lässt, unverfügbar gewordene Sprache, in Äußerlichkeit umgewendete Innerlichkeit. Die Fabel des *Landpfarrers* erlaubt uns zu verstehen, dass nicht mehr die Gleichgültigkeit gegenüber der übermittelten Bedeutung dieses »Bild« als Wesen der literarischen Sprache konstituiert. Denn sicherlich wird Balzacs Erzählung nicht von seinem Desinteresse für die zu übermittelnde Botschaft blockiert. Im Gegenteil, es ist der Überschuss an Bedeutung, der bewirkt, dass das Bild sich der Erzählung querlegt, die Umkehrung einer Poetik, die das antirepräsentative Prinzip mit einer Poetik der Fleischwerdung des Wortes hat gleichsetzen wollen.

Die Sprache der Vision wird nicht Fleisch. Aber die »Sprache der Dinge«, der sie die Kraft der Sprache überträgt, wird immer nur ihr Schweigen sein. Das Ausbleiben der visionären Sprache und der Überschuss der verkörperten Sprache richten somit die Idee einer Poetik zugrunde, die auf dem »neuen Evangelium« von Louis Lambert gegründet ist: »Vielleicht wird eines Tages der umgekehrte Sinn von ›Et Verbum caro factum est‹ der Inbegriff eines neuen Evangeliums sein, das sagt: Und das Fleisch wird Wort werden; es wird das Wort Gottes sein.«[5] Die erbauliche Geschichte des *Landpfarrers* weist diese Prophezeiung durch die Tat zurück. Sie markiert den Abstand zwischen der Theologie der Schrift und ihrer Poetik. Die Geistigkeit des hellsehenden Dichters

---

5 Honoré de Balzac, »Louis Lambert«, in: *Buch der Mystik. Erzählungen*, aus dem Französischen von Emmi Hirschberg, Zürich 1998, S. 257–392, hier S. 387.

hat keine eigene Sprache, die von der Sprache der billigen Zeitung unterschieden wäre. Der Schienenweg der saint-simonistischen Kommunikation ist letztlich die Wahrheit des Buches aus Stein. Deswegen wird die Zeit kommen, da das futuristische Automobil und die sowjetische Lokomotive die Gedichte des Zeitalters oder des neuen Menschen sein werden, Gedichte einer Hyper-Schrift, welche die gemeinschaftliche Macht dem Herumirren des demokratischen Buchstabens entzieht. Die politische Utopie des ruhmreichen Stahls wird die der literarischen Utopie des Stein-Gedichts und des Kathedralenwerkes anhängende Kraft zu ihren Gunsten übernommen haben.

Die balzacsche Fabel nimmt auf ihre Weise dieses Schicksal vorweg. Die unmögliche Anordnung der Fabel, der Handlung und der Moral ist nichts anderes als die Zerstückelung der voneinander getrennten Glieder der romantischen Poetik. Sicherlich ist die Handlung des *Landpfarrers* mehr als jede andere dem Spott Borges' über die schlecht gezimmerten Handlungen und die verdrehte Psychologie der Romane des 19. Jahrhunderts ausgesetzt, denen er die gut gestrickten Erzählungen von Henry James oder von Bioy Casares entgegenstellt. Doch die gut gestrickten Fiktionen, denen er die Ehre erweist, haben einen ganz spezifischen Hintergrund. Sie sind Fabeln der Fiktion, Rätselerzählungen, deren Geheimnis immer dasselbe ist, weil gerade die Tatsache der Fiktion, ihre Weise, ein Geheimnis einzusetzen, der Witz daran ist. Die Fiktion ist dabei der Machtbeweis der Fiktion. Der Gegensatz zwischen repräsentativer Logik und expressiver Logik wird darin ausgelöscht, genauso wie der Widerspruch zwischen den Prinzipien der expressiven Poetik: Die Geschichte, die nunmehr die Versetzung der Macht der Fabel in eine Fabel ist, kombiniert das Gleichgültigkeitsprinzip mit dem Prinzip der Symbolhaftigkeit. Sie entzieht sich der repräsentativen »Reportage«, ohne sich jemals im Unendlichen oder Unbestimmten des Symbols zu verlieren. Der Abstand – die »Stummheit« –, die im Herzen der von Vico aufgestellten Einheit zwischen Sprache und Fabel war, ist also annulliert. Das Symbol ist die Formel der Phantasie, die innere Welt der Bedeutung ist nur die Welt des Fabulierens. Der aristotelische Handlungsablauf kann somit restlos mit der schlegelschen »Poesie der Poesie«, die fiktionale Konvention mit dem

Schatz der Vorstellungskraft und die Virtuosität des Zauberkünstler-Schriftstellers mit der unpersönlichen Fruchtbarkeit der Fabeln gleichgesetzt werden. Es gibt nur eine Gattung, die Gattung des Imaginären, dessen unendliche Mittel der fabulierende Mensch zum Gebrauch seines natürlichen Publikums, des fabulierenden Menschen nämlich, spielen lässt.

Es ist sicherlich verführerisch, diese einzige Gattung der Fabel und diese einzige Formel des Märchens den Ungewissheiten und den Schwerfälligkeiten des Romans entgegenzustellen, dieser gattungslosen Gattung, die erzählt, ohne darzustellen, beschreibt, ohne sichtbar zu machen und an eine Sprache der Dinge appelliert, die ihre eigene Aufhebung wäre. Gegen diese Bastardierung des Romans können sich der fiktionalistische Relativismus von Borges und der poetische Absolutismus der Surrealisten zusammenfinden, die Verachtung von Valéry für die erzählerische Absurdität oder die Anstrengung Deleuzes, die Beschwerlichkeiten der Romanhandlung auf die magischen Formeln und mythischen Figuren des Märchens zurückzuführen. Die Literatur wird somit mit dem Gesetz des Fabulierens gleichgeschaltet, das heißt mit dem Gesetz des Geistes.

Doch der Roman widersteht dieser Identifizierung. Er ist der Ort der Verdoppelung des Widerspruchs zwischen der alten und der neuen Poetik durch den inneren Widerspruch der neuen Poetik. Doch damit ist er gerade die Gattung der Literatur, die Gattung, die ihr Leben verleiht durch den Zusammenstoß ihrer Prinzipien. Die Fiktion des *Landpfarrers* legt in ihrer notwendigen Verschränkung und ihrem unmöglichen Zusammenfallen die aristotelischen Anforderungen des dramatischen Knotens und seiner Auflösung, die demokratische Fabel der stummen Schrift und die disparaten Reste des neuen »Gedichts« dar, welches, um seinem Begriff zu entsprechen, in der besonderen Sprache, in der Fremdsprache geschrieben sein müsste, die geeignet dafür ist, die Macht der Sprache auszusagen, die jedem Ding innerlich ist. Die »andere Schrift« ist verdammt dazu, nicht das Rohmaterial der Literatur zu sein, sondern ihre grundlegende Utopie. Ihr Feld ist also ein Schlachtfeld, das sie beständig von der Demokratie des stumm-geschwätzigen Buchstabens auf die unzähligen Figuren der Hyper-Schrift, der nicht-geschriebenen und mehr als geschriebenen Schrift verweist. Die Bühne der Verzauberungen der Phantasie ist zur Bühne für den Krieg der Schriften geworden.

Dritter Teil

Der literarische Widerspruch am Werk

8.

Das Stil-Buch

Doch das Zeitalter der Literatur ist nicht nur das des Krieges zwischen den Schriften. Es ist auch das Zeitalter, das versucht, diesen Krieg zu beenden, den Blick und die Rede, die Gleichgültigkeit des Stoffes und die Notwendigkeit des Werkes der Sprache, die große Schrift der Dinge und den stumm-geschwätzigen Buchstaben in Einklang zu bringen. Der *Landpfarrer* begann, wie *Louis Lambert* endete, mit der unmöglichen Übereinstimmung zwischen einem Blick, der sieht, und einer Rede, die sagt. Das Scheitern dieser Übereinstimmung kann der Unfähigkeit zugeschrieben werden, das geeignete Instrument der Literatur zu schmieden. Die Verlegenheit des Romanschriftstellers Balzac wird also in dem schlichten Urteil eines Romanciers der nächsten Generation zusammengefasst werden: Balzac kann nicht schreiben. »Was für ein Mann wäre Balzac gewesen, wenn er hätte schreiben können. Nur das hat ihm gefehlt.«[1] Wir müssen die Tragweite dieses Urteils recht verstehen. Es leugnet nicht die Größe Balzacs. Im Gegenteil, es stellt eine strenge Entsprechung zwischen einer Fähigkeit und einer Unfähigkeit her: »Doch ein Künstler hätte nicht so viel geschaffen, hätte nicht diese Breite besessen.« Balzac ist wie sein Bischof, er ist ein Seher, und Flaubert fühlt gerade diese visionäre Eigenschaft, wenn er diesen *Louis Lambert* liest, wo der fiktionale Schüler des Collèges von Vendôme die Jugend des tatsächlichen Schülers des Collèges von Rouen lebt. Er ist ein Seher und dadurch kein Künstler. Kein Künstler zu sein, ist an sich kein Fehler. Im Gegenteil, man erkennt, Flaubert zufolge, die großen Schaffenden der Vergangenheit daran, dass sie keine Künstler waren. »Was großartig am *Don Quijote* ist, ist die Abwesenheit von Kunst.«[2] Das ist etwas ganz anderes also als die vom Zeitalter Sternes und von Tieck oder Jean Paul bewunderte und kopierte Virtuosität.

---

1 Flaubert, Brief an Louise Colet vom 16. Dezember 1862, in: *Briefe*, S. 225.
2 Flaubert, Brief an Louise Colet vom 22. November 1862, in: *Correspondance*, Bd. II, Paris 1980, S. 179.

Die großen Meisterwerke sind dumm, sagt er anderswo, und das Leben und der Geist der Schaffenden von früher waren nur »das blinde Instrument des Durstes nach dem Schönen [...]. Organe Gottes, durch die er sich selbst bewies.«[3] Der Roman von Cervantes gehört im Grunde also dem klassischen *epos* an. Diese Zeit des Schönen, als man Dichter war, ohne Künstler sein zu müssen, diese Zeit der schillerschen »Naivität« ist allerdings vergangen. Es gibt keine Kunst mehr, die wie bei den Griechen der hegelschen Heldendichtung das Lebensbuch, die »Bibel eines Volkes« ist, die Blüte, in der sich die Poetizität vollendet, die bereits in einer ethischen Welt enthalten war. Wir sind in der Zeit der »sentimentalen« oder »romantischen« Trennung, in der Zeit, da der Blick, der die Idee anblickt, von dem getrennt ist, den man auf die Prosa der Welt richtet; in der man Künstler sein muss, das heißt die Dichtung *wollen* muss, während die »klassischen« Schöpfer sie geradezu wie die Atmung ihrer Welt hervorbrachten. Der Seher ist somit vom Schriftsteller getrennt und man muss sie in einer neuen Form miteinander versöhnen. Der Roman »wartet auf seinen Homer«, wartet auf den, der neuerlich das Werk zur Manifestation einer »ursprünglich poetischen Mitte« macht. Er wartet darauf, die neue Form dieses »epischen Gedichts« zu sein, das noch möglich ist, aber nur unter der Bedingung, dass »man sich aller Absicht, ein solches zu machen, entledigen wollte«.[4]

Man erkennt darin die genaue Darlegung des hegelschen Problems: Man muss (man müsste) eine gänzlich intentionale, gänzlich gewollte Dichtung machen, die das romantische Gegenstück der klassischen dichterischen Werke ist, die diese nur waren, *weil sie nicht gewollt waren*, weil das Produkt der Absicht des Künstlers genau mit dem unbewussten Prozess der Entstehung des Werkes zusammenfiel. Zur Zeit, als er an *Madame Bovary* arbeitet, die in einem ähnlichen Collège wie dem des *Louis Lambert* beginnt und auf dem Lande weitergeht, das gänzlich dem des *Landpfarrers* und des *Landarztes* entgegensetzt ist, liefert Flaubert seine Antwort auf das hegelsche Dilemma, die über eine Antwort auf das balzacsche

---

3 Flaubert, Brief an Louise Colet vom 9. August 1846, in: *Briefe*, S. 71.
4 Flaubert, Brief an Louise Colet vom 27. März 1853, in: *Briefe*, S. 242.

Dilemma verläuft. Diese Antwort lässt sich in einem Wort zusammenfassen: Stil. *Madame Bovary* wird ein Werk sein, das gänzlich »mit Stil« geschrieben ist, weil der Stil die genaue Identität eines Blicks und einer Schrift ist. Der Stil muss »in die Idee eindringen wie ein Dolchstoß«, wie der Blick des Bischofs das Geheimnis von Véronique durchdrang und Louis Lambert die geistige Welt hinter der sinnlichen Welt erfasste. Doch er muss als Macht der Sprache darin eindringen. Die Antwort des doppelten Dilemmas kann also in den strengen Begriffen einer Wette der Schrift, der Wette einer Schrift formuliert werden, die das romantische Gegenstück des substanziellen Gedichts produziert, wo das Individuum Homer als Individuum das »Lebensbuch« eines Volkes und eines Weltzeitalters schrieb. Dieses Gegenstück wird umgekehrt das Werk ohne Substanz sein: nicht mehr das Kathedralen-Werk, sondern das Wüsten-Werk, das »Buch über nichts«, welches das Wort und das Denken aneinander klebt und dem Ganzen bloß durch die Kraft des Stils Halt gibt:

> »Was mir schön erscheint und was ich machen möchte, ist ein Buch über nichts, ein Buch ohne äußere Bindung, das sich selbst durch die innere Kraft seines Stils trägt, so wie die Erde sich in der Luft hält, ohne gestützt zu werden, ein Buch, das fast kein Sujet hätte, oder bei dem das Sujet zumindest fast unsichtbar wäre, wenn das möglich ist. Die schönsten Werke sind jene, die die wenigste Materie enthalten; je mehr der Ausdruck sich dem Gedanken nähert, je enger das Wort daran haftet und verschwindet, um so schöner ist es. Ich glaube, dass die Zukunft der Kunst in dieser Richtung liegt. Ich sehe, dass sie, je mehr sie wächst, soweit wie möglich immer ätherischer wird, von den ägyptischen Pylonen bis zu den gotischen Spitzbogen und von den Gedichten der Inder mit zwanzigtausend Versen bis zu den Aufschwüngen Byrons. Die Form verfeinert sich, während sie geschmeidiger wird. Sie gibt alle Liturgie, alle Regel, alles Maß auf; sie verlässt das Epische zugunsten des Romans, den Vers zugunsten der Prosa; sie erkennt keine Orthodoxie mehr an und ist frei wie jeder Wille, der sie hervorbringt. Diese Befreiung vom Stofflichen findet sich in allem wieder, die Regierungen sind ihr gefolgt von den orientalischen Despotien bis zu den zukünftigen sozialistischen Regierungsformen.

Es gibt deshalb keine schönen oder hässlichen Themen und man könnte fast das Axiom aufstellen, wenn man sich auf den Standpunkt der reinen Kunst stellt, dass es überhaupt keines gibt, dass der Stil für sich allein eine absolute Art und Weise ist, die Dinge zu sehen.«[5]

Dieser Brief ist »wohl bekannt«, hinreichend dafür, dass man im Allgemeinen darauf verzichtet, der Problemstellung Aufmerksamkeit zu schenken. Diese bietet eine Nachfolge für die Poetik der Repräsentation an, die aus dem Dilemma herauskommt, in das Hegel die Idee dieser Nachfolge eingeschlossen hatte. Diese sollte jenseits der Poesie gehen, in die Prosa der Philosophie und der Wissenschaft, weil sie ansonst in das Herumirren der Phantasie zurückfallen würde, die sich darin erschöpfen würde, die prosaische Welt zu repoetisieren. Für Hegel erreichte die »Befreiung vom Stofflichen« einen Punkt, an dem sie den Rückzug der Materie der Kunst bedeutete. Flaubert lehnt diese Konsequenz ab. Die Zeit der Prosa ist die Zeit einer neuen Poetik. Bloß ist diese neue Poetik weniger einfach in ihrem Prinzip, als sie anfänglich erscheint. Denn mit der Form verhält es sich wie mit der Materie: Am Ende ihrer »Befreiung« steht ihre Beseitigung. Und die »Aufschwünge« von Byron sind keineswegs die letzte Vollendung der Poesie. Die »reine« Form ist nicht der freie Ausdruck einer Subjektivität, die willkürlich ihren Stoff und ihre Machart aussucht. Der Stil ist nicht die freie Phantasie des Verzauberer-Entzauberers à la Novalis oder à la Jean Paul, der jede prosaische Wirklichkeit in den Äther der Dichtung taucht. Er ist eine »absolute Art und Weise die Dinge zu sehen«. Diese scheinbar banale Formel enthält zugleich die Revolution und den Widerspruch dieser Revolution. Sie stößt zuerst das Prinzip der Repräsentation in ihrem Kern um, im gegliederten Zusammenhang des Prinzips der Gattungshaftigkeit und des Prinzips der Schicklichkeit. Der Stil ist nicht mehr, was er zur Zeit Batteux' war, nämlich die Anpassung der Sprechweisen an die Gattung und an die Figuren, diese Anpassung, die Balzac karikiert mit seinen Gaunern, die Argot sprechen, den Auvergnats, die Dia-

---

5   Flaubert, Brief an Louise Colet vom 16. Januar 1862, in: *Briefe*, S. 181/2.

lekt reden und den Bankiers, die mit deutschem Akzent sprechen. Der Stil ist nicht mehr die Anpassung der Rede an die Figuren und die Situationen, noch das System der Schmückungen, Redewendungen oder Stilfiguren, die einer Gattung geziemen. Er ist eine »Weise zu sehen«, das heißt, er ist gerade die Auffassung der Idee, diese Auffassung, die bei Batteux eine Vorstufe des Schreibens war und bei Balzac eine Vision, die das Schreiben scheitern lässt. Schreiben ist Sehen, Auge-Werden, es versetzt die Dinge in die reine Mitte ihres Angesehenwerdens, *das heißt* in die reine Mitte ihrer Idee. Und er ist eine »absolute« Weise zu sehen. Flaubert ist die Strenge der Metaphern so wichtig wie die der Bildbrüche. Man muss diesen Begriffen also eine starke und systematische Bedeutung verleihen. Eine »absolute Art und Weise die Dinge zu sehen« ist vor allem eine Sichtweise, die keinen anderen Bezug zu den Dingen hat als den des Sehens, keine »Idee« über ihnen, die sie von »ihrer« Idee trennt, das heißt von der Manifestation der Mitte ihrer Sichtbarkeit. Der Stil erschien als die Manifestation des freien Willens, der jede Materie vernichtet. Aber diese souveräne Freiheit wird sogleich mit ihrem Gegenteil gleichgesetzt. Eine »absolute Art und Weise die Dinge zu sehen« ist nicht die Möglichkeit, unter jedem beliebigen Gesichtspunkt ein Glas daraufzuhalten, das die Dinge beliebig vergrößert oder verkleinert, deformiert oder färbt. Im Gegenteil, sie ist eine Weise, die Dinge so zu sehen, wie sie sind, in ihrer »Absolutheit«.

»Absolut« bedeutet entbunden. Wovon sind die Dinge in dieser »Art und Weise zu sehen« entbunden? Die Antwort darauf ist klar: von den Weisen der Bindung, die den Charakteren und Handlungen eigen sind, welche die Gattungen der Repräsentation definierten und die angemessenen »Stile« bestimmten. Das System der Schicklichkeiten, das die repräsentative Fiktion regierte, betraf nicht nur die Weise, wie eine Prinzessin, ein General oder eine Schäferin ihre Gefühle ausdrücken oder einer gegebenen Situation entsprechen sollten. Das System der Schicklichkeiten und der Wahrscheinlichkeiten beruhte selbst auf bestimmten Ideen über die Weise, wie eine gegebene Situation ein bestimmtes Gefühl hervorrufen sollte und ein bestimmtes Gefühl eine bestimmte Aktion und diese Aktion jene Wirkung. Es beruhte gerade auf einer Vorstellung von dem, was ein Ereignis oder ein Gefühl ist, was denkende und sprechende, liebende oder handelnde Subjekte sind, was Ursachen sind, die handeln lassen und Wirkungen, die diese Ursachen hervorrufen würden. Es beruhte auf einer Vorstellung von der Natur. Und von dieser Vorstellung sind die Dinge in der Verabsolutierung des Stils losgebunden. Sie sind von den Formen der Repräsentation der Phänomene und von der Verbindung zwischen den Phänomenen, welche die Welt der Repräsentation definierten, entbunden. Sie sind frei von der Natur, die diese Welt begründet: von den Repräsentationsweisen der Individuen und der Verbindungen zwischen den Individuen; von ihrer Weise der Kausalität und der Folgerungen; kurz, von ihrer ganzen Bedeutungsanordnung.

Der verabsolutierte Stil ist also nicht die Verzauberung der Sätze um ihrer selbst willen. Man darf sich auch nicht täuschen über die Formel des Autors, der sagte: »Ich möchte Bücher verfassen, in denen man nur Sätze zu schreiben braucht [...], wie man, um zu leben, nur Luft einzuatmen braucht.«[6] Die Kraft der Sätze ist nämlich nicht die Atmung einer bestimmen »Luft«. Diese Luft, deren Atmung die Sätze von Madame Bovary wiedergeben müssen, war in *Die Versuchung des Heiligen Antonius* der Gegenstand einer Initiationsreise gewesen. Der große Versucher war ein Teufel ganz besonderer Art, ein spinozistischer Teufel. Zur Zeit des *Athenäums* hatte Friedrich Schlegel seinen Freunden vorgeschlagen, in der spinozistischen Theorie die Kenntnis »des Anfangs und des Endes aller Phantasie« zu sehen, das philosophische Prinzip des großen poetischen Realismus. Flaubert hat das »Gespräch über die Poesie« sicherlich nicht gelesen und sein Spinoza trägt die ein wenig karikierten Züge des Pantheismus des romantischen Zeitalters. Aber er täuscht sich nicht über das Wesentliche. Sein »Realismus«, das heißt die realistische Version der romantischen Poetik ist gut in der spezifisch spinozistischen Formel der »Harmonie des Ideellen und Reellen«[7] gegründet. In der zentralen Stelle der *Versuchung* nimmt der Teufel den Eremiten zu einer großen Reise durch den Raum mit. Er lässt ihn die »Luft« dieser großen

---

6 Flaubert, Brief an Louise Colet vom 25. Juni 1853, in: *Briefe*, S. 267.
7 Friedrich Schlegel, »Gespräch über die Poesie«, in: *Kritische Friedrich-Schlegel-Ausgabe*, S. 284–362, hier: S. 315.

Leere atmen, von der aus es möglich ist, die Dinge in ihrer »Absolutheit« zu sehen. Diese Leere ist nicht das Nichts. Sie ist das Sein selbst, da, wo es frei von seinen Attributen ist, oder eher, wo die Attribute nicht mehr von der Substanz getrennt sind, weder das Sein von den Qualitäten noch die Bestimmungen von der Macht des Unbestimmten. Die metaphysische Versuchung des Heiligen liefert die genauen Prinzipien der Poetik des verabsolutierten Stils. Dieser Stil ist nicht die Souveränität des Verfügenden über die Formen und die Sätze, die Manifestation des freien Willens eines Individuums, in dem Sinne, wie man das normalerweise versteht. Er ist im Gegenteil eine Kraft der Entindividualisierung. Die Macht des Satzes ist die Macht der Manifestation neuer Individuierungsformen: nicht mehr »Charaktere« der repräsentativen Poetik, deren Kohärenz Voltaire verlangte; aber auch nicht »Figuren« der Ausdruckspoetik, Figuren des fleischgewordenen Wortes, wie Hegel oder Hugo die Wandlung von der Sprache zum Stein oder vom Stein zum Text nachvollzogen. Dem Diener des fleischgewordenen Wortes setzt der Teufel die Göttlichkeit einer Welt entgegen, in der die Individuationen nur Affektionen der Substanz sind, die nicht mehr den Individuen angehören, sondern die sich im Zufall des Tanzes dieser »vereinigten Atome« zusammensetzen, »die in einer unaufhörlichen Vibration sich umarmen, sich verlassen und sich wiederfinden«. Die »absolute Art und Weise die Dinge zu sehen« ist die Fähigkeit, diese Vibration aufzuzeigen. Sie ist also identisch mit der Erfahrung des Verlustes, das heißt der Erweiterung der Individualität, die diese »zufälligen« Begegnungen darstellen, wie der Teufel dem Eremiten in Erinnerung ruft:

>»Oft hast du mit starrem Blick und geöffnetem Herzen wegen irgendetwas innegehalten, wegen eines Wassertropfens, einer Muschel, eines Haars.
>Der Gegenstand, den du betrachtet hast, schien sich deiner zu bemächtigen, in dem Maße als du dich ihm zuwendetest, die Verbindungen sich knüpften; ihr habt euch aneinander gedrückt, ihr habt euch über unzählige feine Verwachsungen berührt. Dann sahst du nicht mehr, weil du so lange hingesehen hast; zuhörend hörtest

du nichts und selbst dein Geist verlor den Begriff dieser Besonderheit, die ihn wach hielt.«[8]

Das Gedicht der Prosa ist möglich, weil die »Prosa der Welt« selbst nur die oberflächliche Ordnung ist, in der sich die Macht der großen Unordnung verwirklicht. Es geht nicht darum, die prosaische Wirklichkeit zu »repoetisieren«. Diese stellt selbst dem aufmerksamen Beobachter ihre Auflösung dar. Die Anwesenheit des Künstlers in seinem Werk, die wie die Anwesenheit »Gottes in der Natur« ist, besteht in ihrer Zerstreutheit. Der Stil ist nicht Sache der Sätze, weil er zuerst Angelegenheit der »Auffassung« ist. Es gibt keine der Literatur eigene Sprache, nur eine Syntax, die vor allem eine Ordnung des Sehens ist, das heißt eine Unordnung der Repräsentation. Das romantische Verhältnis zwischen Subjektivem und Objektivem, Bewusstem und Unbewusstem, Individuellem und Kollektivem, auf dessen Natur Hegel die substanzielle Poetik des Volksbuches und die Poetik der unbedingten Phantasie einander entgegenstellte, ist hier in dem Verhältnis des Stils als Sichtweise und einer neuen Individuationsordnung konzentriert. Hier erhält der spinozistische Bezug seinen operativen Wert. Er stellt das Prinzip einer Revolution in der Fiktion dar, einer Umkehrung der Ontologie und der Psychologie, die dem repräsentativen System eigen waren. An die Stelle der Individuentypen, der Mechanismen der Leidenschaften oder der Verkettungen der Handlungen, setzt der verabsolutierte Stil den Tanz der vom großen Fluss des Unendlichen getragenen Atome, die Kraft der Wahrnehmungen und die entbundenen Zuneigungen, die Individuationen, in denen sich die Individuen verlieren, die »große Langeweile«, welche die Idee selbst ist. Die Idee ist nämlich nicht mehr das Modell des repräsentativen Systems, sie ist die Mitte der Vision, das Unpersönlich-Werden, in dem die Position des Sehers mit der Position dessen, was gesehen wird, zusammenfällt. Und genau die Gegenüberstellung von zwei Poetiken sollte am Ende von *Madame Bovary* die Begegnung von Charles und Rodolphe

---

8   Gustave Flaubert, *La Tentation de Saint Antoine*, Version de 1849, Paris 1924, S. 417 und 419.

inszenieren, bei der die fiktionale Überlegenheit des Liebhabers, der über den Ehemann triumphiert, der alles verloren hat, sich in die Niederlage der alten Poetik gegen die neue umkehrt. Rodolphe tut so, als ob er die Fragen des Ehemanns nicht hören würde, der die Geschichte seiner Begegnungen mit Emma hören will. Er findet es komisch, wie er eine »Schicksalhaftigkeit« anklagt, die er sich doch schmeichelt, recht geschickt geleitet zu haben. Doch seine Selbstgefälligkeit ist nur die Naivität der Verfechter der alten Poetik, ähnlich der Eitelkeit von Homais, der vor seinem Spiegel aufsagt: *cogito, ergo sum.* »Denn er verstand nichts von dieser begierigen Liebe, die sich (auf gut Glück) auf die Dinge stürzt, um sich zu befriedigen, nichts von der Leidenschaft ohne Stolz, ohne menschliche Achtung noch Bewusstsein, die sich ganz in das geliebte Wesen versenkt, seine Gefühle völlig in Beschlag nimmt, daran erzittert und beinahe die Proportionen einer reinen Idee berührt, so sehr weit und unpersönlich ist sie.«[9]

»In die Idee eindringen« bedeutet also die Macht des Blicks und des Satzes mit dieser großen Passivität der reinen Idee zusammenfallen zu lassen, mit dieser »Gier« einer Liebe, die sich ihre eigene Enteignung aneignen will. Die »Freiheit« des künstlerischen Willens ist das Zusammentreffen zwischen der Tat des Künstlers, der reines Auge geworden ist, und dieser »die Proportionen einer reinen Idee berührenden« Leidenschaft. Die Gleichheit des Unpersönlich-Werdens der Erkenntnis und des Unpersönlich-Werdens der Leidenschaft definiert diese poetische »Mitte«. Diese Mitte ist nicht mehr die hegelsche substanzielle Bindung des Dichters an den Gegenstand des gemeinsamen Glaubens. Sie ist auch nicht die Atmosphäre der Verzauberung, die von der reinen Phantasie eines absoluten *Ichs* auf jede prosaische Wirklichkeit projiziert wird. Der »freie Wille« des Künstlers ist ident mit dem vollständigen Eindringen in diese in ihren Gegenstand versunkene Leidenschaft, in die Unendlichkeit der Perzeptionen und Affektionen, dieser Atomkombinationen, die »ein« Subjekt und »eine« Liebe ausmachen. Sie ist die Identität eines *amor intellectualis Dei* mit dieser

---

9 Gustave Flaubert, *Madame Bovary, fragments et scénarios inédits*, hg. von Gabriele Leleu, Paris 1949, Bd. II, S. 587 (diese Stelle ist aus der endgültigen Version des Buches gestrichen worden).

Leidenschaft, deren radikale »Dummheit« dem Glanz der reinen Idee gleicht. Diese Identität gibt der Unabtrennbarkeit der neuen Form und der von der romantischen Poetik geforderten Idee eine neue Grundlage. Doch sie tut das nur zum Preis einer Perspektivenumkehrung. Der Gegensatz zwischen dem hegelschen Objektivismus und dem Subjektivismus der Denker und Dichter des *Athenäums* gründete in letzter Instanz auf derselben Grundannahme, die diese Immanenzbeziehung mit dem Modell des fleischgewordenen Wortes gleichsetzte. Die ästhetische Idealität war die Anwesenheit des Sinns inmitten des Sinnlichen, der Sprache inmitten der Stummheit, und das bis in ihre extremsten Formen. Die Massivität der Pyramide, die unfähig ist, die Gottheit auszudrücken, oder umgekehrt die Ironie, die allen Inhalt zerstört, waren noch Zeugnisse des Wortes. Die Macht der Idee war die Macht der Verkörperung. Sie war die Anwesenheit des Sinns, der inmitten der sinnlichen Eigenschaften leuchtete. Doch als der flaubertsche »freie Wille« mit der absoluten Aufgabe des Subjekts gleichgesetzt wurde, drehte sich die Auffassung der Idee selbst um. Die Idee ist gerade die Gleichheit jeder Bestimmung mit der Macht des Unbestimmten, sie ist das Unsinn-Werden jedes Sinns. Die ästhetische Idealität war die Übereinstimmung zwischen dem Sinnlichwerden des Sinns und dem Sinnlichwerden des Sinnlichen. Sie ist nunmehr umgedreht. Sie ist die Übereinstimmung eines unsinnig gewordenen Sinns mit einem apathisch gewordenen Sinnlichen, mit seiner »versteckten und unendlichen Unerschütterlichkeit«.[10] Die klassische »Plastizität« der Form setzte bei Hegel die ethische »Substanzialität« der epischen Welt voraus, welcher sich der aus den Fugen geratene Bezug zwischen Idee und Materie entgegenstellte, versinnbildlicht in der Massivität des ägyptischen Symbolismus oder der Vergänglichkeit der romantischen Ironie. Flaubert erfindet als Ersatz für dieses verlorene Hellenentum einen »ägyptischen« Roman, ein Verhältnis der Passivität der Idee zum Glanz des Satzes, das ganz ähnlich dem Verhältnis zwischen der großen Leere, der großen Wüste Ägyptens und dem feierlichen Adel der

---

10 Flaubert, Brief an Louise Colet vom 9. Dezember 1862, in: *Correspondance*, Bd. II, S. 204.

Haltungen oder dem Glanz eines Schmuckstücks auf dem Arm eines Zerlumpten ist.[11]

Die ästhetische Umkehrung des »freien Willens« und seine Unterwerfung unter die »reine Idee« der dummen Leidenschaft vollziehen also im Verhältnis zur romantischen Poetik dieselbe Umkehrung, die der philosophische Idealismus erfuhr, als Schopenhauer den Sinn des Wortes »Wille« umdrehte und ihn nicht mehr die Autonomie eines Subjekt bezeichnen ließ, das nach der Verwirklichung seiner Ziele strebt, sondern den großen unbestimmten Grund, der unter der Welt der Repräsentation liegt, unterhalb des Vernunftprinzips. Es ist nicht anzunehmen, dass es irgendeinen »Einfluss« hierbei gibt. Der Autor des »Buches über nichts« kennt nicht den »buddhistischen« Philosophen, dessen Ruhm erst kommen sollte. Doch der Spinozismus des Romanciers, dieser vom romantischen Pantheismus der 1830er Jahre geprägte Spinozismus, der in den 1840er Jahren die Färbung des buddhistischen »Kults des Nichts« annimmt, trifft sich genau mit dem, den der Philosoph anspricht, um die ästhetische Betrachtung als Erkenntnis der Idee mit der Erkenntnis *sub specie aeternitatis* zu identifizieren.[12] Er vollführt dieselbe Umkehrung der »intellek-

---

11 »Ich habe Tänzerinnen gesehen, deren Körper sich mit der Regelmäßigkeit oder der empfindungslosen Besessenheit einer Palme wiegten. Dieses Auge voller Tiefen, das Farbverdichtungen aufweist wie das Meer, drückt nichts anderes aus als Ruhe, Ruhe und Leere, wie die Wüste. [...] Das sie erfüllende Gefühl des Schicksalhaften, die Überzeugung von der Nichtigkeit des Menschen gibt ihren Handlungen, ihren Stellungen, ihren Blicken einen grandiosen und resignierten Charakter. Die sich allen Bewegungen anpassenden losen Gewänder stehen durch die Linien stets in Beziehung zu den Funktionen des Individuums und durch die Farbe zum Himmel usw., und dann die Sonne! die Sonne! Und eine unendliche Langeweile, die alles verschlingt. [...] Ich erinnere mich an einen badenden Mann, der an einem Arm ein silbernes Armband trug und an dem andern ein Blasenpflaster. Das ist der wahre Orient und infolgedessen der poetische.« Flaubert, Brief an Louise Colet vom 27. März 1853, in: *Briefe*, S. 238f.
12 »Wenn man, durch die Kraft des Geistes gehoben, die gewöhnliche Betrachtungsart der Dinge fahren lässt, aufhört, nur ihren Relationen zu einander, deren letztes Ziel immer die Relation zum eigenen Willen ist, am Leitfaden der Gestaltungen des Satzes vom Grunde, nachzugehn, also nicht mehr das Wo, das Wann, das Warum und das Wozu an den Dingen betrachtet; sondern einzig und allein das *Was*; auch nicht das abstrakte Denken, die Begriffe der Vernunft,

tuellen Intuition«. Diese geht vom Subjektivismus des fichteschen Ich = Ich zur spinozistischen Objektivität der intellektuellen Liebe Gottes über, um den Preis jedoch, diesem Gott die Gestalt einer Abwesenheit und dieser Liebe die Eigenschaft einer Passivität zu geben. Der Romancier vollführt dieselbe Bewegung, nicht jedoch als Anwendung einer entliehenen Philosophie, sondern als die einzige Lösung der strengen Formulierung des romantischen Problems: aus dem Roman etwas der unmöglichen Heldendichtung Gleichwertiges zu machen, den modernen Ersatz einer verlorenen romantischen Klassizität herzustellen. Die theoretischen Vorschläge der Briefe Flauberts sind keineswegs der ungefähre

---

das Bewusstsein einnehmen lässt; sondern, statt alles diesen, die ganze Macht seines Geistes der Anschauung hingibt, sich ganz in diese versenkt und das ganze Bewusstsein ausfüllen lässt durch die ruhige Kontemplation des gerade gegenwärtigen natürlichen Gegenstandes, sei es eine Landschaft, ein Baum, ein Fels, ein Gebäude oder was auch immer; indem man, nach einer sinnvollen Deutschen Redensart, sich gänzlich in diesen Gegenstand *verliert*, d. h. eben sein Individuum, seinen Willen, vergisst und nur noch als reines Subjekt, als klarer Spiegel des Objekts bestehend bleibt; so, dass es ist, als ob der Gegenstand allein da wäre, ohne jemanden, der ihn wahrnimmt, und man also nicht mehr den Anschauenden von der Anschauung trennen kann, sondern Beide Eines geworden sind, indem das ganze Bewusstsein von einem einzigen anschaulichen Bilde gänzlich gefüllt und eingenommen ist; wenn also solchermaßen das Objekt aus aller Relation zu etwas außer ihm, das Subjekt aus aller Relation zum Willen getreten ist: dann ist, was also erkannt wird, nicht mehr das einzelne Ding als solches; sondern es ist die *Idee*, die ewige Form, die unmittelbare Objektität des Willens auf dieser Stufe: und eben dadurch ist zugleich der in dieser Anschauung Begriffene nicht mehr Individuum: denn das Individuum hat sich eben in solche Anschauung verloren: sondern er ist *reines*, willenloses, schmerzloses, zeitloses *Subjekt der Erkenntnis*. Dieses für jetzt so Auffallende, (von dem ich sehr wohl weiß, dass es den von Thomas Paine herrührenden Ausspruch, ›du sublime au ridicule il n'y a qu'un pas‹, bestätigt) wird durch das Folgende nach und nach deutlicher und weniger befremdend werden. Es war es auch, was dem Spinoza vorschwebte, als er niederschrieb: mens aeterna est, quatenus res sub aeternitatis specie concipit [der Geist ist ewig, sofern er die Dinge unter dem Gesichtspunkt der Ewigkeit auffasst] (›Ethica‹. 5, prop. 31, schol.)« Arthur Schopenhauer, *Die Welt als Wille und Vorstellung*, Bd. I, Frankfurt/M. 1986. S. 257f. Man wird dabei dieselbe Nähe des Erhabenen zum Lächerlichen bemerkt haben wie in der Figur des Charles am Ende von *Madame Bovary*. Man wird auch dieses »willenlose, schmerzlose, zeitlose *Subjekt*« erkannt haben, das die proustsche epiphanische Erfahrung kennzeichnet.

Ausdruck eines autodidaktischen Spinozismus. Sie formulieren genau die Metaphysik der Literatur, die Umkehrung, die der antirepräsentativen Poetik eine kohärente Grundlage in einer Metaphysik der Antirepräsentation bietet. Hier kehrt sich die Poetik des »Buches aus Stein« in die Poetik der Steinmauer und der »tibetanischen« Wüste um. Die Umkehrung des Verhältnisses von Sinn und sinnlicher Manifestation ist weder einfach die Erfahrung der »Entwerkung« des Werkes, so wie Blanchot sie denkt, noch der »nihilistische« Umschlag des bürgerlichen Fortschrittsglaubens, zu dem Sartre sie machen will. Indem Flaubert die Identität von Denken und Kieselstein an die Stelle der Identität von Gedicht und Kathedrale setzt, hebt er den Abstand zwischen der Poetik der Literatur und ihrer Theologie auf. Er begründet positiv die Literatur als Ausführung einer romantischen Modernität, die vom Dilemma zwischen der epischen Sehnsucht und der leeren Selbstfeier der Phantasie befreit ist.

Der häufig genannte Abstand zwischen seiner Praxis als Romancier und seinem Bewusstsein als Künstler existiert also nicht. Als Genette damals die Momente der Träumerei kommentierte, bei denen die flaubertsche Erzählung zu stocken schien, sprach er von diesem »Verweis des Diskurses auf seine schweigsame Rückseite, der für uns heute die Literatur selbst ist«. Doch dieser Verweis zeigte sich, ihm zufolge, nur durch die Momente des Schweigens, welche die klassische narrative Logik der Aktion und der Figuren, der Ereignisse und Gefühle unterbrachen. Flaubert machte also »Literatur«, ohne es zu wissen. »Sein literarisches Bewusstsein war nicht auf der Höhe seines Werkes und seiner Erfahrung und konnte es auch nicht sein.«[13] Doch es besteht kein Gegensatz zwischen einer geraden Logik der Aktion und den Momenten der Unterbrechung. Diese Momente – diese flüchtigen Kompositionen von autonom gemachten Affektionen und Perzeptionen – machen tatsächlich gerade das Gewebe der »Gefühle« der Figuren und der »Ereignisse«, die ihnen zustoßen, aus. So ist es keine träumerische Unterbrechung, sondern im Gegenteil eine entscheidende Beschleunigung der Aktion, die diese Augenblicke

---

13 Gérard Genette, »Silences de Flaubert«, *Figures I*, Paris 1966, S. 242.

des »Schweigens« erzeugen, welche in *Madame Bovary* die Begegnung von Charles und Emma ausmachen.

»Sie sprachen zuerst über den Kranken, dann über das zur Zeit herrschende Wetter, die strenge Kälte, die Wölfe, die nachts über die Felder liefen. Mademoiselle Rouault gefiel es wenig auf dem Lande, zumal jetzt, da die Sorge um den Gutsbetrieb fast allein auf ihr lastete. Weil es im Zimmer kalt war, klapperte sie beim Essen mit den Zähnen, dadurch öffneten sich leicht ihre vollen Lippen, an denen sie, wenn sie schwieg, zu nagen pflegte. [...]
Als Charles sich oben vom Vater Rouault verabschiedet hatte und, bevor er ging, nochmals ins Zimmer trat, stand sie am Fenster, drückte die Stirn an die Scheibe und blickte auf den Garten, wo der Wind die Bohnenstangen umgeworfen hatte. Sie wandte sich um.
»Suchen Sie etwas?«, fragte sie.
»Meine Reitpeitsche, mit Verlaub«, antwortete er.
Und er begann nach ihr zu stöbern, auf dem Bett, hinter den Türen, unter den Stühlen; sie war zwischen den Säcken und der Wand zu Boden gefallen. Mademoiselle Emma entdeckte sie und beugte sich über die Getreidesäcke. Charles eilte rücksichtsvoll hinzu, und da auch er mit der gleichen Bewegung den Arm ausstreckte, spürte er, wie seine Brust den Rücken des unter ihm gebückten jungen Mädchens berührte. Ganz rot im Gesicht richtete sie sich wieder auf und warf ihm, als sie ihm den Ochsenziemer reichte, über die Schulter hinweg einen Blick zu.
Anstatt, wie versprochen, nach drei Tagen wieder nach Les Bertaux zu kommen, kam er bereits tags darauf [...]«[14]

Der Romancier ist sich hier vollkommen dessen bewusst, was er tut, wenn er die Aussagen und die Wahrnehmungen in dasselbe System der Unbestimmtheit taucht; wenn er Charles in der Betrachtung Emmas innehalten lässt, die ihrerseits in der Betrachtung von umgeworfenen Bohnenstangen vertieft ist; wenn er diese Betrachtung durch jene unvorhergesehene Frage über eine

---

14 Gustave Flaubert, *Madame Bovary*, aus dem Französischen von Maria Dessauer, Frankfurt/M. 2007, S. 26f.

Suche unterbricht, die von nichts angedeutet wurde; oder wenn er diesen Absatz streicht, der die gedankenverlorene Rückkehr von Charles beschrieb, um uns grundlos die Wirkung der leichten Berührung eines Rückens und einer Brust zu zeigen. Er ersetzt die traditionellen Antriebe und Manifestationen der Leidenschaften durch eine Liebe, die aus einer reinen Kombination von Affekten und Perzepten besteht: angeknabberte Lippen, Blick aus einem Fenster, Körperberührung, Kreuzung der Blicke, Erröten. Er setzt an die Stelle der repräsentativen Ordnung der Natur diese große Unordnung, oder diese höhere Ordnung, von der die umgeworfenen Bohnenstangen hier vor dem Blick Emmas zeugen, wie in den Augen ihres Romanciers die vom Hagel zerstörten Obstspaliere zeugen.[15] Der starre Blick Emmas unterbricht nicht die Handlung. Er fixiert ihren Kern, diese »versteckte und unendliche Unerschütterlichkeit« der Dinge, die der gemeinsame Herd der »gierigen Leidenschaft« der Figuren und der ungetrübten Auffassung des Buches und der Sätze des Romans ist. Der Romancier weiß, was er macht, philosophisch gesprochen: eine Ordnung durch eine andere ersetzen. Und er kennt die Mittel, die er zu diesem Zweck anwendet, diese Umleitungen der Syntax, für die Proust und andere einen Begriff geprägt haben: erlebte Rede, nicht um eine Stimme durch eine andere sprechen zu lassen, sondern um jede Spur einer Stimme auszulöschen; das Imperfekt, verwendet nicht als zeitliches Kennzeichen der Vergangenheit, sondern als modale Aufhebung des Unterschiedes zwischen Wirklichkeit und Bewusstseinsinhalt; Schweben des anaphorischen Pronomens (»er begann zu schmökern... sie war gefallen...«) oder die Funktion eines »und«, das isoliert, anstatt zu verbinden. Das Mittel, etwas den »dummen« Werken der Genies von damals Gleichwertiges zu erzeugen, absichtlich die Identität des Absichtlichen und

---

15 »Ich habe nicht ohne ein gewisses Vergnügen meine zerstörten Obstspaliere betrachtet, all die zerschlagenen Blumen, den Gemüsegarten, in dem alles drunter und drüber liegt. Bei der Betrachtung all dieser kleinen künstlichen Arrangements des Menschen, die in fünf Minuten umgestoßen werden konnten, habe ich bewundert, wie die wahre Ordnung sich in der falschen wiederherstellt.« (Brief an Louise Colet vom 12. Juli 1853, in: *Die Briefe an Louise Colet. Aus dem Französischen von Cornelia Hasting*, Zürich 1995, S. 747)

des Unabsichtlichen zu verwirklichen, ist dieser antisyntaxistische Gebrauch einer Syntax, die ihre gewöhnliche Fähigkeit auflöst: das Objektive vom Subjektiven zu unterscheiden, eine kausale Ordnung zwischen den Handlungen oder den Gefühlsregungen herzustellen, das Beiläufige dem Hauptsächlichen unterzuordnen. So kann der »freie Wille« des romantischen Künstlers mit der absoluten Passivität der in ihren Gegenstand verlorenen Betrachtung zusammenfallen. So kann die Gestalt der passiv in die Belanglosigkeit ihrer umgeworfenen Bohnenstangen vertieften Emma das Äquivalent der griechischen bildhauerischen Gestalt werden, die vom kollektiven Bewusstsein der Göttlichkeit belebt wird.

Es gibt also keine Trennung zwischen der geraden Linie der Erzählung und dem »literarischen« Schweigen, das sie unterbrechen würde. Es gibt nur eine einzige Linie, aber in ihr spielt sich auch der Widerspruch ab. Denn die Linie läuft jederzeit Gefahr, vom Weg abzukommen, um Parade des Autors oder Plattheit der Prosa der Welt zu werden. Nicht, dass der Satz alles wäre. Der Stil ist gänzlich in der »Auffassung des Stoffes«, in diesem »Faden«, der die »Perlen« der Kette verbinden muss – oder die Fragmente des schlegelschen Kranzes. *Die Versuchung des Heiligen Antonius* begnügte sich damit, diese Perlen lose anzuhäufen. Die »Auffassung des Stoffes« muss sie verbinden. Bloß setzt jeder Satz, jede Satzverkettung diese »Auffassung« aufs Spiel und legt den Widerspruch offen, der sie bewohnt. Denn die »Auffassung« ist in Wirklichkeit zwei Dinge zugleich: die klassische Leitung einer dramatischen Handlung, wie sie das repräsentative System festsetzte; und das, was sie auflöst, diese visionäre Fähigkeit, die sie unmerklich Satz für Satz aufhebt, um unter der banalen Prosa der gesellschaftlichen Kommunikationen und den gewöhnlichen narrativen Verknüpfungen die poetische Prosa der großen Ordnung oder der großen Unordnung spürbar zu machen: die Musik der entfesselten Affektionen und Perzeptionen, die zusammengemischt sind im großen gleichgültigen Fluss des Unendlichen. Die »Auffassung« ist gerade der aktive Widerspruch zwischen den zwei Poetiken. Deshalb ist hier der Ausdruck Musik mehr als eine Metapher und die berühmten flaubertschen Sätze, die vom Klang des Satzes verlangten, die Wahrheit der Idee zu beweisen, sind mehr als Ästhetenscherze.[16] Sie formulieren nämlich den konstitutiven Widerspruch der Literatur neu, diesen Widerspruch, den das »Buch über nichts« beanspruchte, hinter sich gelassen zu haben. Der Stil als Art und Weise des Sehens sollte, mit dem Umsturz der Ökonomie des Ausdruckssystems den Widerspruch aufheben können und die Subjektivität des Romanschreibens mit der Objektivität der Vision in Übereinstimmung bringen. Bloß setzt sich diese Übereinstimmung in jedem Satz der Gleichwertigkeit der narrativen Syntax und der kontemplativen Antisyntax aus. Die gerade Linie der Erzählung wird nicht von Augenblicken der Betrachtung durchschnitten, sie besteht gerade aus diesen Augenblicken: Die repräsentative Erzählung besteht aus Atomen der Antirepräsentation. Doch die Kunst der Antirepräsentation hat einen Namen, sie heißt Musik. Die Musik, sagt Schopenhauer, ist direkter Ausdruck des »Willens«. Noch einmal, es ist nicht nötig, ihn gelesen zu haben, es genügt, ein konsequenter romantischer Künstler zu sein, um dieselbe Logik in diesem Stil am Werk zu finden, der die Unbedingtheit des künstlerischen »Willens« vollendet. Flauberts »bildhauerisches« Ideal möchte ausgehend vom Tanz der losen Atome die epische Objektivität wiederaufbauen. Aber dieser Tanz lässt sich nicht figürlich darstellen. Er lässt sich nur als die Musik des Satzes hören. Das verleiht dem allzu berühmten flaubertschen »*gueuloir*«, dem Schreizimmer, in dem er seine Texte sich selbst laut vorzulesen pflegte, seine Rolle. Der Stil ist ganz in der »Auffassung«. Doch der Schriftsteller, der seine Sätze schmiedet, beschwert sich ständig darüber, in dem, was er schreibt, »nichts zu sehen«. Er muss also die Mühe der Überprüfung dieser Wahrheit der Vision, die sich nicht sehen lässt, dem Klang des Satzes überantworten. Die »Vision« des balzacschen »Spezialisten« legte sich der Schrift des Romans quer. Flauberts Vision des Stils setzt sich mit ihrer Ausführung gleich, doch nur unter der Bedingung, sich darin unsichtbar zu machen, darin Musik zu werden. Die

---

16 Vgl. »Je schöner eine Idee ist, desto klingender ist der Satz [...]« (Flaubert, Brief an Leroyer de Chanteprie vom 12. Dezember 1857, in: *Briefe*, S. 401) oder: »Wenn ich in einem meiner Sätze eine schlechte Assonanz oder eine Wiederholung finde, bin ich sicher, dass ich im Falschen herumplantsche.« (Flaubert, Brief an George Sand, März 1876, in: *Briefe*, S. 649)

»absolute Art und Weise zu sehen« lässt sich nicht sehen. Sie lässt sich nur hören, wie die Musik dieser Atome der Antirepräsentation, aus denen sich die Roman-»Geschichte« zusammensetzt. Der Stil als Art und Weise zu sehen, der die repräsentative Logik beseitigt, muss auch dieses Verschwinden unsichtbar machen, indem er Musik wird: die Kunst, die spricht, ohne zu sprechen, die vorgibt, zu sprechen, ohne zu sprechen. Die schöne bildhauerische Form, die den Satz des Buches über nichts mit einer griechischen Statue vergleichbar machte, wird nun mit der Stummheit der Musik gleichgesetzt. Doch diese Stummheit neigt selbst zur Grenze, wo sie gleich ist mit der gewöhnlichen Plattheit der Sprache. Indem Mademoiselle Rouault ihre Kontemplation beendet und den Arzt fragt, was er sucht, von dem wir nicht wussten, dass er etwas gesucht hatte, bringt sie eine ganze Welt der Kausalität zu Fall. Doch damit dieser Zusammenbruch ihre Liebe existieren lässt, muss er sich in der Plattheit eines absolut unbedeutenden Dialogs auflösen: »Sie wandte sich um. ›Suchen Sie etwas?‹, fragte sie. ›Meine Reitpeitsche, mit Verlaub‹, antwortete er.« Der Tanz der Atome ist nur die Musik eines Verschwindens, die Musik eines doppelten Schweigens, das die Plattheit einer narrativen Aussage (»Sie drehte sich um.«) der kontemplativen Episode, die ihr vorausgeht (der Anblick der umgeworfenen Bohnenstangen) von dem minimalen Dialog trennt, der ihr nachfolgt.

Das hegelsche Dilemma taucht also von Neuem auf, und zwar in doppelter Weise. Die neue »Bildhauerei« der Idee, die dem Roman die verlorene Objektivität der Heldendichtung zurückgeben wollte, löst sich in dieser Musik auf, die für Hegel die Kunst der leeren Innerlichkeit war, die Kunst, die ihre Stummheit – ihre Unfähigkeit, einer Idee Gestalt zu verleihen – einem unmittelbaren Ausdruck der innersten Subjektivität in der Objektivität in klanglicher Weise angleicht. Über den entgegengesetzten Weg trifft der Objektivismus des Stils den Subjektivismus des »Humors«: Der Bezug der Idee zu ihrer Manifestation ist darin ebenso unendlich. Doch die Verunendlichung der Kunst geht bei Flaubert nicht mehr über diese Selbstausstellung vor sich, die Hegel beklagte. Sie verläuft im Gegenteil über ihr Unsichtbar-Werden, über ihre Gleichsetzung mit der stummsten der stummen Schriften. Dadurch tritt der absolute Stil in ein neues Verhältnis ein, ein radikaleres Verhältnis der Komplizenschaft mit der stumm-geschwätzigen Schrift. Nicht, indem der Unterschied des Stils sich auflöst, wie bei Jean Paul, sondern indem er sich bildet, ist er gleich der Demokratie des herumirrenden Buchstabens. Sicherlich haben die Kritiker der Zeit das besser bemerkt als Sartre. Dieser schreibt die Stummheit und die Mineralität der flaubertschen Schrift dem nihilistischen Aristokratismus der Bürgersöhne nach 1848 zu. Die damaligen Kritiker setzen wie er den Gegensatz vor und nach '48 fest, doch was sie auf die großen aufgegebenen Utopien folgen sehen, ist nicht die »Säule des Schweigens« des nihilistischen Ästheten, sondern die nackte Demokratie, die Herrschaft der Gleichheit. Diese werden in Emmas Bildung aus zweiter Hand und in ihrer fieberhaften Begierde nach Genüssen versinnbildlicht; doch sie werden ebenso in dieser Gleichheit der Schrift verwirklicht, die allen Menschen und allen Dingen dieselbe Wichtigkeit und dieselbe Sprache zubilligt.[17] Ein Steinklopfer-Stil, wird Barbey d'Aurevilly sagen, der damit klar das mineralische Thema nicht mit dem Aristokratismus des Ästheten verbindet, sondern mit der Wiederholung der Bewegung des Arbeiters, ohne jedoch zu wissen, dass der Romancier selbst vor ihm diese Metapher verwendet hatte.[18]

Doch vielleicht verfehlen diese Kritiken auch die spezifische Verbindung des absoluten Stils mit der Demokratie der stummgeschwätzigen Schrift. Wenn die beispielhaften Figuren des »Stil-Buches« Helden der demokratischen »Gleichheit« sind, dann insofern sie die verlorenen Kinder des Buchstabens sind: Emma Bovary ist die Schwester von Véronique Graslin, wie sie durch die

---

17 So beklagt der Artikel von A. de Pontmartin (»Le roman bourgeois et le roman démocrate: MM. Edmond About et Gustave Flaubert«) diese »unerbittliche Gleichheit«, die »das Gute und das Böse, das Schöne und das Hässliche, das Große und das Kleine, das lebendige Geschöpf und den leblose Gegenstand, die Seele und die Materie« auf dieselbe Ebene stellt. (*Nouvelles causerie du samedi*, S. 326). Bezeichnenderweise wird Flaubert die Formel in den Notizen, die dem Ende von *Bouvard und Pécuchet* gewidmet sind, auf seine Kappe nehmen: »Gleichheit von allem, von Gut und Böse, der Farce und des Erhabenen, des Schönen und des Hässlichen, des Unbedeutenden und des Charakteristischen.«
18 »Auf, voran, blick nicht vor noch zurück! zerklopfe Steine wie ein Arbeiter [...]« Flaubert, Brief an Louise Colet vom 27. März 1853, in: *Briefe*, S. 243.

Lektüre von *Paul und Virginie* ihrem Stand entrissen ist. Bouvard und Pécuchet radikalisieren die Fabel von Don Quijote eben dadurch, dass sie Kopisten sind, Wesen, die der bloßen Kopie des Buchstabens geweiht sind und die auf die Idee kommen, durch Überschreitung seinen Sinn zu verkörpern. Doch Flaubert kann nicht mehr wie Cervantes und danach Sterne oder Jean Paul seine Kunst als Beherrscher des Romanspiels auf Kosten seiner Figuren behaupten. Und er lehnt die balzacsche Abdankung ab, die eine »wahrhafte« Schrift des Lebens in Szene setzt, die den Wörtern des Romans entgegengesetzt ist. Die Arbeit des Stils besteht darin, die stumm-geschwätzige Schrift von ihr selbst zu trennen, ihr Geschwätz zum Schweigen zu bringen, um die Musik ihrer Stummheit erklingen zu lassen. Was ist »das Mittelmäßige gut schreiben« anderes, als im Geschwätz das Schweigen hörbar zu machen, das es begleitet? Die Szene des Lion d'or in *Madame Bovary* gut schreiben heißt, das nichtige Geschwätz der Gäste des Gasthauses in seiner unrettbaren Dummheit zu beschreiben, bedeutet zugleich, Zeile für Zeile die Verbindungen aufzulösen, die diesen Unsinn als Sinn geltend machen, sein Nichts in ein anderes Nichts zu verwandeln. Das bedeutet, in seiner Undurchsichtigkeit die Leere der großen Wüste des Orients durchscheinen zu lassen, die Leere der großen Langeweile, die im Kern des Ganzen ist und das Ganze rettet. Das Buch über nichts verwandelt die Dummheit der Welt in Dummheit der Kunst. Es lüftet unmerklich das große gleichmäßige Tuch der Sprache, die sich selbst sagt – die Dummheit der Welt –, um wie ein Riss auf seiner Oberfläche die Sätze des Buches und die stummen Leben der Figuren, dieser »dunklen, von Melancholie feuchten Seelen« existieren zu lassen, die ein anderer Brief als den vom Moos überwucherten Hinterhöfen der Provinz ähnlich bezeichnet. Die Lieben von Charles und Emma sind solche einzigartigen Risse auf der Oberfläche der Dummheit, das heißt der gemeinen Sprache, die geradeaus geht und bereits von vornherein für sie gesprochen hat. Doch einzig die Leere trennt jeden dieser Risse im gemeinsamen Gewebe, das sie wiederaufgenommen haben wird, wenn Emma in der Erde ruhen wird unter der Inschrift von Homais, und wenn die »gierige Leidenschaft« von Charles, die beinahe die »Proportionen der reinen Idee« berühren, im letzten Urteil von Rodolphe verschwunden sein wird. Doch der Romancier, der ihnen die Chance gibt, wie eine Klammer des Schweigens im Geschwätz von Homais zu existieren, muss selbst in jedem Augenblick den Unterschied beseitigen, der sie sein lässt, muss ihre Sätze, die Sätze der großen Liebe und der großen Langeweile, den Sätzen der gewöhnlichen Dummheit ähnlich machen. Die Stummheit tönt unter dem Geschwätz nur unter der Bedingung, dass sie ihr Schweigen verdoppelt.

Somit wird das Schicksal der Figuren das der Schrift selbst. Der Stil erzeugt Zeile für Zeile den Unterschied einer Leere, in der er selbst verschwindet. Und seine letzte Vervollkommnung ist seine radikale Aufhebung. Am Ende von *Bouvard und Pécuchet* kehren die verlorenen Kinder des Buches zu ihrem Kopierpult zurück. Doch sie schreiben nur mehr irgendetwas Beliebiges, das ist die Kehrseite ihrer Bemühungen: Sie haben die Wissenschaft des Jahrhunderts in die Praxis umsetzen wollen; sie kopieren die Enzyklopädie seiner Dummheit, sie geben die Materialien ihres Buches einer bedeutungslosen Verzettelung preis, die Materialien, die der Autor kopieren hat müssen, um sie existieren zu lassen, und die er selbst als Schlussfolgerung und Aufhebung ihrer autonomen Existenz wiederum kopiert. Sie lösen ihr Buch und das seine auf. Auf diesem Weg finden sie ganz selbstverständlich die beispielhafte Fabel der Literatur, die Fabel vom zerstückelten Buch wieder. Doch diese Fabel ist nun radikalisiert und zieht in ihre Radikalität das Projekt der Literatur selbst hinein. In dem, was das elfte Kapitel des Romans hätte sein sollen, kaufen Bouvard und Pécuchet das Lager einer bankrotten Papierfabrik auf, um darauf die Zeilen von Tabaktüten, alter Zeitungen und verloren gegangener Briefe zu kopieren, die sie auf gut Glück einsammeln. Sie finden so den Bericht des Arztes, der ihren Wahnsinn als leicht beurteilt, und entscheiden sich, auch ihn zu kopieren. Der Satz des Manuskripts setzt nun die Beschreibung ihrer »absurden« Reaktion mit der letzten Neuformulierung der großen spinozistischen Poetik und ihrer Identität mit dem Steineklopfen gleich: »Kopieren wir trotzdem. Die Seite muss gefüllt werden. Gleichheit von allem, des Guten und des Bösen, der Farce und des Erhabenen, des Unbedeutenden und des Charakteristischen, Verherrlichung der Statistik. Es gibt nur Tatsachen, Phänomene. Endgültige und ewige Freude.« Indem Bouvard und Pécuchet zu ihrem Schreibpult zurückkehren, beenden sie nicht nur ihren eigenen Ausflug in die Welt des stummen und zu geschwätzigen Buchstabens; sie annullieren definitiv den unmerklichen Unterschied, den der Stil in jedem Satz zwischen dem Geschwätz des Buchstabens und seiner Stummheit zog. Der Schriftsteller ist also der Kopist des Kopisten, der selbst die Rede der großen Dummheit wieder kopiert, der sich zu entziehen er beanspruchte. Die absolute Art und Weise zu sehen überlässt das letzte Wort der Dummheit, dieser Prosa der Welt, deren ununterscheidbare Verklärung sie war.

9.

Die Schrift der Idee

Die »Schrift«, die Antwort auf die Aporien der romantischen Poetik gab, begegnet so ihrer eigenen Aufhebung. »Herrlicher Stil, aber manchmal fast nichtig ob seiner prachtvollen Nacktheit«, das ist das Urteil von Mallarmé über *Bouvard und Pécuchet*.[1] Doch wie soll man diese nichtige Pracht, diese letzte Umdrehung der glorreichen Gleichwertigkeit zwischen dem Glanz und der Leere denken? Mallarmé findet im Stoff eine »sonderbare Verirrung dieses starken Künstlers«. Doch worin genau besteht diese Verirrung? Sie kann nicht der bloßen »Plattheit« des Stoffs geschuldet sein, die der Naturalist Goncourt und der Antinaturalist Barbey gleichermaßen Flaubert vorwerfen. Hier steht nicht der »Naturalismus« in Frage. Die Vulgaritäten von *Ein feines Haus* oder von *Nana*, die dem ästhetischen Geschmack der Symbolisten zuwiderlaufen, aber auch dem des Naturalisten Goncourt, finden bei Mallarmé, wie man weiß, Nachsicht. Sicherlich hat die Literatur für ihn eine höhere Bestimmung, als uns in der Vorstellung Nanas zarte Haut streicheln zu lassen.[2] Doch die Beschreibung des Boudoirs von Nana wendet wie die Beschreibung der Blumen von Paradou, der Auslagen der Hallen oder der Kirchenfenster von *Der Traum* die »Gleichheit« der Sujets an, die Identität des Ausdrucksprinzips. Zola, der sich niemals die Frage nach einer Poetik der Prosa gestellt hat, gehorcht noch dem Prinzip der Symbolhaftigkeit, welche die romantische Poetik begründet, er lässt die Dinge in der Weise von *Der Glöckner von Notre-Dame* sprechen. Dieses Prinzip der Expressivität verdoppelt ohne Problem die althergebrachte Erzählung wie der Reim des Ideals in jeder Wirklichkeit. Der Naturalismus gibt der Romanform das Mittel, die Kompromissform zu sein zwischen den widersprüchlichen Prinzipien

---

1 Stéphane Mallarmé, Brief an Gustave Kahn, 13. Januar 1881, *Correspondance*, Paris 1969, Bd. 2, S. 220.
2 Vgl. das Interview Mallarmés veröffentlicht in Jules Huret, *Enquête sur l'évolution littéraire*, Paris 1982, S. 79.

der neuen Poetik und dadurch zwischen der alten und der neuen Poetik, zwischen dem repräsentativen Vorrang der Fiktion und dem antirepräsentativen Prinzip des Ausdrucks. Er ist im Grunde die glückliche Übereinkunft zwischen der althergebrachten Erzählung und dem romantischen »Kranz von Fragmenten«, den das berühmte »Stück Leben«[3] zusammenfasst.

Der Anspruch des Buches über nichts, der mit Flauberts Forderung einer Poetik der Prosa verbunden ist, wirft hingegen ganz andere Probleme auf. Der homogene Blickpunkt des Stils beansprucht, darin die Gleichgültigkeit des Stoffes mit der Notwendigkeit des Ausdrucks gleichzusetzen. Er reduziert somit die musikalische Verdoppelung der Erzählung auf den Punkt der Ununterscheidbarkeit, wo sie nicht mehr von der Prosa der Welt zu unterscheiden ist. Stil und Stoff verschmelzen also in einem einzigen Prinzip der Gleichgültigkeit, das von innen am grundlegenden Prinzip des sprachlichen Unterschieds schmarotzt und es zerstört. Der absolute Stil, der das Wort auf die Idee klebte, findet seine höchste Verfeinerung in diesem Grau in Grau, wo er ununterscheidbar von seinem Gegenteil wird, vom »gewöhnlichen Schwall skripturaler Banalität«, wie sie von der »bloßen Makulatur« des ausgebreiteten Zeitungsblattes repräsentiert wird. Die Verirrung des Stoffes ist die Verirrung der verabsolutierten Prosa, die in der Gleichheit zwischen der Prosa der Kunst und der Prosa der Dummheit endet. Die Geschichte der zwei Dummköpfe, die durch das Lesen, das Experiment und die Schrift die großen Figuren der Dummheit eines Jahrhunderts wiederholen, annulliert in der äußersten Parodie die sprachliche Verdoppelung, die das Wesen der Poetizität ist. Indem die Poetik des Buches über nichts die zwei Prinzipien der romantischen Poetik, die Absolutheit des Stils und die Virtualität der Sprache, die in allen Dingen anwesend ist, gleichsetzt, annulliert sie sie gemeinsam, reduziert sie beide auf die Plattheit dessen, was Mallarmé die »universelle Reportage« nennt.[4]

---

3 Vgl. den Brief von Mallarmé an Zola über *Seine Exzellenz Eugène Rougon* vom 18. März 1876, *Correspondance*, Bd. 2, S. 106ff.
4 Stéphane Mallarmé, »Vers-Krise«, in: *Kritische Schriften*, S. 210–231, hier: S. 229. (A.d.Ü.)

Man muss diese Herausforderung der verabsolutierten Prosa richtig ermessen, um das Problem zu verstehen, das sie aufwirft und das das Urteil Mallarmés erahnen lässt. Denn die letztliche Gleichheit zwischen dem absoluten Stil und dem Fehlen von Stil versetzt die Frage des »Eigenen der Literatur« auf eine Ebene der Radikalität, die jede Antwort, die ihr eine Literatur entgegenhalten möchte, welche frei wäre von jedem Zugeständnis an die gemeine Prosa, in die Aporie führt. Flaubert löst den Widerspruch der Prinzipien der Literatur auf, indem er diese ihrem Gegenteil angleicht. Erneut den Unterschied kenntlich zu machen, verpflichtet also dazu, die Gesamtheit der Widersprüche neu auf die Bühne zu bringen, welche die Literatur von ihrer eigenen Unmöglichkeit leben lassen. Die mallarmésche Unmöglichkeit des Buches ist also weder das Kennzeichen einer besonderen nervlichen Konstitution noch die Erfahrung eines metaphysischen Abgrundes, der mit dem Begriff der Schrift selbst verbunden wäre. Sie ist die Inszenierung des Drehkreuzes der Widersprüche, in das die Literatur sich begibt, wenn sie ihren prosaischen Verlust bannen und die festen Grenzen dieses »Eigenen« bestimmen will, durch das einzig sie eine Ausnahme von der »universellen Reportage« ist.

Nichts ist nämlich bemerkenswerter als der Abstand zwischen der ersten Offensichtlichkeit des gefestigten Systems der Antworten auf die »literarische Frage«, das im Namen des Symbolismus zusammengefasst ist, und dem unendlichen Drehkreuz der Widersprüche, das derjenige betritt, der daraus das Prinzip eines systematischen Werkes machen möchte. In gewisser Weise ist nämlich alles einfach und die Lehre des Herrn Jourdain scheint problemlos anwendbar zu sein: Poesie ist, was nicht Prosa ist. Um den literarischen oder poetischen Unterschied zu markieren – das heißt, um das Eigene der Literatur mit dem neu verstandenen Wesen der Poesie gleichzusetzen –, genügt es, ihren Stoff und ihre Sprache von den prosaischen Angelegenheiten und der Sprache der Prosa zu trennen. Das ist das »unleugbare Verlangen« seiner Zeit, die Mallarmé deutet, als er das Vorwort zur *Abhandlung über das Wort* (*Traité du Verbe*) von René Ghil schreibt. Man muss »gleichsam behufs verschiedener Zuständigkeiten den Doppelzustand der Sprache [...] separieren«. Dem »roh[en] oder unmittelbar[en]« Zustand der Sprache entsprechen die Aufgaben des Erzählens, des Lehrens und des Beschreibens, die Funktionen der genauen Mitteilung und des genauen Austausches, die dem sprachlichen Zeichen als letzten Zweck die reine Funktion des Münzzeichens verleihen. Dem wesentlichen Zustand kommt »das Wunder [zu], eine Naturtatsache in ihr schwingendes Fastverschwinden gemäß dem Spiel der Sprache zu transponieren [...], auf dass draus hervorgehe, ohne die Störung nahen oder konkreten Erinnerns, der reine Begriff.«[5]

Man muss das literarische Prinzip kohärent machen als Prinzip einer Ausnahme der Sprache von dem Austausch der Informationen, der Dienstleistungen und der Waren, indem der Poesie »eine Doktrin und zugleich ein Gebiet« verliehen werden.[6] Die flaubertsche Religion des Stils entsprach dem Bild seiner Schutzheiligen, dem Wüstenheiligen Antonius, dem Eremiten, und Johannes, dem Prediger: Sie hatte eine Doktrin, aber kein Gebiet. Schlimmer noch, eine Doktrin, die ihr jedes eigene Gebiet verbot. Wenn ich eines Tages meinen Stoff finde, sagte er, wird man sehen, welche Melodie ich spielen werde. Bis dahin arbeitete er in den fremden Landen der Wirklichkeit, er übte Tonleitern mit Blei auf seinen Fingerknöcheln. Doch das Prinzip der Gleichgültigkeit, mit dem er die Idealität des absoluten Stils verbunden hatte, verdammte ihn dazu, niemals »seinen« Stoff zu finden, als »Gipfel der Kunst« schließlich nichts als die Kopie der Kopie von zwei Dummköpfen zu finden. Damit die Literatur besteht, muss man ihr ihr eigenes Gebiet geben, eine Wirklichkeit, die ihrer Sprache angepasst ist, eine Welt, deren sinnliche Formen den Formen entsprechen, die eine Sprache zeichnet, die sich »nur um sich selbst« bekümmert, das heißt die sich nur darum kümmert, die wesentlichen Formen und ihre Beziehungen widerzuspiegeln. Indem die Poetik der Antirepräsentation sich mit dem philosophischen Dualismus von Wille und Vorstellung verknüpfte, verbannte sie sich aus jedem eigenen Gebiet. Der Symbolismus möchte die Kritik der Repräsentation der Prosa dieses schopenhauerischen »Willens«, der nichts

---

5 Stéphane Mallarmé, »Avant-dire au Traité du Verb de René Ghil«, in: *Œuvres complètes*, Paris 1945, S. 857. Dieser Text wurde aufgenommen in »Vers-Krise«, in: *Kritische Schriften*, S. 210–231, hier: S. 229.
6 Mallarmé, »Die Musik und die Literae«, in: *Kritische Schriften*, S. 101.

will, der unrettbaren Stummheit der Dinge und der Begierden entreißen. Er wandelt sie in Kritik der Prosa der Welt um, in Kritik dieses Glaubens an die Objektivität des Wirklichen, auf dem die Sprache des Handels, die naturalistische Sprache und die Spiegel errichtet sind, die das repräsentative Theater den Damen und Herren entgegenhält, die es sehen. Die Schriften von Mockel und von Wyzewa und anderer Theoretiker der *Revue indépendante* oder der *Revue wagnérienne*, des *Mercure de France* oder der *Entretiens politiques et littéraires* verkünden diese Umdrehung des Schopenhauerianismus, die erneut den Geist feierlich auf den Ruinen einer objektiven Wirklichkeit einsetzt, die auf ihre Wahrheit als Illusion oder Widerspiegelung reduziert wird.[7] Dieser »Geist« selbst kann mehrere philosophische Gestalten annehmen und mehrere künstlerische Praktiken legitimieren. Er kann ein fichtesches reines Ich sein oder ein hegelsches absolutes An-sich. Er kann eine Seele sein, die sich anderen Seelen über sinnliche Formen mitteilt, die auf die berkeleysche Stellung reiner Zeichen reduziert sind. Er kann ein geistiges unpersönliches Universum sein, das sich durch die Individuen erkennt oder das aus ihrem Gesang eine besondere Strophe von einem der großen kollektiven Gedichte der Menschheit macht.

Dieser Geist kann eine künstlerisch-künstliche Poetik der kalkulierten Wirkung, deren Modell die »Philosophie der Komposition« von Edgar Allan Poe ist, oder eine essenzialistische Poetik des wiedergefundenen wesentlichen Rhythmus der Welt begründen; eine Mitteilung der Seelen in einer inneren Welt im Sinne von Novalis oder eine »wissenschaftliche« Praxis der »verbalen Instrumentierung«, wie diejenige, die René Ghil aus der Physiologie von Helmholtz bezieht und mit einer Religion der Menschlichkeit in Einklang bringt, die an Auguste Comte angelehnt ist; einen Gesang, der auf der flexiblen Linie des freien Verses die einzelne Melodie einer Seele oder das Gedicht eines Volkes in der Weise der wagnerschen Legende ausdrückt. Wie es die Briefe

---

7   Man beziehe sich namentlich auf Albert Mockel, *Esthétique du symbolisme*, Brüssel 1962 und Teodor de Wyzewa, *Nos maîtres*, Paris 1895, sowie auf die Auszüge, die von Guy Michaud, *Le Message symboliste*, Paris 1947 versammelt wurden.

bezeugen, welche die berühmte mallarmésche Krise darlegen, führen die Behauptung des absoluten Geistes und die Begegnung mit dem Nichts, die Erkenntnis der Nichtigkeit der großen Idealitäten und der Wille, ihre glorreiche Illusion glänzen zu lassen, zur selben Konsequenz: Wenn der Geist nur ein Traum ist, kann dieser Traum als der wesentliche Glanz jeder Wirklichkeit besungen werden. Die miteinander nicht vereinbaren Philosophien von Berkeley und Hegel, von Fichte oder von Schopenhauer, von Vico oder Swedenborg können also als Varianten desselben grundlegenden idealistischen Textes angesehen werden, dessen Formulierung von Rechts wegen dem Eklektiker Schelling zukommt. Der ökumenische Idealismus des Symbolismus hat ganz selbstverständlich seinen Gründungstext in diesen Zeilen des *Systems des transzendentalen Idealismus*, die bereits die Bibel der Brüder Schlegel waren: »Was wir Natur nennen, ist ein Gedicht, das in geheimer wunderbarer Schrift verschlossen liegt. Doch könnte das Rätsel sich enthüllen, würden wir die Odyssee des Geistes darin erkennen, der wunderbar getäuscht, sich selber suchend, sich selber flieht; denn durch die Sinnenwelt blickt nur wie durch Worte der Sinn, nur wie durch halbdurchsichtigen Nebel das Land der Phantasie, nach dem wir trachten. Jedes herrliche Gemälde entsteht dadurch gleichsam, dass die unsichtbare Scheidewand aufgehoben wird, welche die wirkliche und idealische Welt trennt, und ist nur die Öffnung, durch welche jene Gestalten und Gegenden der Phantasiewelt, welche durch die wirkliche nur unvollkommen hindurchschimmert, völlig hervortreten.«[8]

Selbstverständlich wird der Artikel von Jean Thorel über »Die deutschen Romantiker und die französischen Symbolisten« diesen Text wieder aufgreifen.[9] Die gesamte *Esthétique du symbolisme* von Mockel kann als ausgiebiger Kommentar dazu angesehen werden. Denn er identifiziert in einer einzigen grundlegenden Formel die Doktrin der Literatur und das Gebiet der Poesie. Der

---

8 Schelling, *Das System des transzendentalen Idealismus*, S. 299.
9 Jean Thorel, *Entretiens politiques et littéraires*, September 1891, S. 161. Der Bezug ist klarer Weise aus zweiter Hand: Thorel schreibt der *Philosophie der Natur* einen Text zu, der dem letzten Kapitel des *Systems des transzendentalen Idealismus* angehört.

Symbolismus ist eine fundamentale Romantik oder ein romantischer Fundamentalismus. Deshalb überschreitet er die Grenzen, die Schelling respektierte. Denn die historische Romantik, die dieser ausdrückte, blieb eine von der Dualität durchwirkte Doktrin. Sie nahm diese Entfremdung des Geistes in seinem Aufenthalt außer sich ernst, den der Text in Erinnerung ruft: der unbewusste Aufenthalt des Geistes in der Natur, die Vereinigung des Bewussten und des Unbewussten in der Kunst, in welcher der Geist sich veräußert. Um die Kunst als die Verbindung dieser Anwesenheit und dieser Abwesenheit zu denken, verband sie zwei Auffassungen des Geistes: der klassische Geist als Akt, der eine Materie in Form bringt; und der romantische Geist als Milieu einer Mitteilung des Sinns. Somit vermählte sich die bildhauerische Form, wie sie seit Winckelmann die griechische Statue symbolisierte, mehr oder weniger diskret mit der Musik der inneren Welt der Sinne. Oder die hugosche Kathedrale brachte ihr doppeltes Wesen als bearbeiteter Stein und als offenes Buch, als Gleichgewicht der architektonischen Massen und des Bilderkranzes zur Geltung. Dadurch ließ sich auch der Unterschied zwischen Kunst und Philosophie aufrecht erhalten: »Die Natur«, so Schelling weiter, »ist dem Künstler nicht mehr, als sie dem Philosophen ist, nämlich nur die unter beständigen Einschränkungen erscheinende idealische Welt oder nur der unvollkommene Widerschein einer Welt, die nicht außer ihm, sondern in ihm existiert.« Der Symbolismus löscht diesen Abstand aus, dieses »klassische« Element der Äußerlichkeit der Materie, das auch das Unterscheidungsprinzip zwischen Kunst und Philosophie und das Prinzip der Dualität in der Auffassung der Kunst selbst ist. Die Verneinung im Text Schellings verschwindet somit im »Zitat« von Thorel: »Die Natur *ist für den Künstler, was sie für den Philosophen ist*, die ideale Welt, die ständig in fiktiven Formen erscheint [...].«[10] Gerade die Ungewissheit der symbolistischen Philosophie trägt zur Auslöschung dieses Unterschieds zwischen Dichtung und Philosophie bei. Ob die Natur rohe Materie ist, die dem Geist die wesentliche Wirklichkeit der Idee überlässt, oder der reine Spiegel, in dem er sich spiegelt, das Ergebnis ist

---

10 Ebd. (Hervorhebung J. R.).

dasselbe. Die Bilder der äußeren Welt können an die Wörter einer Sprache angeglichen werden. Sie sind verstreute Bedeutungen, die das Gedicht des Geistes in Sätze bringen muss. Und das Gedicht des Geistes fügt sie zu Sätzen, indem es ihnen seine eigene Syntax aufprägt. Die Reihenfolge, in der es vorgeht, ist dabei nicht wichtig, ob es nun von der Erkenntnis dieser Syntax ausgeht oder ob es sie in den Formen und Rhythmen des Schauspiels der Natur wiedertrifft. Es ist auch nicht wichtig, ob dieser Geist sich als einzige Wirklichkeit versteckt oder ob er sich und seine Konstruktionen als »eitle Formen der Materie« erkennt.[11] »Vor dem Nichts« zu singen, »das die Wahrheit dieser glorreichen Lügen ist«, bedeutet dasselbe, wie die Rhythmen der Idee oder das geschriebene Stück in den Folio-Band des Himmels zu übertragen.

Deshalb liegt der Kern von Mallarmés Problem nicht in der pathetischen Erfahrung des Absoluten oder im Nichts, dem er auf der Suche nach der reinen Idee begegnet wäre. Die Symphonie der Sonnenuntergänge und das Alphabet der Sterne können ihn diese Gleichheit von Sein und Nichtsein lehren, die das reine Denken ihm verweigert hat. Das Nichts kann sich in glorreiches Trugbild verwandeln und die Literatur gerade die Übung dieses Trugbildes sein, das »zu irgendeiner unnahbaren und blitzhaften! Höhe emporhisst den bewussten Mangel unsererseits an dem, was droben blitzt.«[12] Damit die Falte des dunklen Spitzengewebes des Verses das Unendliche enthält, bedarf es wenig, bloß der Kenntnis der »den Jahreszeiten eigene[n] symphonische[n] Gleichung«, des Sinns für einige Analogien zwischen ihren »Gluten« und den »Unwettern« unserer Leidenschaft; eine »Pietät gegenüber den 24 Buchstaben« und einen »Sinn für ihre Symmetrien«.[13] Der Schaum der Welle oder der Widerschein des Sonnenuntergangs, das Ausbreiten des Haares, das Fächern eines Fächers oder der Hals eines Glases können dem Siegel des poetischen Aktes ihre

---

11 Brief von Mallarmé an Cazalis, 28. April 1866, *Correspondance*, Bd. 1, S. 207). In derselben Weise ist *La gloire du verbe* (1891) von Pierre Quillard die Beförderung dieses Verbes von seiner anfänglichen Fülle des Mythos zur Lüftung des Schleiers der Maya, der Manifestation der Eitelkeit des Verbes.
12 Mallarmé, »Die Musik und die Literae«, in: *Kritische Schriften*, S. 103.
13 Ebd., S. 101.

Pracht verleihen. Es genügt, »die Aspekte [zu] vergleichen und ihre Vielzahl« und »die Zweideutigkeit einiger schöner Figuren, an den Schnittpunkten« zu erwecken.[14] Der poetische Akt weist die gesellschaftliche Belanglosigkeit – den Zufall – des Gegenstandes, Haar oder Fächer, zurück und behält seinen wesentlichen Aspekt, die Virtualität der Geste der Welt, die seine Bewegung beschreibt. Er macht die Entfaltung des Erscheinens kenntlich, das Skandieren des Erscheinens und Verschwindens, das die Natur auf ihre »symphonische Gleichung«, das heißt auf ihre Idee reduziert. Entsprechend lässt die Haarflechte oder der Fächer der Wörter, in dem der poetische Akt den Zufall des »Stoffs« verneint hat, den anderen Zufall, der das Gedicht mit der »Persönlichkeit« der Gefühle, Ideen oder Empfindungen eines Individuums verbindet, in den Falten und Entfaltungen verschwinden. Der Zufall der Sprache, des Stoffs und des Autors werden daher zugleich verneint. Die widersprüchlichen Prinzipien der romantischen Poetik scheinen also versöhnt. Das Prinzip der Symbolhaftigkeit, das jedes empirische Schauspiel auf die Metapher einer Wesensform zurückführt, kann nämlich mit dem Indifferenzprinzip, das den Himmel der poetischen Idee im Glanz eines Lüsters, einer Jahrmarktspantomime oder im Rascheln eines Kleides findet, gleichgesetzt werden.

So wird das gesamte Theater des romantischen Widerspruchs in einem »Schopenhauerianismus« aufgelöst, der auf das Axiom reduziert ist, nach dem die Welt meine Vorstellung ist. »Wenn der Dichter in den Dingen das Bild des Unendlichen sucht, findet er das Zeichen in sich selbst.«[15] Ob der Geist nun alles oder nichts ist, er hat gleichermaßen nur mit sich selbst zu tun. Sein Gegenstand unterscheidet sich nicht von der Sprache. Die Formen der Welt sind Zeichen einer Sprache und die »neuen« Wörter, welche die Dichtung zusammensetzt, sind Formen von Welten. Das Symbol ist also nicht mehr das Zeichen der Verbindung zwischen unterschiedlichen Wirklichkeiten, nicht mehr das, was eine Übersetzung zwischen der Welt der Materie und der Welt des Geistes

---

14 Ebd., S. 105.
15 Mockel, *Esthétique du symbolisme*, S. 86.

vollzieht. Es ist »die Bedeutung der Formen, ausgedrückt durch die Formen selbst.«[16] Der Geist spricht zum Geist in der Sprache des Geistes: Sprache, die eins ist in ihrem Prinzip, vielfach in ihren Fähigkeiten. Die Sprache des Geistes ist die Rede, in der sich die Idee ausdrückt, sie ist die Metapher, welche die Entsprechung der Ideen und der Formen manifestiert, sie ist der Reim, der die Harmonie des Ganzen bezeugt. »Jeder seiner Verse sollte in seiner Absicht zugleich das plastische Bild, der Ausdruck eines Gedankens, der Ausdruck eines Gefühls und ein philosophisches Symbol sein; er sollte noch eine Melodie sein und auch ein Fragment der gesamten Melodie des Gedichts.«[17]

Die Romantik hat somit den Ballast ihrer Widersprüche abgeworfen, sich des Widerstands der Materie gegenüber der Form wie des Dilemmas der bewussten Identifikation von Bewusstem und Unbewusstem entledigt. Die bedeutsame Form und die sinnliche Form stimmen in einer einzigen Sprache des Geistes überein und sichern somit die Gleichheit des antirepräsentativen und des antiprosaischen Prinzips ab. Der literarische Widerspruch ist die Gleichförmigkeit eines einzigen poetischen Prinzips geworden. Die literarische »Doktrin« ist das Zentrum eines poetischen »Gebiets«, sie ist nur mehr das Lebensgesetz der Welt des Geistes. Doch es stellt sich die Frage: Bedeutet die Auflösung des Widerspruchs des literarischen Werkes nicht auch die Auflösung des Werkes? Die mallarmésche Frage zielt in letzter Konsequenz auf diese Umkehrung, die dem symbolistischen Fundamentalismus innerlich ist: »Gibt es so etwas wie Literatur (*Lettres*)?« Schon die Mehrzahl erinnert an die Belletristik (»*Belles-Lettres*«) von ehemals und erlaubt das Problem zu formulieren: Wenn die Dichtung dem doppelten Zwang entstammt, den ihr das strenge Maß der Verse und die klassische repräsentative Konvention auferlegte, gibt es dann noch eine spezifische Kunst der Sprache, die etwas anderes ist als die »Verfeinerung der Begriffe bis zu ihrem gemeißelten Ausdruck auf jedem Gebiet«,[18] die kurz gesagt also etwas anderes ist als die allgemeine Form des Geisteslebens oder des Denkens?

---

16 Ebd.
17 Wyzewa, *Nos maîtres*, S. 27.
18 Mallarmé, »Die Musik und die Literae«, in: *Kritische Schriften*, S. 101.

Der Geist ist nicht Werk. Die Symbolisten und Anhänger des freien Verses brüsten sich damit, die reine Idealität des Gedichts und die absolute Freiheit dieser zu entbindenden Melodie, welche die Seele eines jeden ist, durchgesetzt zu haben. Sie nehmen nicht wahr, dass, indem sie derart die Poesie verabsolutieren und sie von jedem materiellen oder formalen Zwang befreien, sie sie neuerlich den Abstraktionen des Denkens oder der Mitteilung der Empfindungen, kurz dieser – gewöhnlichen oder außergewöhnlichen – Arbeit der Prosa gleichsetzen, von der sie sich um jeden Preis unterscheiden wollten.

»Die Idee der Poesie ist die Prosa«, das Paradox, das die Formel von Benjamin zusammenfassen wird,[19] ist dasjenige, das die symbolistische Reinheit vergebens zu vermeiden versucht. Doch es ist auch das Paradox, das konstitutiv für die Literatur ist. Es drückte theoretisch das Schicksal aus, das Hegel dieser »allgemeinen Kunst« der Dichtung verlieh, welche die Kunst zu einer Vollendung führt, die ihre Aufhebung ist. Dieses Paradox richtete empirisch den hugoschen Zeilensprung ein, indem es die zwei Funktionen des Alexandriners zugleich miteinander verband und voneinander löste: Satz, der einen Gedanken ausdrückt, und rituelles Maß der poetischen Unterteilung der Zeit. Die Künstler des Prosagedichts oder des freien Verses hatten geglaubt, das hegelsche theoretische Dilemma zu lösen und die Behelfsmäßigkeit des hugoschen Gerüsts zu überschreiten, indem sie die diskursive Form des Denkens und das poetische Maß der Zeit gleichsetzten. Doch die Poesie, so hatte Hegel gewarnt, lebt nur von ihrer Trennung. Wer dem Denken seine eigene Zeit geben will, lässt das Werk der Poesie verschwinden, welches die gezwungene Zeit ist, die verzögerte Zeit des Denkens. Die mallarmésche Frage hinsichtlich der Existenz von »etwas« wie der Literatur findet, jenseits der ersten Offensichtlichkeit der Lösungen, die Schärfe der Frage wieder. Und vielleicht sind die Seltenheit des Gedichts und die Unmöglichkeit des Buches, die mit seinem Namen verbunden ist, vor allem die Übersetzung der rigorosen Erfahrung dieser

---

19 Walter Benjamin, *Der Begriff der Kunstkritik in der deutschen Romantik*, hg. von Uwe Steiner, *Werke Nachlass. Kritische Gesamtausgabe*, Bd. 3, Frankfurt/M. 2008, S. 109. (A.d.Ü.)

Logik, welche die Literatur nur um den Preis kohärent macht, sie zugleich in dieser Abwesenheit des Werkes, die sich »Leben des Geistes« nennt, aufzuheben. Die Unmöglichkeit des Buches wäre also nicht die Manifestation einer zentralen Unmöglichkeit des Begriffs der Literatur. Sie wäre die Aporie des immer wieder angefangenen Willens, den Widerspruch, welcher der Literatur Leben verleiht, zu überschreiten, indem man ihr ihre eigene Doktrin und ihr eigenes Gebiet gibt. Die »Abwesenheit des Werkes«, welche die Theoretisierung von Blanchot mit der Idee selbst der Literatur verbunden sieht, wäre nicht die nächtliche Erfahrung der Ohnmacht, die im Herzen der Mächte der Sprache ist. Sie ist der Effekt des Versuchs, das literarische Prinzip kohärent zu machen, indem man das antirepräsentative Prinzip mit dem antiprosaischen Prinzip gleichsetzt. Der Ununterscheidbarkeit von Werk und Dummheit der Welt, in der sich letztlich die Kohärenz des absoluten Stils und Flauberts Buch über nichts verloren, entspricht der andere Verlust des Werkes, wo es sich umgekehrt von jeder Prosa und von jeder Materie trennen will, um nur noch das Leben des Geistes zu sein. Das Paradox würde also in seiner allgemeinsten Form aufspringen: Die auf ihr Eigenes reduzierte Literatur ist eine ohnmächtige Literatur in einem Leben des Geistes, dem kein Werk angemessen ist.

Somit bekommt die schöne Einfachheit der allgemeinen Formel, die Mallarmés »Avant-Dire« der symbolistischen Poetik anbot, sogleich Risse und das Verhältnis der Übereinstimmung zwischen Idee und Sprache verwandelt sich in den Chiasmus zwischen Musik und Literatur. Der Wesenszustand der Sprache stellt sich als aus den Fugen geraten dar. Die wesentliche Sprache ist Sprache und Musik. Damit der »reine Begriff« auftaucht, muss der poetische Akt musikalisch vorgehen. Er muss »eine Naturtatsache in ihr schwingendes Fastverschwinden [...] transponieren«.[20] Denn es ist der Musik eigentümlich, zugleich die Dichte der Dinge und die repräsentative Organisation der Wörter aufzulösen. Einzig die Musik bietet eine strukturell von der Repräsentation gereinigte Sprache, in der sie sich zugunsten der Vibration auflöst, das heißt

---

20 Mallarmé, »Vers-Krise«, in: *Kritische Schriften*, S. 229.

zugunsten der Vergeistigung der Materie. Sie ist »nahe der Idee«, weil sie das Grab des Bildes und der Reportage ist. Doch dieses Privileg hat seine Rückseite. Die Musik ist das Grab des Bildes, insofern sie auch das Grab der benennenden, klärenden, ordnenden, feiernden Sprache ist. Die Musik ist stumm. Dadurch gibt sie vor, alles zu bedeuten, in der symbolistischen Weise der Bedeutung: durch Andeutung, durch Analogie ihrer Timbres und Rhythmen, ihrer Beschleunigungen und Langsamkeiten, ihres Schmetterns der Blechinstrumente und ihrer Träumereien der Holzinstrumente und der Streicher, mit den wesentlichen Aspekten der Welt und ihren Entsprechungen des persönlichen Theaters des Geistes. Die Musik beansprucht, den stummen und geschwätzigen Buchstaben zu verabschieden, um das reine Reich des sinnlich gewordenen Geistes zu errichten. Doch sie kann dieses Schloss der Reinheit nur deshalb risikolos versprechen, weil sie die Idealität mit der reinen Abwesenheit der Sprache identifiziert. Wie die stumme Malerei des toten Buchstabens ist sie davon befreit, sich zu rechtfertigen. Und dadurch kann sie ihre vorgebliche Sprache im Kreise drehen lassen. Die stumme Musik wird zur geschwätzigen Musik, zum Getöse der nackten Klänge, das nichts sagt, nichts erklärt und umso eher als das ursprüngliche Gedicht der Gemeinschaft durchgeht.

Das Privileg der Musik wird also sogleich angefochten. Die musikalische Vergeistigung der Welt muss sich »jedoch nach dem Spiel der Sprache« vollziehen. Der »intellektuellen« Sprache kommt die »musikalische« Aufgabe zu, das Schauspiel der Dinge auf einen reinen Begriff zu bringen. Doch dieser Anspruch radikalisiert nur das Problem. Sicherlich kann man sich die poetischen Gleichwertigkeiten der Vorgänge der musikalischen »Bedeutung« vorstellen: die Mobilisierung der Wörter durch ihre Ungleichheiten, das Gleichgewicht der Motive, die Akkorde, die um die melodische Linie gruppiert sind, der Unterschied der *tempi* und Intensitäten, das Wechselspiel zwischen triumphalem Erschmettern und dunklen Rückzügen. Aber die intellektuelle Sprache, die dem »Fallen der nackten Töne« entgegengesetzt ist, wird dadurch mit der reinen Materialität eines Instruments gleichgesetzt, mit dem trägen Elfenbein des Klaviers: Die Musik ist »das magisch von bestimmten Anordnungen der Sprache erzeugte Jenseits, wo sie nur mehr im gewöhnlichen Zustand des materiellen Mittels zur Kommunikation mit dem Leser verweilt wie die Tasten des Klaviers.«[21] Das intellektuelle Instrument der Sprache wird in seine Rechte über die Musik nur unter der Bedingung eingesetzt, dass es Stummheit nachahmt. Und die Musik gibt ihre Rolle des »Instruments« der Idee an die Sprache nur ab, um die Weise der Erscheinung der Idee zu werden und schließlich der Name der Idee selbst. Der Zweck des »der Sprache eigenen Spiels« besteht darin, dass »etwas anderes als die gewussten Kelche, [...] musikalisch [die] Idee selbst und sanft, die aus allen Sträußen abwesende, auf-[steigt].« Und aus dem affirmierten Vorrang des »intellektuellen Sprechen(s), das seinen Zenit erreichte«, heißt das, was »in Fülle und Evidenz, als Gesamt der in Allem vorhanden Beziehungen« resultiert, einfach »die Musik«.[22]

Die Literatur existiert nur als die Musik *und* die Literatur. Diese Trennung ist etwas ganz anderes als der Unterschied der Mittel, die den rivalisierenden Künsten eigen sind und die man zusammenfügen müsste. Sie ist gerade die Trennung der Idee der Sprachkunst, in die Idee der Kunst und in die Idee der Sprachkunst. Denn die Musik ist nicht einfach eine Kunst. Sie ist auch eine Idee der Kunst. Nicht eine Idee unter anderen, sondern die neue Idee der Kunst und der Übereinstimmung der Künste, in der sich die antirepräsentative Poetik systematisiert. Sie ist die Idee, die genau an der Stelle steht, welche zuvor die Dichtung innehatte. Sie ist eine repräsentative Kunst und die allgemeine Idee der Kunst. Alle Künste repräsentierten nämlich, sie »imitierten« in der Weise der poetischen *mimesis*. Sie ahmten die grundlegenden Arten der poetischen Repräsentation nach – Reden und Erzählen –, indem sie dieselben Zwecke wie sie verfolgten: Lehren und Rühren, Gefallen und Überzeugen. Das hatte die große Unternehmung von Abbé Batteux systematisiert, das die Schönen Künste auf ein einziges Prinzip reduziert. Malerei und Musik, Tanz und Skulptur wurden als Gattungen der Dichtung miteinander verglichen. Mallarmé durchstreift hartnäckig die Ruinen des Gebäudes

---

21 Mallarmé, Brief an Edmund Gosse am 10. Januar 1893, in: *Correspondence*, Bd. VI, S. 26.
22 Mallarmé, »Vers-Krise«, in: *Kritische Schriften*, S. 229.

von Batteux und sucht in den Zwischenräumen der theatralischen Repräsentation, der Pinselstriche, der Orchesterschauder, der flüchtigen Figuren des Tanzes, der stummen Sprache der Pantomime oder den Vorfällen des Volksschauspiels die Begriffe einer nicht-repräsentativen Grammatik der Künste, die der allgemeinen Kunst der Dichtung das Äquivalent dessen gab, was zuvor die *mimesis* implizierte: eine Übereinstimmung der Künste, gegründet auf einem neuen Zusammentreffen zwischen dem Raum der Sprache und dem Raum der Dinge.

Es kann darin jedoch nicht mehr eine einzige Art und Weise dieses Zusammentreffens geben. Die romantische Poetik hatte der repräsentativen Übereinstimmung zuerst die symbolische Analogie gegenübergestellt: die Einheit der Kunstmanifestationen als Sprachmodus. Das Problem daran ist, dass die Sprache eben dabei war, sich dieser Funktion der Einheit zu entziehen. In dem Augenblick, als die Poetizität sich als ursprüngliche Weise der Sprache behauptete, entzog sich die Sprachwissenschaft den Träumen vom Ursprung und befreite den Raum der Sprache von seiner Verflechtung mit dem Raum der Dinge.[23] Die neue Idee der Kunst als Sprache, die der alten »Philologie« entlehnt war, machte aus der Sprache der Kunst eine Ausdrucksweise des Denkens außer sich selbst, eine vergangene-überholte Weise des Denkens. Die Verwandlung der Repräsentation in Ausdruck und die repräsentative Entsprechung in hermeneutische Analogie konnten der Literatur keine eindeutige theoretische Stellung verleihen. Sie diente tatsächlich zu etwas anderem, nämlich dazu, das Schicksal der Kunst in das des Denkens einzuschreiben. So wurde in Hegels Gebäude die Entsprechung der Künste zur Abfolge ihrer Arten, die Umwandlung, die sich von den materielleren Sprachen hin zu den geistigeren vollzog. Die »allgemeine« Kunst der Dichtung, die bequemerweise ans Ende des Weges gesetzt wurde, beendete die Wandlung des Stein-Denkens in reines Denken, die Heimholung des Denkens in sein eigenes Gebiet. Man kennt das Paradox, das

---

23 Ich beziehe mich hier natürlich auf Michel Foucault (*Die Ordnung der Dinge. Eine Archäologie der Humanwissenschaften*, aus dem Französischen von Ulrich Köppe, Frankfurt/M. 1971), ohne jedoch der Weise zu folgen, wie er daraus eine Idee der Literatur bezieht.

daraus resultiert: Die »neue« Idee der Dichtung machte aus ihr eine Sache der Vergangenheit, versperrte der Literatur den Weg. Doch dieser Weg des Kunstdenkens traf dabei auf ein anderes Problem. Um zur Dichtung zu gelangen, musste man eine andere Kunst durchqueren, die Musik. Hegel tat das in größter Eile, wegen Inkompetenz in der Angelegenheit, sagte er. Der wahre Grund war jedoch tiefer gehend und uneingestanden. Denn da gab es unter den Schritten des Symboldenkens auf dem Weg zum reinen Denken einen Abgrund, der sich jederzeit öffnen konnte, ein anderes Ende der Kunst: die Idealität ohne Bild noch Denken der Musik, ihre direkte Kommunikation des Künstlers mit dem Zuhörer, durch das Spiel einer verschwindenden Materialität. Die Musik setzte den hermeneutischen Spielen des Zeichens und des Symbols, der Hieroglyphe und ihrer Entzifferung nämlich einen anderen Gebrauch der Zeichen entgegen. Die mathematischen Kalküle des »abstrakten Verstandes« verwandelten sich dabei in sinnliche Intuitionen des Unsagbaren. Die Musik ist die Kunst der Zeit, des kantschen »inneren Sinns«, die Kunst, die nicht mehr Formen, die dem Sinn widerständig sind, im Raum zeichnet, die nicht mehr in Worten Gedanken ausdrückt, denen es an sinnlicher Form fehlt. Sie ist daher die Kunst, die ihre Technik der Verwirklichung des romantischen Traums von der »inneren Welt der Sinne« anbietet, aber auch ihren Begriff der Idee der Kunst selbst. Somit bietet sie ein anderes Ende der Kunst an, ein *künstlerisches* Ende der Kunst, das die sinnlichen Formen verflüssigt und die Kalküle des Denkens versinnlicht. Anstatt die sinnliche Idealität der Kunst zum selbstbewussten Denken zu führen, löst die Musik sie in der Einrichtung einer Mitte der Idealität auf, wo die Seelen miteinander die Sprache der Seele sprechen, über stumme Zeichen der Mathematik, die in sinnliche Intuitionen umgewandelt werden. Sie gibt so ihr Fehlen von Sinn als höchste Verkörperung des Sinns des Geistes in der sinnlichen Materie aus.[24]

Hegels Gewaltstreich bannte dieses Schicksal, doch um den Preis, das Schicksal der Kunst selbst zu beenden. Der Wille, das

---

24 Diese Wertschätzung der Musik als Sprache des Geistes ist ganz besonders präsent im Werk von Wackenroder in *Herzensergießungen eines kunstliebenden Klosterbruders*, Berlin 1797.

Ende abzuwenden und dagegen die Zukunft der Literatur aufzubauen, stößt ganz selbstverständlich auf dasselbe Problem. Wer weder den naturalistischen Kompromiss zwischen alter und neuer Poetik noch die Gleichsetzung der Idee der Poesie mit der Prosa akzeptiert, muss auf die Musik als Idee der Antirepräsentation, als Idee der Kunst und der Übereinstimmung der Künste im postrepräsentativen Zeitalter treffen. Die Musik ist angetreten, um den Staub der Repräsentation »wegzufegen«, »die Reinwaschung des Tempels« zu vollbringen. Doch wie der Gottmensch, der die Händler aus dem Tempel vertrieb, befreit sie vom alten Gesetz und vom alten Bund nur, um unter ein neues Gesetz zu bringen, unter das sprachlose Gesetz des Geistes und der Innerlichkeit. Die Dichtung gehört nunmehr der Musik an, sie ist eine Kunstgattung, deren Idee die Musik ist. Der Kern des Symbolismus als romantischer Fundamentalismus ist, dass es keine Symbole mehr gibt, nur mehr eine Welt des Geistes, eine einzige Musik des Geistes, die im Rhythmus der Formen und in der Melodie der Seelen verteilt ist. Mallarmé steht unter dem Zwang dieser Logik, er lehnt sich aber auch gegen sie auf. Nicht mehr als Hegel kann er zugeben, dass das Un-Sinnige der Musik, ihre Unfähigkeit zu sprechen, die höchste Verwirklichung der Welt des Geistes sei. Das steht auf dem Spiel bei der »Heimführung« der orchestralen Zerrissenheiten in die Literatur: nicht die einfache Umlegung der musikalischen Verfahren in Verfahren des Schreibens, sondern die Umkehrung des Schicksals, das der befreiten Literatur einen neuen Herrn aufzwingt, den Musik-Geist, der sie von sich selbst trennt und sie zur Bedeutungslosigkeit verurteilt. Die Kunst erfährt ihre Einheit in der »geistigen« Mitte der Musik nur um den Preis der Auflösung »des Geistes in ätherische Zerstreuung«. Man muss gegen diese Auflösung die Macht des Verbes wiedererrichten: Wenn das Verb die Literatur den Trugbildern der Repräsentation aussetzt, so ist es auch das einzige Instrument der Klarheit des Denkens. Doch das bedeutet auch, dass man dem Verb seinen eigenen Raum geben muss, die sinnliche Fläche der Einschreibung der Idee. Die Musik versenkt die Kunst in der Pseudoinnerlichkeit der Zeit. Die Literatur erobert sich selbst wieder, indem sie die der Idee eigene Kunst mit einer Kunst des Raums gleichsetzt. Das bedeutet auch, dass sie die Idee zu »sich selbst« zurückbringt, wenn sie ihr ihre ursprüngliche Materialität gibt. Man muss also die Idee wieder materialisieren, um ihr ihre intellektuelle Kraft wiederzugeben.

Die Frage verschiebt sich jedoch nun und eine andere Dualität taucht auf: Es gibt nicht mehr einen, sondern zwei Räume der Materialisierung der Idee. Es gibt den Raum der Repräsentation, in dem sie sich in sinnlichen Figuren zeichnet; und es gibt den Raum der Seite, in dem sie gleich ist dem gewöhnlichen Schwall der Prosa. Die Idee findet sich selbst nur wieder, um zwischen dem Raum der Bühnenfiguren und dem Raum des stumm-geschwätzigen Buchstabens wählen zu müssen. Das ganze Problem des mallarméschen Buches zeichnet sich darin ab. Mehr als an der Zielsetzung, orphische Geheimnisse des Universums zu übertragen, oder gar an dem bescheideneren, den Blumen des poetischen Kranzes eine Verbindung zu geben, hängt das Projekt des Buches an der Frage nach der dem Gedicht eigenen Materialität. Um der musikalischen »Stummheit« zu entkommen, die das Gedicht dem repräsentativen Geschwätz ausgeliefert hatte, muss es einen neuen Bund mit der räumlichen Materialität schließen. Einerseits ist diese Materialität die des Bühnenraumes, des traditionellen Orts der Einschreibung der mimetischen Macht. Der Geist muss sein eigenes Bild zeichnen, das ein nicht-repräsentatives Bild ist. Auf der anderen Seite ist die Materialität jene des Buches, das der Raum des stumm-geschwätzigen Buchstabens ist, des Buchstabens, der »sich nicht selbst zu Hilfe kommen« kann, der den Unterschied, der die Literatur von der Prosa der Welt trennt, nicht ziehen kann. Das unmögliche Projekt des Buches besteht also darin, die zwei Räume zu verbinden, das eigene, antirepräsentative und antiprosaische Theater der Literatur darzustellen, der Raum des Buches als mimetischer Raum zu sein, der identisch ist mit dem Raum des sinnlich gewordenen Denkens selbst.

Dieses Problem verdecken die zu einfachen Erklärungen von Mallarmé, die das »architektonische und vorgeplante« Buch dem Album entgegenstellen, das nur die Sammlung der zufälligen – wenn vielleicht auch wunderbaren – Eingebungen ist.[25] Man muss das Paradox bemerken, das diese Behauptung impliziert. In

---

25 Stéphane Mallarmé, »Autobiographie«, in: Œuvres complètes, S. 663.

gewisser Weise spricht diese stolze Erklärung nur eine Banalität aus, die Banalität der Organizität der Werke, die alle Lehrbücher von Boileau beziehen, der sie von Horaz hatte, welcher sie von Aristoteles entlehnte, der sie selbst von Platon hatte. Doch diese Banalität der alten Poetik ist gerade höchst problematisch geworden. Was ist ein »architektonisches« Buch, seit Burke die poetische Norm des Körpers nach geometrischen Normen zerstört hat? Was ist ein »vorgeplantes« Buch, seit Schelling die Gleichheit von Bewusstem und Unbewusstem als Wesen der Kunst aussprach? Das Kathedralenbuch der romantischen Poetik ist kein architektonisches Buch, sondern ein Heft von analogen Bildern, eine Sammlung von Torbögen, von Kapitellen und Kirchenfenstern. Das Problem des Ganzen kann nicht mehr das der Zusammenfügung der Teile sein. Denn man fügt Teile zusammen, insofern jeder zugleich als Teil komplett ist, aber auch das Ganze benötigt, um darin seinen Platz zu finden. Das symbolistische Gedicht jedoch steht zweifach außerhalb dieser Funktionalität. Einerseits ist es von alleine ein Ganzes, ein Ausdruck, der für die poetische Funktion ausreicht. Andererseits ist es unvollendet, insofern als es kein selbstgenügsamer Gegenstand ist. Es ist ein Argument, eine Hypothese, die Behauptung eines poetischen Raums. Vorschlag und Symbol bedeuten dies: Es gibt das Gedicht dort, wo es die Behauptung eines Spiels von Aspekten gibt, eines Systems von Übereinstimmungen zwischen dem persönlichen Theater und dem Schauspiel der Welt; doch auch dort, wo dieses Spiel von Übereinstimmungen einem anderen begegnet, wo ein Leser seine Unbefangenheit auf das Weiß der Seite »stützt«, wo ein Zuschauer sein inneres Theater auf das Bühnenschauspiel »umlegt«. Der wahrhafte Ort, an dem das Gedicht seinen Platz findet, die wahrhafte Ganzheit, in der es sich einschreibt, ist die Bühne seiner gemeinsam geleisteten Aufführung.

Denn die Schrift der Idee ist zwei Dinge in einem: Sie ist Text und sie ist Interpretation. Die Analogie, die das Gedicht zwischen dem Theater des Selbst und dem Theater der Welt anbietet, muss interpretiert werden, ihrerseits analogisiert in der dichterischen Leistung des Lesens. Das Gedicht nimmt Leben an im persönlichen Theater oder Konzert, das der Leser veranstaltet, nach der Zeremonie des Daumens, der die Seite hält, des Auges, welches das Verhältnis von Schwarz und Weiß theatralisiert, der Stimme, die den Text murmelt und den dem Text unterliegenden Gesang summt. Der dichterische Akt besteht im Aufbau der Bühne, die diese Übereinanderlegung, dieses System der Entsprechungen möglich macht. Die neue Fiktion ist der alten repräsentativen Fiktion darin entgegengesetzt, dass sie nicht eine Herstellung von Figuren ist, die dem Wiedererkennen im Saal angeboten werden, sondern die Anordnung der Kunstmittel, die eine Bühne errichtet. Die Fiktion ist Inszenierung, Errichtung des Ortes oder der Mitte der Fiktion, punktuelle Machtdemonstration. Doch diese Demonstration muss sich auf einem anderen Theater vollenden, da, wo die geschriebenen Zeichen oder die von der Tänzerin gezogenen Hieroglyphen ins persönliche Theater des Lesers oder Zuschauers eingegliedert werden. Das Gedicht lässt sich nicht von der Errichtung eines gemeinsam geteilten poetischen Lebens trennen. Die »Ganzheit«, in der es sich einschreibt, ist die Ganzheit dieses immer zufälligen und momentanen Teilens. Der Raum des Gedichts ist die theatralische Aufführung. Diese Aufführung entkommt dem repräsentativen Geschwätz und der Nichtigkeit des Spiegelbilds durch die Dualität, die sie ausmacht: Sie ist die materielle Spur der Zeichen und die Interpretation dieser Zeichen. Diese Dualität hat die Ballettbühne zum Vorbild und errichtet das privilegierte Verhältnis zwischen Schreiben und Choreografie. Auf dieser Bühne ist die ungebildete Tänzerin ein Zeichen, welches Zeichen einer Schrift »ohne Schreibapparat« zieht. Durch diese flüchtige materielle Schrift schreibt ihr Körper materiell die Idee in einen Raum ein. Diese reine materielle Repräsentation, dieses plastische Gedicht der Idee, triumphiert gerade auf ihrer Theaterbühne über die Repräsentation. Es ist dazu jedoch notwendig, dass sie interpretiert wird, dass ein Dichter-Zuschauer der Tänzerin »die Blume ihres poetischen Instinkts«[26] zu Füßen legt. Nur zu diesem Preis wird die stumme Schrift der Tänzerin »wie ein Zeichen, das sie ist«, den Traum des Dichters zeichnen, oder die-

---

26 Stéphane Mallarmé, »Ballette«, in: *Kritische Schriften*, S. 168–179, hier: S. 179 (Übersetzung leicht angepasst, A.d.Ü.).

ser *sein* Gedicht mit den stummen Hieroglyphen der Ungebildeten zusammenfügen.

Der Raum der Totalisierung des Gedichts ist daher der Raum der Aufführung. Und diese ist immer doppelt: Schrift und Interpretation dieser Schrift. Der dem Denken eigentümliche Raum erweist sich als ein doppeltes Theater, dessen Dualität nur die Bühne des Widerspruchs neu errichtet, der für das romantische Gedicht konstitutiv ist. Die Zusammenarbeit des Dichters und der Tänzerin versinnbildlicht die notwendige und unmögliche bewusste Vereinigung des Bewussten und des Unbewussten. Die »wahrhafte« Schrift kommt sich so selbst abhanden. Die materielle Präsentation des Gedichts ist niemals nur die Präsentation ihres Sinnbildes. Der »historischen« – das heißt der repräsentativen – Kunst ist eine »sinnbildliche« Kunst entgegengesetzt. Doch das Gleichnis der Tänzerin sagt uns noch etwas anderes: Das dichterische Ereignis ist gerade das der sinnbildlichen Verdoppelung. Anders gesagt ist das Gedicht nicht strukturell mit der Schreibkunst verbunden. Es gibt überall dort Gedichte, wo es eine Entsprechung gibt zwischen den inneren »Typen und Zusammenklängen« und denen, die das Schauspiel der Formen anbietet. Das Gedicht ist »Hellsehen« oder »Blickpunkt«. Es ist der Blickpunkt der Analogie. Der Träumer, der ein Sternendrama im Schauspiel des aufgerichteten Bären liest, der seine Pfote auf die Schulter des erschrockenen Clowns legt, macht bereits ein Gedicht. Es gibt ein Gedicht, sobald es das Verhältnis zwischen einer Schrift und einem Hellsehen gibt. Doch tatsächlich entscheidet das Hellsehen, ob es in den Formen eines Schauspiels die stummen Zeichen einer Schrift gibt. Wer sich über die »Seltenheit« des mallarméschen Gedichts Gedanken macht, darf nicht vergessen, dass diese Seltenheit bedingt wird von einem Überschuss: Wenn es wenige Gedichte gibt, dann deswegen, weil das Gedicht überall ist, und überall im Zeichen der Verdoppelung zwischen dem Zeichnen der Idee und dem Hellsehen des Geistes.

Das Problem ist also nicht, das Buch der Gedichte zu »architektonisieren«, sondern es in den Raum des Buches, welcher der Raum der Aufführung ist, zurückzuführen. Denn in der Aufführung entwischt die Konsistenz des Gedichts dem Leben des Geistes fortwährend: dieses Leben des Geistes, das seit Vico von der

Gleichwertigkeit zwischen dem Werk und dem Sinnbild regiert wird, eine Gleichwertigkeit, welche die Symbolisten von 1890 wie die Futuristen oder Surrealisten von 1910 oder 1920 immer wieder von den Symbolen der Träumerei auf die mechanische Geschwindigkeit, vom Gedicht aus Eisen auf die Hieroglyphen des Unbewussten oder auf den Gesang der arbeitenden Gemeinschaft reduzieren werden – um den Preis, die Sinnbilder zu erneuern. Das neue Gedicht entkommt den Plattheiten der Prosa und der Repräsentation nur, wenn es in Kauf nimmt, sich den ewigen Wandlungen dieses Geistes zu stellen, der sich in der Materie nur verkörpert, um sie auf flüchtige Zerstreuung zu reduzieren. Mallarmé kämpft beständig oder spielt vielmehr Versteck mit diesem Protheus-Geist, der immer bereit ist, sich die dichterische Materialität der Idee anzueignen. Und eher als die orphischen Geheimnisse des Universums zu liefern, eine Aufgabe, der sich so viele Zeitgenossen Mallarmés verschreiben, besteht das Projekt des Buches darin, den Geist auf die Seite zu nageln, die Materialität der Idee durch die Gleichsetzung des Raums der Aufführung mit dem Raum des Buches sicherzustellen.

Das Buch oder sein exemplarisches Blatt muss ein für alle Mal gegen die musikalische Auflösung des Gedichts die materielle Objektivität seiner Idee sicherstellen. Es muss den nackten Ausdruck des Gedankens vorlegen oder die »prismatischen Unterteilungen der Idee«, die in der materiellen Anordnung der Wörter auf der Seite ihre Entsprechung finden. Diese Aufführung der Idee setzt den Raum des Buch-Bandes mit der Raumzeit der Aufführung gleich. Das heißt auch, dass sie die doppelte Bühne der Aufführung, welche Schrift und Interpretation, materielle Einschreiboberfläche und persönliches Theater der Analogie war, auf eine einzige reduziert. Ein einziger Raum muss die Aufführung der Idee enthalten, die ihre Schritte auf einer Oberfläche einschreibt, und Aufführung des Geistes, der darin sein Theater erkennt. Doch diese Identität der materiellen Aufführung und der Aufführung des Geistes, des Buches und der lebendigen Sprache, des Geistes und seines Körpers hat einen Namen, der wieder ein »geistiger« ist. Das Symbol der Symbole oder die Aufführung der Aufführungen heißt tatsächlich »Sakrament«. Darum geht es in Wirklichkeit beim Problem des Buches. Jede poetische Aufführung war eine singuläre Erhebung des gemeinsamen Ruhmes auf den Zufall eines »Geistesfunkens«, der sich dem Schimmer des Sonnenuntergangs gewährt, der Bewegung eines Fächers, dem Lüften eines Rockes einer Tänzerin oder der vergänglichen Figur, die ihre Schritte zeichnen. Jede Aufführung verneinte diesen Zufall – den Zufall des Gleichgültigkeitsprinzips – und jede ließ ihn sich wieder neu bilden. Damit etwas anderes als die dichterische Aufführung stattfindet, muss die Literatur ihren Beweis besitzen, das heißt die ursprüngliche Errichtung des Sakraments, die jede dichterische Gelegenheit wiederholt: die ursprüngliche Identität von Geist, seiner räumlichen Projektion und seiner »Heimholung« ins persönliche Theater. Das Buch als der der »intellektuellen Sprache« eigene materielle Raum ist zugleich der Text und die Ausführung des ersten Sakraments. Es ist die utopische Gleichheit des Buches und der Aufführung, der Partition und des Theaters, das die erste Erhebung dieser gemeinsamen Größe feiert, die jede dichterische Aufführung zufällig wiederholt.[27] Es muss mehr als ein Buch sein:

---

27 Gemeinsame Größe: Der Aufmarsch von Mallarmés Projekts des wesentlichen Buches verweist genauso wenig wie der des flaubertschen Buches über nichts auf die Sackgassen dessen, der sich im »Elfenbeinturm« eingeschlossen hat. »Der verrückte Akt des Schreibens« ist im Gegenteil mit der Notwendigkeit verbunden, »zu sehen, dass man da ist, wo man sein muss« (»Villiers de l'Isle-Adam«, Œuvres complètes, S. 481), das heißt nicht nur auf die stumme Frage des morgendlichen Arbeiters an den spazierenden Dichter der »Confrontation« (»Was machst du hier?«) antworten, sondern auch den Aufenthalt der Gemeinschaft zu sanktionieren oder ihr das Siegel der der Menschheit eigenen Größe verleihen, der das Gesetz, die Wahl und die Zeitung nicht genügen. Wenn die »geistige Tat« der Literatur die Anekdoten und Ähnlichkeiten des repräsentativen Theaters verabschieden kann, um sich mit dem »Mythos in reinster Gestalt, bar noch gewussten Ortes, gewusster Zeit und Person« zu identifizieren, dann deswegen, weil sein Sinn, dem »latenten Sinn entlehnt unter Mitwirkung von Allem […] nie anderes als die – unsterblichen, eingeborenen – Zartheiten und Herrlichkeiten« synthetisiert, »die allen unbewusst im Zusammenströmen eines stummen Publikums vorhanden sind«. (»Richard Wagner. Träumerei eines französischen Poeten«, in: Kritische Schriften, S. 144–157, hier: S. 153ff.) Die »Literatur« von Mallarmé gehorcht dem allgemeinen Gesetz, die die Absolutheit der Literatur mit ihrer Eigenschaft, die Gesellschaft auszudrücken, verbindet. Indem sie die Größe der Masse ausdrückt, die ihr selbst noch unbewusst ist, nimmt sie eine noch zukünftige politische Seinsweise vorweg. Nahe dem neuen Jahrhundert macht sie im Grunde, was am Ende des vorhergehenden Jahr-

Es muss das Buch und seine Ausführung sein. Es muss das Buch sein, das sich selbst beweist, das seinen Text durch seine Ausführung und seine Ausführung durch seinen Text beweist. Die Anordnung der Zeilen auf dem Papier muss zugleich den Körper und die Idee seiner Idee darstellen. Sie muss also gerade die Syntax des Denkens, der Formen und der Rhythmen zeichnen, den Raum des Denkens der Musik der Welt, der Logik der »Gesamtheit der in allem existierenden Verhältnisse« anpassen. Das Buch oder das wesentliche Blatt ist also geradezu die Landschaft des Denkens, das seinen inneren Raum auf das Weiß des Papiers zeichnet. Die Schrift des Denkens in seiner eigenen Sprache wird zu dieser Mimesis des Denkens, das seine eigene Ähnlichkeit auf das Blatt zieht. Sie wird somit die radikalste Form dieser »wahrhaften« Schrift, die zugleich mehr und weniger als geschrieben ist, deren Denken seit Platon die Kritik der demokratischen Literarizität begleitet. Die Erzählung des *Landpfarrers* zeigte die romaneske Schrift zwischen zwei Gestalten der Hyper-Schrift eingefasst: weniger als geschriebene Schrift, der reine Weg des Geistes/des Hauches, den die swedenborgsche Sprache der Geister darstellte; mehr als geschriebene Sprache, die in die Materialität der Dinge eingeschrieben ist, die von den Kanälen und Eisenbahnen des

---

hunderts der Autor von *Der Geist des Christentums* [Chateaubriand; A.d.Ü.] gemacht hatte. Abgesehen davon, dass sie auch dieses Siegel der Gemeinschaft, das sich eben »Geist des Christentums« nannte, ersetzen musste. Der »Geist«, der die Gemeinschaft über die Ruhen und Stürme der politischen Ordnung erhebt, ist nunmehr der Geist der Musik oder der Dichtung. Bei Mallarmé wie bei Rimbaud ist der Dichter »Diener, von vornherein, der Rhythmen« (»Bucolique«, *Œuvres complètes*, S. 401). In den Wirren der »Vers-Krise« trennt sich das Gedicht von einem zukünftigen Volk, das vielleicht aus einer »anderen gegenwärtigen Schwangerschaft« entstehen wird, aus der »sozialen Krise«. Es bereitet sich also für die Feiern der Zukunft vor und schützt sich zugleich gegen den eitlen demokratischen Menschenfresserhunger, der bereit ist, es von vornherein zu verschlingen, sich an seinem Trugbild zu berauschen. Diese politische oder vielmehr archipolitische Aufgabe radikalisiert die mallarmésche Frage der Schrift. Sie verleiht der Dichtung die Berufung, Gemeinschaftshymne zu sein, die sie ihr zugleich aufzuschieben befiehlt. Und der Widerspruch dieser Berufung begegnet gerade dem Widerspruch der der Dichtung eigenen Objektivität, die immer zwischen dem Denkmal des Buches und der Aufführung der Fiktion geteilt ist. Zu diesem politischen Aspekt des Problems des Gedichts verweise ich auf mein Buch: *Mallarmé. La politique de la sirène*, Paris 1996.

saint-simonistischen »neuen Christentums« repräsentiert wird. In der Schrift des mallarméschen Buches/Theaters/Gottesdienstes vereinigen sich diese zwei Gestalten des Geist gewordenen Denkens und des Materie gewordenen Denkens. Die zwei stummen Schriften, die den Kampf der Poetik des Geistes gegen die demokratische Literarizität begleiteten, identifizieren sich im Herzen des Gedichts selbst, inmitten dieser Schrift eines Archi-Gedichts, das der dem Denken »eigentümlichen« Materialität ähnelt.

Diese radikale Hyper-Schrift ist jedoch eine extreme Form der *mimesis*, die den Widerspruch der symbolistischen Poetik nur durch eine Umdrehung ihres Prinzips löst. Diese Poetik erforderte die »Andeutung«, die jede Kopie der empirischen Blumen beiseiteschob, um die Blume der reinen Idee aufkeimen zu lassen. Doch damit das Denken seinen inneren Raum auf dem Blatt des *Würfelwurfs* zieht, muss die »allegorische« oder »sinnbildliche« Distanz des Zeichens zum Sinn aufgehoben werden, muss der Sinn literarisiert werden, auf dem reinen Raum des Buchs gezogen werden. Die visuelle Anordnung des Gedichts muss also das Prinzip der Repräsentation weiter treiben als jemals zuvor: Die Anordnung der Wortgruppen muss visuell nachahmen, wovon das Gedicht spricht, sie muss auf dem Papier die Ähnlichkeit des sinkenden Schiffs und der Sternenkonstellation nachahmen. Denn »der Rhythmus eines Satzes, der einen Akt oder gar einen Gegenstand zum Stoff hat, hat nur Sinn, wenn er sie nachahmt und auf dem Papier gestaltet und, vom ursprünglichen Stempel der Buchstaben wiederholt, trotz allem etwas wiedergeben muss«. »Die Literatur legt so *ihren Beweis* ab: Es gibt keinen anderen Grund, auf Papier zu schreiben.«[28] Dieser typographische Beweis der Literatur ist aber ebenso das Verfahren ihrer Aufhebung. Was ist die Weihe, die sie von dem Geschwätz der Prosa trennen soll, letztlich anderes als das Zusammenfallen des Zeichens des Denkens und der räumlichen Form, anderes als die Extremisierung der Logik des Symbols, das zugleich als Zeichen des Denkens und als sein Körper gelten will, als zu interpretierender Text und als Zeichnung

---

28 Mallarmé, Brief an André Gide, 14. Mai 1897, und an Camille Mauclair, 8. Oktober 1897 (*Correspondance*, Bd. IX, S. 172 und 288).

einer Form? Hegel zufolge führte dieser Anspruch des Symbols, Form und Denken zugleich zu sein, es dazu, beide zu verfehlen, nur das Zeichen des eitlen Versuchs der Dichtung zu sein, sich als Philosophie auszugeben. Das ist vielleicht das Schicksal dieses Papierbootes: Geschichte, die sich verleugnet, Form, die sich ablehnt, um sich mit dem reinen Verlauf der Idee zu identifizieren, zum Preis, die Idee in ihre Unbedeutsamkeit zu ziehen, sie einmal mehr mit dem Buchstaben und dem Papier zu identifizieren, deren Kontingenz der Dichter, um die Literatur zu beweisen, ein für alle Mal verneinen wollte.

10.

Der Kunstgriff, der Wahnsinn, das Werk

»Seit vierzig Jahren wird die Literatur vom Kontrast zwischen dem Ausdruck und der Leichtfertigkeit des Gesagten beherrscht (ausgehend von *Madame Bovary*).«[1] Diesen Zustand, den Proust beschreibt, als er sich ins Abenteuer des Verfassens der *Suche nach der verlorenen Zeit* warf, muss genauer untersucht werden. Die flaubertsche »Leichtfertigkeit« war die genaue Anwendung einer Poetik der Gleichgültigkeit des Stoffs und der Absolutheit des Stils. Diese zwang den Romancier dazu, Zeile um Zeile diesen unmerklichen Unterschied zu kennzeichnen, der sich schlussendlich auflösen musste. Doch es gibt eine andere Leichtfertigkeit, jene, die Mallarmé dazu bestimmt, »Visitenkarten«-Gedichte zu schreiben anstatt das Gedicht selbst, das die Schrift der Idee in seinem eigenen Raum wäre. Es gibt den Verlust des absoluten Stils im toten Buchstaben, von dem der herrliche und faktisch nichtige Stil von *Bouvard und Pécuchet* zeugt. Und es gibt den anderen Verlust, mit dem Mallarmé konfrontiert ist, der die dem Gedicht eigene Materialität in seinem »Geist« auflöst.

Denn der Kern der Literatur und ihres Widerspruchs ist nicht der Autotelismus der Sprache, die in sich verschlossene Herrschaft des Buchstabens, sondern die Spannung zwischen dem Buchstaben und seinem Geist. Diese Spannung hat begonnen, als das alte poetisch-rhetorische Gebäude der *inventio*, der *dispositio* und der *elocutio* auf die einzige Ebene der *elocutio* reduziert wurde. Diese Ebene ist nicht die der formalen Spiele der Sprache, sondern die der Tropen. Die Trope ist der Unterschied der Sprache zu sich selbst, der Verweis des Raums der Wörter auf den Raum dessen, was sie sagen. Die neue Poetik hat begonnen, als Vico angefangen hat, den alten Anspruch auf verborgene Weisheit der alten Dichtungen von Grund auf zu zerstören, diese Geltendmachung eines

---

[1] Marcel Proust, Heft von 1908, hg. von Philippe Kolb, *Cahiers Marcel Proust*, Nr. 8, Paris 1976, S. 67.

doppelten allegorischen Bodens, den die Getreuen Homers Platon und den Philosophen entgegengehalten hatten, bevor die Philosophen des Heidentums ihn dem christlichen Evangelium entgegensetzten. Vico antwortet darauf, dass die Dichtungen nicht Bücher kryptischer Weisheit sind, sondern nur Dichtungen. Doch man muss an die Sonderbarkeit dieser Antwort und dieser einzigartigen Verschiebung der Wirkungen erinnern. Die Idee der Dichtung selbst wird nämlich revolutioniert. Das Wesen der Dichtung ist nunmehr, eine Sprache zu sein, die etwas anderes sagt, als sie sagt, eine Sprache, die das Wesen der Sprache in Figuren ausspricht. Damit spaltete sich die Antirepräsentation von Anfang an entzwei: Einerseits war sie die Auflösung des Gattungssystems, die Gleichheit der Stoffe gegenüber der einzigen Macht der *elocutio*. Auf der anderen Seite war sie der Unterschied der *elocutio* zu sich selbst, die Tiefe dessen, was die Sprache stattfinden lässt. Man kann dieser Tiefe den Gattungsnamen Geist geben. Doch diese Tiefe ist ebenso auch das, was die Sprache enteignet, was sie nur als figürlichen Ausdruck seines Geistes gelten lässt. Die Dichtung ist Gesang des Taubstummen. Sie hat Wert als Hieroglyphe der Welt der Geister, deren Mitteilung schweigsam ist, als Rückstand des noch in der Figur eingeschlossenen Denkens, als Spiegel der Gemeinschaft.

Die Literatur ist also zwischen zwei Aufhebungen eingeklemmt. Indem die Poetik Vicos aus der Dichtung einen Modus der Sprache machte, machte sie die Prosa zum *telos* der Poesie. Und sie begründete eine Vorstellung der Kunst, die ihre Radikalität im hegelschen Ausspruch vom »Tod der Kunst« findet, im Tod ihrer sprachlichen Funktion der Manifestation eines Sinns in einer Form. Auf dieses prosaische Schicksal der Poesie antwortet die flaubertsche Herausforderung einer Poetik der Prosa, einer Verabsolutierung der Prosa. Die Macht der Prosa wird von der repräsentativen Hierarchie der Stoffe abgetrennt, aber auch von dieser »Poesie«, die Unterschied der Sprache zu dem, was sie sagt, ist. Was sie als poetischen Unterschied vollendet, ist also gerade die Macht einer Leere, einer Leere, die unmerklich die Leere der unendlichen Wiederholung der Dummheit aushöhlt, bis sie endlich mit ihr gleich geworden ist. Die Meisterschaft, welche die

Sprache entleert, macht also das literarische Projekt zunichte wie umgekehrt die Tiefe, die sie auffüllt.

Die Literatur richtet sich in diesem Abstand zwischen zwei Aufhebungen ein: einerseits eine verallgemeinerte Poetizität, welche die Dichtung in ihrem Geist ertränkt, gleich, ob das nun der Geist Taines oder der Swedenborgs ist; auf der anderen Seite eine verabsolutierte Prosa, die sich im Verblassen ihres Unterschieds zugrunde richtet. Dieser Abstand ist jedoch kein Nicht-Ort. Er definiert zugleich ein Territorium und die Grenzen, Räume des Kompromisses, wo die banale Offensichtlichkeit der Literatur und die radikalen Erfahrungen des literarischen Widerspruchs Platz finden. Die Banalisierung der Literatur – ein Ausdruck, der keinerlei Werturteil enthalten soll –, ist einerseits die Neutralisierung ihrer gegensätzlichen Prinzipien, andererseits, und als Folge dieses Kompromisses, die Fortführung der repräsentativen Poetik in der Ausdruckspoetik, die Fortführung einer neutralisierten Geschichte der Literatur.

Der Neutralisierung ihrer gegensätzlichen Prinzipien bietet sich eine Form an, gerade diejenige, die sie verschärft hat: die gattungslose Gattung des Romans. Die naturalistische Gestalt des Romans bietet sich ganz besonders für die Übereinstimmung der Gleichheit der Stoffe und für die Macht der sprachlichen Verdoppelung jeder Sache an. Deshalb kann der expressive Roman auch die Rolle der typischen Form, die Rolle der Normalform der Fiktion vom repräsentativen Drama übernehmen. Indem der expressive Roman die Verbindung der Gattung mit dem Stoff aufgibt, kann er die Verbindung zwischen dem zu behandelnden Stoff, den darzustellenden Figuren, den zu verknüpfenden Situationen und den geeigneten Ausdrucksformen übernehmen. Der »Klassiker« kann sich das Haupt verhüllen angesichts der Stoffe, die Zola in der Gosse aufsammelt. Doch Zola gehorcht in jedem Fall der Vorschrift, die er dem Autor von *Der Glöckner von Notre-Dame* und dem der *Erziehung der Gefühle* vorwirft, vergessen zu haben: Er schreibt in der klassischen Sprachweise, um zu belehren, zu rühren und zu überzeugen. Und auf der anderen Seite hat er keine Schwierigkeit damit, dem Liebhaber der neuen Literatur zu beweisen, dass er nicht irgendein »Reporter« der Dinge des gewöhnlichen Lebens ist, sondern der Dichter ihrer geheimen Poetizität: Die Sprache von Gervaise, Coupeau oder Lantier ist nicht die Kopie der auf der Straße aufgesammelten Ausdrücke, sie ist ihre Erhöhung in die literarische Sprache; die Auslagen der Hallen oder des *Paradies der Damen* sind nicht das auf die Buchseite geworfene Durcheinander der Wirklichkeit, sondern das moderne Gedicht der Dinge. Von den Stillständen befreit, in die der flaubertsche Quietismus wie die Hellseherei Balzacs das naturalistische System der Beschreibung festhielten, lässt es die repräsentative Architektur der Geschichte, in der jeder Teil Glied des Ganzen ist, und die Poetik des Kranzes von Fragmenten, in der sie der Mikrokosmos davon ist, in eins fallen.

Die Literatur kann sich somit in ihrer Offensichtlichkeit einrichten, ihren Unterschied im Fortschreiten auslöschen. Und es ist möglich, die Kontinuität ihrer Geschichte zu errichten, indem sie jeden grundlegenden Bruch überschreitet. Das naturalistische System der Romanprosa und der Aufbau des gemeinsamen Literaturschatzes tragen unabhängig voneinander zur selben Wirkung bei, hervorgerufen von derselben Ursache: dem Übergang von einer normativen Poetik zu einer historischen Poetik. Gerade die Tatsache, dass die vergangenen Werke ihren Wert als nachzuahmende Modelle verlieren, hebt die Trennung zwischen dem auf, was man nachahmen kann, und dem, was man nicht mehr nachahmen kann. Sie erlaubt sie in denselben gemeinsamen Schatz einzuverleiben, in dem die Klassifizierung der Gattungen und die Trennung zwischen den barbarischen Zeitaltern und den zivilisierten nicht mehr gilt, wo Rabelais wie Zola, Euripides wie Shakespeare, Racine oder Hugo Manifestationen derselben zeitlosen Macht in ihrer Zeit und ihrem Ort sind. In diesem gemeinsamen Schatz erweist sich der schreiende Gegensatz zwischen dem Privileg der schaffenden Genies und der sie tragenden Mitte als von vornherein geregelt. Man hat es gesagt, das Genie ist immer zugleich Geist *[génie]* eines Ortes, einer Zeit, einer Rasse. Lason kann die Geschichte der Autoren über die literarische Geschichte einer Zivilisation triumphieren lassen, wie sie von Taine oder Renan verkörpert werden. Doch in jedem Fall kommt der Geist auf seine Kosten. Im Werk zeigt sich der Geist seines Autors, und in diesem Geist der Geist einer Zeit der Ordnung oder der Stürme, eines Milieus der aristokratischen Verfeinerung oder der bürgerlichen Aktivität, eines Nationalgeistes der mediterranen Klarheit oder der nordischen Träumerei. Das Pantheon der großen Schriftsteller und der Geist einer Zivilisation spiegeln sich ineinander.

Die Gegenwartsproduktion und die Rekapitulierung des Schatzes können also gerade in ihrem Abstand zueinander gemeinsam die Gestalt einer Literatur ohne Widersprüche aufrechterhalten. Doch dieser Nichtwiderspruch ist nur eine Neutralisierung der Gegensätze. Er muss logischerweise auch einem Versuch weichen, den Akt der Literatur mit sich selbst kohärent zu machen, daraus die Realisierung eines einzigen und selben Grundprinzips zu machen. Man hat gesehen, wie der symbolistische Fundamentalismus gerade das Beispiel einer solchen Unternehmung war und wie Mallarmé sich mit dem Paradox einer verschwommenen Literatur herumschlug im Namen ihrer Reinheit im Geistesleben. Das vor allem macht die Schwierigkeit und die Seltenheit des mallarméschen Gedichts aus. Die Gleichheit des Theaters des Geistes und der denkend gewordenen Seite scheint die »verrückte« Vollendung des symbolistischen Programms zu sein: das Gedicht als Selbstdarstellung des Geisteslebens. Doch es kann auch der »Flossenschlag« *[coup de queue]* der Idee sein: der Kunstgriff, durch den es sich dieser Selbstdarstellung entzieht und seine eigene Künstlichkeit erklärt.[2] Das Gedicht vom Boot in Form des auf die Seite gezeichneten Bootes ist ebenso das eine wie das andere. Das letzte Wort Mallarmés bleibt in der Zweideutigkeit der Verrücktheit des Geistes oder seiner Parodie, des Witzes, der über jede Verwirklichung des Geistes die Künstlichkeit der Kunst wiedererobert. Im Grunde steht in der Liquidierung des Symbolismus die Auflösung dieser Zweideutigkeit auf dem Spiel, und zwar in den Hauptformen der surrealistischen Radikalisierung und der formalistischen Kritik.

---

2 Vgl. einerseits die berühmte Erzählung von Valéry, den Mallarmé gefragt hätte, als er ihm den *Würfelwurf* zeigte: »Finden Sie nicht, dass das ein Wahnsinnsakt ist?« (*Variétés*, in: *Œuvres*, Paris 1975, Bd. 1, S. 625) und andererseits »die Idee gewundener und widersprüchlicher Kruppenschläge *[coups de croupe]* verschmäht es gar nicht, abrupt und enttäuschend zu enden *[finir en queue de poisson]*« (»Solitude«, *Œuvres Complètes*, S. 408.).

Die erste Form stellt dem toten Buchstaben der Literatur die Eroberung der Fähigkeiten des Geistes entgegen, wie aus diesem Manifest des »Büros für surrealistische Forschungen« hervorgeht:

»1. Mit der Literatur haben wir nichts zu schaffen; aber wir sind sehr wohl imstande, wenn es sein muss, uns ihrer zu bedienen wie jedermann.

2. Der Surrealismus ist weder ein neues oder bequemeres Ausdrucksmittel noch gar eine Metaphysik der Poesie; er ist ein Mittel zur totalen Befreiung des Geistes und all dessen, was ihm gleicht.«[3]

Diese Kriegserklärung an die Literatur im Namen des Geistes trägt sicherlich das spezifische Siegel des Mannes, der damals das »Büro für surrealistische Forschungen« leitet, nämlich Antonin Artaud. Doch sie hat auch einen allgemeinen Wert, nicht nur als Formel der surrealistischen Schule, sondern als Vollendung und Umkehrung der Idee der reinen Literatur. Die reine Literatur im symbolistischen Zeitalter war die Literatur, die vom Zustand der figürlichen Sprache auf den der direkten Sprache des Denkens reduziert war: natürlich nicht die Sprache der gleichgültigen Zeichen, die bei Hegel das Instrument eines zu sich selbst gekommenen Denkens ist, sondern die Sprache in ihrer Anpassung an die ursprünglichen Rhythmen des Denkens, an die Wege und Geschwindigkeiten ihrer Bewegung, bevor sie in der bezeichnenden, belehrenden oder verführenden Rede fixiert wurde. Im Rationalismus von Mallarmé sollten diese Rhythmen »ursprüngliche Blitze der Logik« sein. Als der Symbolismus sich mit der Anthroposophie oder mit irgendeiner anderen initiatorischen Doktrin verbündete, wurden sie zum Brodeln des Schaumes der »Meereswelten der ›Mütter‹«, das Andrej Belyj in *Kotik Letajew* beschwor. Sie wurden die kosmischen Bewegungen, aus denen das Bewusstsein und das Ich in einem Moment hervortauchen, bevor sie neuerlich mit dem Leben des Geistes verschmelzen, an dem Tag, da »lodert das Wort, wie die Sonne [...] das Eis der Begriffe, Worte,

---

3 Antonin Artaud, »Erklärung vom 27. Januar 1925«, in: *Surrealistische Texte Briefe*, hg. und aus dem Französischen übersetzt von Bernd Mattheus, München 1996, S. 34.

Sinne – bricht: keimt auf in vielfachem Sinn.«[4] Die symbolistische Form des Werkes negiert sich also selbst als Form des Werkes, sie gibt sich als Form des Lebens aus.

»Wir gehen dem Geist entgegen. Das ist sehr sicher, das ist Orakel, was ich da sage.« Die auf Rimbaud folgende Generation nimmt gern die ironische Prophezeiung von *Eine Zeit in der Hölle* wörtlich und identifiziert sie mit der Überraschung des »Es denkt mich« und des Holzes, das als Geige erwacht.[5] Am Ende der Bewegung, welche die Literatur von der Reportage der Dinge der Welt entfernt, wird sie Zeugnis über die Entdeckung des Geistes. Der Geist ist geradezu das, was den dichterischen Ausdruck der abgekapselten Welt der Diskurse und der Werke entreißt, um sie dem Leben zurückzugeben, um sie der ursprünglichen Erfahrung der Sprache und des Denkens zugänglich zu machen, in dem der intimste Gedanke sich als identisch mit seinem Außen und die höchste Macht der Sprache als identisch mit ihrer Aufnahme durch das ursprüngliche Gemurmel erweist. »(N)ichts ist in mir: all mein Inneres ist – außer mir: ist ausgewachsen, ausgeflossen – lebt, tanzt und kreist; ›Ich‹ ist ›nicht-Ich‹ […] ich bin – mit dem Geist: bin – im Geist«.[6] Die »nackte Zeichnung des Denkens« ist also der Taumel, durch den es sich selbst abhanden kommt. »Befreiung des Geistes und *all dessen, was ihm gleicht*.« Wenn der Geist Auflösung ist, ist das, was ihm gleicht, das, was man Wahnsinn nennt. Die Befreiung des Geistes gibt der alten Repräsentation ihr genaues Gegenteil, was weder der Ausdruck noch die Form oder die Musik ist, sondern die schizophrene Dissoziation.

Literatur, Geist und Wahnsinn treten also in ein komplexes Verhältnis von Anziehung und Abstoßung. Das symbolistische oder surrealistische Abenteuer des Geistes bejaht gegen die toten Werke der Literatur die Erfahrung eines Denkens und einer Spra-

---

4 Andrej Belyj, *Kotik Letajew*, aus dem Russischen von Gabriele Leupold, Frankfurt/M. 1993, S. 215.
5 Arthur Rimbaud, *Une Saison en enfer / Eine Zeit in der Hölle*, Französisch/Deutsch, übertragen und herausgegeben von Werner Dürrson, Stuttgart 1992, S. 13; und Brief an Georges Izambord vom 13. Mai 1871, in: *Sämtliche Werke*, Französisch und Deutsch, übertragen von Sigmar Löffler und Dieter Tauchmann, Frankfurt/M. 1992, S. 394. (A.d.Ü.)
6 Belyj, *Kotik Letajew*, S. 198.

che, die zu ihrer Quelle zurückgehen, die dem Werk den Geist und dem Geist die geheimen, tauben Kräften zurückerstatten, die dem Leben fremd sind. Doch einerseits ist diese Bewegung des Geistes der konstitutiven Gespanntheit der Literatur zum anderen Raum innerlich, den die Sprache als den Ort ihrer Kraft anzeigt. Andererseits trifft die Bewegung, die das Werk auf die schizophrenen Kräfte des Lebens verweist, an einem zentralen Punkt auf jene Gegenbewegung, die vom Wahnsinn zur Literatur verläuft, von der vom Geist durchgemachten Dissoziation zur Wiedereroberung des Selbst durch die literarische Sprache. Das Manifest der Befreiung des Geistes, das Artaud unterzeichnet, kann nicht von dem singulären Hin und Her getrennt werden, von dem sein Dialog mit Jacques Rivière zeugt. Dem Sekretär der literarischen Zeitschrift, dem er seine Gedichte geschickt hatte und der sie für unveröffentlichbar erklärte, wirft Artaud vor, ein »literarisches Urteil« über seine Texte zu fällen. Sie sind nicht Literatur, sondern Manifestationen seiner geistigen Existenz, das heißt Spuren dieses Denkens, das sich den Wörtern entzieht, dieses Denkens, das sich selbst entflieht. Er glaubte ihm weniger Werke vorgelegt zu haben als »mentale Fälle«. Seine Argumentation scheint auf einem Missverständnis zu beruhen. Denn Rivière ist gerade am »Fall« interessiert und daran, was er aufzeigt, nämlich die brüchige Grenze zwischen dem normalen Funktionieren des Geistes oder, wenn man will, seiner normalen Anarchie, die Valéry zu seinem Forschungsfeld machte, und der Krankheit dieser Anarchie, die, wenn sie nichts aufhält oder festhält, zur Dissoziation führt. Dieser reine Geist, den die Surrealisten den kleinlichen Werken der »Literatur« entgegenstellen, ist für ihn die Katastrophe des Wahnsinns, eines Denkens, das sich selbst abhanden kommt, weil es auf kein Hindernis stößt. Rivière nimmt im Grunde die flaubertsche Gegenüberstellung von Werk und Hysterie auf und radikalisiert sie. Diese Gegenüberstellung lehnt Artaud nun aber ab. Der Abstand zwischen seinem Denken und den »Abfällen«, die seine Gedichte sind, verlangt die Beachtung des »realen Wertes, des anfänglichen Wertes« des Denkens und seiner Gedichte *als Produktionen dieses Denkens*. Diesem realen Wert gibt er einen Namen, er ist ein *literarischer* Wert. Er beansprucht also die »literarische Existenz« dieser Gedichte, die nicht Literatur sind. Er denkt gerade durch die Beschreibung seiner Krankheit bewiesen zu haben, dass er einen »Geist hat, der literarisch existiert«. Im Namen dieser »literarischen« Existenz wiederum lehnt er den Vorschlag Rivières ab, diesen Austausch als Briefroman zu veröffentlichen, das heißt, »den Schrei des Lebens selbst auf die literarische Ebene zu bringen«.[7] Die Literatur ist somit zugleich die Lüge des toten Buchstabens, die im Namen des Geisteslebens verdammt wird, und die Bejahung dessen, was der Krankheit dieses Lebens widersteht. Die Literatur ist, was diesem Wahnsinn widersteht, der sich ihr als ihr Schicksal zeigt, sobald sie sich als Form des Lebens ausgibt, indem sie die Äußerlichkeit des Werkes ablehnt.

Ein besonderes Verhältnis stellt sich also zwischen Werk und Werkabwesenheit ein. Es stimmt, wie Foucault sagt, dass das Werk und der Wahnsinn sich gegenseitig abstoßen. Doch das Werk lässt sich dem Wahnsinn nur entreißen, wenn es sich jeglicher Autonomie verweigert und sich als Spur des Denkens ausgibt. »Literarisch« bleibt bei Artaud ein Adjektiv, das einen Denkzustand oder ein Zeugnis dieses Zustandes bezeichnet. Daher seine Zustimmung zum Vorschlag Rivières, die Briefe statt der Gedichte zu veröffentlichen, wenn auch ein paar Auszüge von diesen jene illustrieren sollen. Das scheint doch der beleidigendste Vorschlag für einen Dichter zu sein. Artaud jedoch akzeptiert begeistert. Er akzeptiert also implizit das Urteil von Rivière: dass seine klarsichtigen Analysen seiner Krankheit besser sind als die Zeugnisse ihrer Wirkung. Doch wenn er es akzeptiert, dann deswegen, weil beide für ihn gleichwertige Spuren oder Zeugnisse seiner »literarischen« Existenz sind, weil sie literarisch sind durch das, was sie gerade vom Werk fernhält, was sie in die Abrechnung des Lebens mit sich selbst einbezieht, »dieses kleine Beben, das von der Wahrhaftigkeit eines Schmerzes untrennbar ist, der aus tausendjährigen Katastrophen stammt«.[8] Es handelt sich hier nicht um eine persönliche Angelegenheit. Diese Abrechnung des Lebens mit sich selbst ist vielleicht nicht das große kosmische Drama, das

---

7 Antonin Artaud, Brief vom 25. Mai 1924, in: Antonin Artaud, *L'Obilic des limbes*, Paris 1968, S. 38.
8 Antonin Artaud, Brief an J. Prével, *Œuvres complètes*, Bd. XI, Paris, S. 250.

der Schriftsteller Artaud beschwört, noch die bloße Krankheit des Individuums Artaud. Sie ist auch der Widerspruch der wesentlichen Sprache, die der Symbolismus als Prinzip der Literatur forderte. Sie ist die Extremform der Suche nach einem »höchsten Zähler unserer Apotheose«, einer Suche, welche die »zentrale Leere« erreicht, von der Mallarmé sprach, diese mystische Leere des Wesens des Gedichts, die hier mit dem zusammenfällt, was den Kranken von seinen Worten und seinem Denken trennt. Die »Krankheit des Geistes« ist auch die Grenze der Spannung, welche die literarische Autonomie zur radikalen Fremdbestimmung »ihrer« Sprache führt.

Es gibt zwei Arten, mit dieser Nähe der Literatur zum Wahnsinn umzugehen. Die erste ist, der Literatur ihr eigenes Gebiet zurückzugeben, indem man den wahren Wahnsinn vom vorgetäuschten radikal trennt, das heißt auch, indem man die Sprache des Werkes und die des Lebens anders trennt. Das ist der Kern des formalistischen Unternehmens. Dieses wurde bequem wiederverwertet zugunsten der autotelischen Perversion wie ihrer verborgenen und verschwiegenen Quelle, der Sprache, die sich nach Novalis um sich selbst bekümmert.[9] Doch der Begriff des »Autotelismus« ist nur die Reduktion des romantischen Widerspruchs auf einen eindeutigen Begriff, die Reduktion dieser Verdoppelung, welche die Ebene der *elocutio* betrifft, auf die sich die repräsentative Dreiheit der *inventio*, der *dispositio* und der *elocutio* zurückgezogen hat. Der »Autotelismus« ist nämlich das Hin und Her zwischen gegensätzlichen *teloi*, das Durchlaufen des Raums, der sich zwischen alternativen Polen der romantischen Sprache erstreckt, zwischen der mystischen Sprache Swedenborgs und dem schlegelschen Witz. Der Kern des Formalismus ist, der symbolischen Auflösung des Werkes im mythischen Chaos des Geistes eine Autonomie des Werkes im Modus des geistvollen Wortes entgegenzusetzen. Der Formalismus gehört sicherlich der anfänglichen Formulierung der Romantik an, doch unter dem Titel der Gegeninterpretation. Diese Umkehrung erscheint beispielhaft, wenn ein Theoretiker des russi-

---

9 Vgl. die knappe Ausführung, die Tzvetan Todorov von den Theorien gibt, die er sorgsam in Frankreich eingeführt hatte in *Critique de la critique: un roman d'apprentissage*, Paris 1984.

schen Formalismus, Viktor Šklovskij, einen beispielhaften Roman der symbolistischen Interpretation, *Kotik Letajew* von seinem Landsmann Andrej Belyj zum Gegenstand nimmt. Die Wiederherstellung der Sprache und des Bewusstseins bei der Geburt eines Kindes war für Belyj der Anlass, die anthroposophische Lehre zu inszenieren, die Macht der Sprache mit dem großen Urmeer der kosmischen Mythen zu verbinden. Šklovskijs Analyse stellt sich dieser Fabel über den Ursprung der Sprache in zweifacher Weise entgegen. Erstens, indem sie den Widerspruch gerade im Wesen von Belyjs Unternehmen aufzeigt. Der Wille, das Werk mit den kosmischen Bewegungen des Geistes gleichzusetzen, wird von der fiktionalen, figurierten, verbalen Materie umgedreht, die sich verwirklichen soll. Der Autor wirft dem großen Urmeer der Mythen Symbole entgegen, aber das Werk geht in seiner eigenen Logik in die Gegenrichtung. Es bringt die große Garbe von Symbolen, die auf dem Weg zum Urmeer sind, ins Sprachspiel zurück. Es macht daraus eine metaphorische Reihe, eine Konstruktion von verbalen Bildern, die der Sprache »des Lebens« entgegengesetzt sind. Die Logik des Werkes reduziert jedes Symbol auf den Wert einer Trope. Und sie zwingt, die Interpretation der Trope umzudrehen. Diese ist nicht eine Veranschaulichung des Denkens auf klassische Art. Aber sie ist auch nicht der ursprüngliche Modus der Sprache und des Denkens, wie Vico es forderte. »Die Aufgabe des Barden bestand nicht darin, eine bestimmte Vorstellung mittels Worten wiederzugeben, sondern eine Reihe von Tönen zu errichten, die ein bestimmtes Verhältnis zwischen ihnen boten, ein Verhältnis, das man Form nannte.«[10] Der Abstand der Sprache zu sich selbst ist nicht ihr doppelter Boden, er ist die Neuanordnung ihrer Elemente. Er stellt eine Form her, eine neue Weise zu sprechen, welche die Attribute der Bedeutung verschiebt, die Bewegung des Sinns verzögert oder beschleunigt. Eine Sprachsequenz gibt sich als solche zu erkennen. Da, wo Belyj ein Symbol der Ewigkeit vorlegen will, stellt er nur eine Figur her, das heißt eine bestimmte verbale Formel.

---

10 Vgl. Viktor Šklovskij, »Literatur und Kinematograph«, aus dem Russischen von Rainer Grübel und Peter Scherber, in: Aleksandr Flaker und Viktor Žmegac (Hg.), *Formalismus, Strukturalismus und Geschichte*, Kronberg 1974, S. 22–41.

Der symbolistischen Fabel, welche die Sprache zum großen Urmeer zurückführt, kann man also eine alternative Fabel vom Eintritt in die Sprache entgegenhalten. Dem kleinen Kind, das dazu dient, die anthroposophische Heldenerzählung vom Geist zu untermauern, kann man das Pferd entgegenhalten, das Tolstoj in *Cholstomer* sprechen lässt und das zu verstehen versucht, was die Menschen mit den Adjektiven *mein* und *meine* bezeichnen. Diese fiktionale Figur entspricht einem Verfahren der Singularisierung, das erlaubt, jeden Gegenstand so zu beschreiben, als würde man ihn zum ersten Mal sehen, und jedes Ereignis, als ereignete es sich zum ersten Mal.[11] So muss man den Vorrang der *elocutio* verstehen: Die Struktur der Fiktion mit ihren Figuren und Ereignissen ist die eines Sprachspiels. Die Figur ist ein verbales Bild, eine Redeweise; die Ordnung der Ereignisse ist die Entwicklung eines Rätsels oder eines Wortspiels. Ereignisse und Figurengruppen entwickeln sich in Verhältnissen von Parallelismus und Gegensatz, die Verhältnisse des Reims sind. Die Komposition ist eine entwickelte Trope. Und der wahre Stoff jedes Romans ist seine eigene Entwicklung. Das macht der Roman schlechthin deutlich, jene Kindergeschichte namens *Tristram Shandy*. Die burleske Erzählung, die der Erzähler von seinem pränatalen Leben in Form eines unendlichen Regresses macht, ist mit der schlichten Repräsentation der Romanform selbst gleichgesetzt, diese Form, die den wahren Gegenstand eines jeden Romans ausmacht.

Diese der poetischen Sprache eigene Dynamik zwingt dem Willen des Schaffenden wie der geistigen Anarchie ihre autonomen Gesetze auf. Doch diese Gesetze sind nicht die einer Sprache, die sich in ihr selbst spiegeln würde. Die Anschuldigung des »Autotelismus« geht am Problem vorbei. Die »formalistische« Poetik, die Šklovskij in der Erzählung von Tolstoj findet, ist gleich der militanten Poetik des Huronen von Voltaire. Seine Analyse der ersten Novellen Tschechows, die einen trügerischen Schein erzeugen, den die Auflösung beseitigen wird, reduziert das Verfahren auf die Poetik des kalkulierten Effekts, die Poe wichtig war. Doch diese ist

---

11 Vgl. Viktor Šklovskij, »Die Kunst als Verfahren«, aus dem Russischen von Rolf Figuth, in: Jurij Striedter (Hg.): *Russischer Formalismus. Texte zur allgemeinen Literaturtheorie und zur Theorie der Prosa*, München 1994, S. 3–35.

selbst im Grunde nichts anderes als die aristotelische Handlung, die auf einem Fehler der Figur gründet, eine tragische Handlung, die genau der Struktur des geistvollen Wortes homolog ist.[12] Das ganze Unterfangen Mallarmés kann als widersprüchliches Wollen verstanden werden, diese Poetik des Kunstgriffs mit der symbolistischen Theorie der wesentlichen Sprache zu vereinigen. Der Formalismus löst den Widerspruch auf, die poetische Sprache ist die der Verfahren, durch die eine andere Modalität des Sinns sich vollzieht, die Form, in der die Sprache Sinn ergibt, indem sie sich im Gegensatz zu ihrem Alltagsgebrauch zeigt, wo sie hinter dem, was sie sagt, verschwindet. Die formalistische Form ist in ihrem Prinzip Distichon, Epigramm oder Wortspiel. Doch dieses zweite sprachliche Mittel gehört selbst der Welt der Erfahrung an. Sie setzt dem Menschen der Mitteilung nicht die Einsamkeit der Sprache entgegen. Sie stellt ihm den spielenden Menschen entgegen, der ohne Absicht Bonmots und Metaphern erfindet, den die Schreibkunst immer wieder als ihren Prototyp wiederentdeckt.

Was also im Widerspruch zur symbolistischen Dissoziation steht, ist nicht eine letzte Vervollkommnung des Autotelismus, welcher der romantischen Theorie der Sprache und der Literatur innerlich wäre, sondern vielmehr über den Bezug auf die künstliche Poetik Poes und auf die Phantasie Sternes so etwas wie ein moderner Aristotelismus: ein Denken der Fiktion als Glück des geistvollen Wortes, das die Wörter von ihrem Gebrauch und die Wirkungen von ihrer Vorwegnahme trennt; ein Aristotelismus, der durch die romantische Revolution vom repräsentativen Gattungszwang befreit ist und dadurch seinerseits fähig ist, die Romantik von der Hypothek des Symbols zu befreien. Der Poetik der Gattungen und der Lebens-Poetik ist also in gleicher Weise eine aristotelisch-romantische Poetik der Formen entgegengesetzt: der Epigramm-Roman, der Wortwitz-Roman, der Distichon-Roman

---

12 »Die Wirkung geistvoller Worte beruht neben der Bildhaftigkeit auf der Erkenntnis eigener Unwissenheit. Denn es wird um so deutlicher, dass man etwas gelernt hat, wenn der entgegengesetzte Zustand daneben gehalten wird, als spräche die Seele: ›Wie wahr! und ich wusste es nicht!‹« Aristoteles, *Rhetorik*, aus dem Griechischen von Paul Gahlke, Paderborn 1969. Hier: Rhetorik III, 11, 1412a 19–22.

oder der Überschreitungs-Roman. Jede Geschichte, jede Metapher ist ein geistvolles Wort. Die Bestimmung der Dichtung als Modus der Sprache verträgt sich nunmehr nicht nur mit der Gleichheit der Stoffe, sondern auch mit der alten Kraft der Geschichten. Das Wesen der Literatur kann mit dem spielerischen Gebrauch der Sprache im Allgemeinen gleichgesetzt werden. Das alte Wort »Phantasie« und das neue Wort »Verfahren« können also gleichbedeutend sein.

So neigt der literarische Konflikt zwischen dem Buchstaben und seinem Geist dazu, sich auf zwei Pole zu verteilen: der eine, wo der Geist die Macht der Trennung ist, welche die Wahrheit der Literatur gerade in der Auflösung oder in der Unmöglichkeit ihrer Werke darstellt; der andere, wo sie Spiel des Geistes wird, die Fähigkeit durch die systematische Erforschung der Möglichkeiten der Sprache immer neue Formen zu schaffen. Einerseits wird die literarische Sprache der Ausdruck eines heiligen Pathos, eine radikale Erfahrung der Seinsbedingungen des sprechenden Wesens. Andererseits manifestiert sie die Fähigkeit des spielenden und konstruierenden Menschen. In gewisser Weise sind diese zwei Gestalten der Literatur als reiner Akt oder als reine Passion des sprechenden Wesens nichts anderes als die Fixierung des romantischen Widerspruchs des absichtlich-unabsichtlichen Werkes in zwei gegengesetzten Polen. Diese zwei Gestalten, versinnbildlicht in den Namen Edgar Allan Poe und Antonin Artaud, nähren noch heute die gegensätzlichen Diskurse über die Literatur. Doch gerade in ihrem Gegensatz erzeugen sie eine gemeinsame Wirkung: Sie löschen den inneren Widerspruch der Literatur aus, den Widerspruch zwischen der notwendigen Form und dem beliebigen Inhalt, den diese zu beherrschen versucht. Sie verschieben damit beide das Gravitationszentrum der Literatur, sie verfrachten sie vom Werk zur Idee des sprechenden Wesens, mit der sie die literarische Erfahrung identifizieren. Und auf diesem Gebiet können das reine Pathos des Menschen, der Opfer des Geistes ist, und der spielerische Akt des Schöpfers von Formen in derselben Gestalt des fabulierenden Menschen konvergieren.

Die radikale Erfahrung des Geistes, in der jede Form der Kunst aufgelöst wird, und die Verzauberung des Spiels des Geistes, das aus jeder Sprachmaterie eine Form macht, können also gleichwertig sein. So hat Breton dreißig Jahre nach dem ersten *Manifest des Surrealismus* das Spiel als das Wesen der surrealistischen Aktivität bezeichnet.[13] Doch er fügte mit Huizinga hinzu, dass das Spiel selbst »den überlogischen Charakter unserer Stellung im Kosmos« offenbart und dass sich aus dieser »Ureigenschaft des Spiels« die bewussten Attribute der poetischen Qualität ableiten. Vor allem der deleuzesche Begriff des Fabulierens wird beispielhaft das Spiel der Formel und die Erfahrung der Dissoziation miteinander in Einklang bringen. Die Verwandlung Gregor Samsas in Kafkas Erzählung oder der Starrsinn des Schreibers Bartleby in der Erzählung von Melville sind bei ihm zugleich »Formeln« im Sinne Šklovskijs oder Edgar Allan Poes und mythische Figuren des Übergangs zwischen zwei Universen im Sinne von *Kotik Letajew*. In Bartlebys »I prefer not to« wird Deleuze zugleich die reine komische Macht der Formel, des Formel gewordenen Menschen lesen, und einen dieser großen Mythen, in denen »die Psychose ihren Traum verfolgt, eine *Funktion universeller Brüderlichkeit* einzurichten, die nicht mehr über den Vater verläuft, die sich auf den Ruinen der Vaterfunktion aufrichtet.«[14] Die Idee des Fabulierens verbindet also die zwei Pole der Kunstgriff-Kunst und der lebendigen Erfahrung des Geistes. Der Schriftsteller ist Zauberkünstler und er ist Arzt, er ist der Arzt seiner eigenen Krankheit. Die Literatur ist die Formel und der Mythos, das Spiel des Fabulierens und die Klinik, wo das psychotische Delirium das paranoide Delirium behandelt.

Doch indem die Interpretation der Literatur sie in das Spiel der Formel und des Mythos zwischen dem Diskurs der Form und dem der Klinik einsperrt, neigt sie dazu, den Krieg der Schriften, der das Eigentümliche der Literatur und der paradoxen Matrix ihrer Werke war, zu beseitigen. Sie beseitigt gerade die Spannung, die das Werk bewohnt, wenn dieses versucht, das Wesen der Lite-

---

13 »Obwohl als Verteidigung diese Aktivität von uns »experimental« genannt worden war, hatten wir vor allem darin das Vergnügen gesucht.« (André Breton, »L'un dans l'autre«, *Poesie et autre*, Paris 1960, S. 299).
14 Gilles Deleuze, *Kritik und Klinik*, aus dem Französischen von Joseph Vogl, Frankfurt/M. 2000, S. 107. Zu einer vertieften Diskussion dieses Textes verweise ich auf meinen Text: »Deleuze und die Literatur«, *Das Fleisch der Worte*, S. 209–235.

ratur zu verwirklichen und diesem »geistigen Leben« begegnet, das sich als Prinzip dieser Verwirklichung ausgibt. Die proustsche Frage gewinnt hinsichtlich dieser Beseitigung ihre Bedeutung: Wie kann man die Literatur diesem Widerspruch zwischen der »Schwere des Ausdrucks« und der »Leichtfertigkeit des Stoffs« entkommen lassen? Aber auch: Wie soll man die Literatur vor ihrer eigenen Schwere schützen, die ihre Werke in der Nacht des Geistes versenkt? Die Beispielhaftigkeit des proustschen Werkes liegt in der Art, wie es das ganze Theater des literarischen Widerspruchs in dem Moment in Szene setzt, in dem seine Elemente im Begriff sind, sich zu den glücklichen Spielen der Form oder zum heiligen Pathos des Geistes hin zu verflüchtigen. Gerade im Werk selbst werden also nun im Willen der Übereinstimmung seiner Form und seines Inhalts die Spiele des reinen Akts und des reinen Pathos neu verteilt. Die widersprüchlichen Erklärungen Prousts müssen aus dieser Perspektive gelesen werden. Bekanntlich gibt es in seinem Briefwechsel oder seinen Interviews, aber auch in dieser regelrechten Poetik, die *Die wiedergefundene Zeit* entwickelt, kaum eine Behauptung, der nicht von einer anderen widersprochen wird oder die sich nicht als logisch zweideutig oder widersprüchlich erweist. *Die Suche nach der verlorenen Zeit* ist, so sagt er uns, eine fiktionale Konstruktion, ein »dogmatisches« Werk, in dem alles von einem Autor zu Zwecken seiner Beweisführung erfunden wurde. Doch dieses Buch, »ist keineswegs ein Werk der Überlegung«, denn die kleinsten Elemente wurden Proust durch sein Empfindungsvermögen eingegeben.[15] »Ein Werk, das Theorien enthält, ist wie ein Gegenstand, an dem noch das Preisschild hängt.«[16] Doch diese Behauptung ist selbst eine Theorie im Rahmen einer theoretischen Entwicklung von mehreren Dutzenden Seiten. Wir müssten unsere Empfindungen »als Zeichen von ebenso vielen Gesetzen und Ideen« verstehen. Aber was genau ist ein Zeichen eines Gesetzes? Das Buch sei eine Kathedrale oder vielmehr ein Kleid, das langsam durch das Hin-

---

15 Interview von Elie Joseph Bois, in: *Textes retrouvés*, hg. von P. Kolb, *Cahiers Marcel Proust*, Nr. 3, Paris 1971, S. 218.
16 Proust, *Die wiedergefundene Zeit*, S. 281. (A.d.Ü.)

zufügen von neuen Stücken entstünde. Doch welches Kleid ist jemals so gemacht worden?

Es gibt eine einfache Weise, mit diesen Widersprüchen oder Zweideutigkeiten, die jede proustsche Formulierung aufwirft, umzugehen. Sie besteht darin, das Werk und das, was der Autor über sein Werk sagt, zu trennen, die Inkonsequenz den ideologischen Brillen der Epoche zuzuschreiben, durch die Proust sein Werk gesehen hat. Doch wie soll man in einem Werk, dessen eigentlicher Stoff die Möglichkeit des Werkes ist, kennzeichnen, was Teil des Werkes selbst ist und was seinem Bewusstsein angehört? Man müsste dafür nicht nur alle Diskurse über das Werk, sondern auch alle Episoden, die dazu dienen, sie zu veranschaulichen, vom Buch wegschneiden. Man müsste die Struktur des Werkes auflösen unter dem Vorwand, es als solches zu schätzen. Wenn es einen Widerspruch gibt, dann nicht im Hinblick auf das Verhältnis des Werkes zum Bewusstsein darüber, sondern gerade das Prinzip, das es hervorgebracht hat. Dieser Widerspruch wiederum liegt am Widerspruch der Literatur selbst. Proust möchte sie in sich stimmig machen, ihr das Material verleihen, das ihrer Form entspricht. Nur verdoppelt aber dieser Wille beide, verweist den Widerspruch des einen auf den Widerspruch der anderen. Doch gerade in diesem unendlichen Verweis, der alle Widersprüche zwischen Werk und Geist, zwischen Beliebigem und Wesentlichem, zwischen Absichtlichem und Unabsichtlichem, zwischen Kunstgriff und Pathos zirkulieren lässt, findet das Werk seine Dynamik, die eben die Dynamik der Widersprüche der Literatur ist.

Prousts Ausgangspunkt ist die Umkehrung des Widerspruchs zwischen der Gleichgültigkeit des Gesagten und der Notwendigkeit der Form. Was soll man mit diesen radikalen Erfahrungen tun, die das wesentliche Material des Werkes sind: die Freude, die aus der Ungleichheit der Pflastersteine entsteht, die brennende Empfindung beim Anblick des Stücks grünen Baumwollgewebes, das eine Fensterscheibe stopft, das Adieu an die Bäume, die nichts mehr sagen? »Muss ich daraus einen Roman machen, eine philosophische Studie, bin ich Romancier?«[17] Mit dem Material die-

---

17 Ebd.

ser Erfahrungen, die zugleich wesentlich und zufällig sind, hat die Literatur das Material, das sie aus einer doppelten Sackgasse führt: die flaubertsche Leichtfertigkeit des Stoffs, welche die Form in seine Unbedeutsamkeit zieht; und seine mallarmésche Wesentlichkeit, die zur Lähmung des Schreibens führt. Doch die Frage des Materials wirkt zurück auf die der Form, nicht nur als persönliche Frage (wie schreibt man einen Roman, wenn man »keine Phantasie« hat?), sondern in ihrer Allgemeinheit: Wie soll man die »Kunstform« denken, die die Vereinigung der literarischen Materie und ihrer Form verwirklicht? Wie die flaubertsche »Leichtfertigkeit« hinter sich lassen, ohne in die balzacsche Trennung zwischen durchdringendem Hellsehen und unendlichem Geschwätz zurückzufallen? Und natürlich verfügt Proust als aufmerksamer Leser von *Tausendundeiner Nacht* über den Schlüssel, der beide Türen öffnet, über das Wort, das die Höhle des Materials öffnet *(Eindruck)* und das, welches Zugang zur Form verschafft *(Architektur)*. Nur führt jedes der beiden Zauberworte eine Poetik mit sich, die der anderen zu widersprechen scheint. Jedes zwingt dem Werk auch eine Logik auf, die im Gegensatz zur anderen steht: Der Eindruck bietet den Schlüssel in jedem Augenblick an, oder auch nie; die Architektur gebietet über den einzigen Augenblick, in dem sich die Tür öffnen soll. Jedes Wort aber muss sich auch verdoppeln: Der Eindruck ist die unmögliche Mischung aus reiner Empfindung und eingraviertem Text, aus Innen und Außen. Die Architektur ist das Gleichgewicht der Volumen und der Wald der Symbole, die Kirche und die druidischen Steine. Das gesamte Theater der Literatur wird somit ausgebreitet oder wird zur »Poesie der Poesie«. Doch die Form dieser Ausbreitung lehnt zugleich das zweifache Sich-Verlieren der Literatur in ihrem Geist ab: ihre Angleichung an die glücklichen Wendungen des geistvollen Wortes wie ihre Gleichsetzung mit dem Gang des Geistes zu seinem Außen. Sie lehnt sie ab, gerade in dem Sinne, in dem sie sie beide enthält, insofern sie die Bewegung ihrer wechselseitigen Ablehnung ist.

Die ganze Antwort auf die Frage des Materials lässt sich in einem Wort zusammenfassen: »Eindruck«. Das Material des Buches kann nur wesentlich sein, wenn es notwendig ist. Und es ist notwendig nur, wenn wir nicht frei sind, es zu wählen, wenn es sich uns aufzwingt. Doch dieser Zwang nimmt bei Proust bemerkenswerte Eigenschaften an: Was sich als Material aufzwingt, ist der Eindruck, insofern er Zeichen ist, insofern er bereits Schrift ist: Der Eindruck ist nicht nur doppelt, wenn er zweimal zugleich gespürt wird. Er ist doppelt, weil er die Erschütterung ist, die desorientiert, die die Anhaltspunkte einer Welt einbrechen lässt, sie auf das große ursprüngliche Chaos verweist, aber auch das Gegenteil: das Zeichen des Gottes, der Bedeutung verleiht und ordnet, der eine Entsprechung errichtet und eine Berufung leitet. Das Reich des Dionysos ist das Reich von Apollo und Hermes. Die ungeformte Welt des schopenhauerischen Willens ist zugleich das swedenborgsche Universum der Entsprechungen und die vicosche oder hegelsche Sprache der sinnlichen Bilder, die auf ihre Bedeutung warten. Die Idee, die aus der Kontemplation entsteht, ist nicht nur Wesen, sie ist Text und Matrix der Schrift. Ausgehend davon ordnet sich die doppelte Harmonie von innen und außen an: Das Sinnliche der Welt schreibt sich in den Grund des Seins ein, der es vernachlässigt, es zu beobachten, und es schreibt sich vornehmlich in der Form einer Gesamtheit von zu entziffernden Zeichen ein. Hinter dem Untätigen, der sich nicht um Literatur kümmert, und dem Autor, dem es an Phantasie mangelt, gibt es ein geistiges Ich, ein Subjekt, das in sich selbst das geistige Äquivalent jedes sinnlichen Eindrucks finden kann und soll, das hinter dem Verhältnis dreier Kirchtürmen oder drei Bäumen versteckte Geheimnis.

Diese Geistigkeit ist jedoch in einer sonderbaren Weise gegeben. Sie ist ein »Trompe-l'œil«, ein Kunstgriff der Natur, der dieselbe Empfindung zugleich in der Gegenwart und in der Vergangenheit empfinden ließ. Eine Quasi-Zweckmäßigkeit kantscher Art und Weise, die eine ältere Formulierung der Einschreibung der Zeichen in uns nachhallen lässt: »Jedes Blatt, jede Blüte des Apfelbaums machte mich mit ihrer Vollkommenheit trunken, übertraf meine Hoffnung auf Schönheit. Doch zugleich fühlte ich in mir eine unformulierte Schönheit, die dieser entsprach und die ich sagen können hätte wollen, und die der Grund der Schönheit der Apfelblüten *gewesen wäre*.«[18] Doch der Kunstgriff ist vor allem

---

18 Proust, Auszug aus Heft 12, *Cahiers Marcel Proust*, Nr.7, Paris 1975, S.191.

der des Autors, der die epiphanischen Empfindungen zu einem ganz bestimmten Zweck bearbeitet und umgearbeitet hat: den größten Abstand zwischen Ursache und Wirkung, zwischen der Trivialität der Empfindung (Stoßen an Pflastersteinen, Klang von Löffeln und Hämmern) und dem Reichtum des geistigen Universums, den sie entfaltet, einzuschieben, und somit in diesen paar Ursprungsmetaphern die Einheit der widersprüchlichen Prinzipien der romantischen Poetik sicherzustellen: die Gleichgültigkeit des Stoffs und die Wesentlichkeit der Sprache des Geistes.

Denn in Wirklichkeit gibt es keine Einschreibung, die am Grunde meines Selbst zu lesen wäre, kein verstecktes Geheimnis, das hinter den Verschiebungen dreier Kirchtürme zu erfassen wäre. Das einzige Geheimnis, das sie liefern, ist nichts anders als das gleichfalls einzige Geheimnis, das die Sätze der Sonate oder des Septetts liefern. Die Seite der Schrift, die das Geheimnis liefert, folgt immer demselben Prinzip. Das geistige Äquivalent des bewegenden Schauspiels der drei Kirchtürme hat keine andere Existenz als die Kette der Metaphern-Entsprechungen, welche die Reiche der Natur und die Formen der Kunst durchläuft und die Kirchturmglocken in Vögel, goldene Schwenkzapfen, in den Himmel gemalte Blumen und legendäre junge Mädchen verwandelt, bevor sie sie in Schattenrisse verflüchtigt und in der Nacht verschwinden lässt. Das steht »hinter« den drei Kirchtürmen, wie es »hinter« den musikalischen Sätzen von Vinteuil ein lilienhaftes und ländliches Morgengrauen oder einen rötlichen Sonnenaufgang auf einem stürmischen Meer gibt; ein Taubengurren oder einen mystischen Hahnenruf; einen sanften und ernsten Engel von Bellini oder einen Erzengel von Mantegna; oder »hinter« dem steifen Knistern einer gestärkten Serviette »einen grünblauen Ozean gleich dem Schweif eines Pfauen.«[19] Die Entfaltung der japanischen Blume oder die Entwicklung der »Negative«, die am Grunde des Selbst niedergelegt sind, durch die Empfindung, ist nur die Entfaltung der Schrift. Deswegen kann das romantische Bild der zu entziffernden Hieroglyphen gleichwertig mit dem wissenschaftlichen Bild sein, welches das metaphorische Verhältnis

---

19 Proust, *Die wiedergefundene Zeit*, S. 262. (A.d.Ü.)

zweier unterschiedlicher Dinge mit dem von unter das Kausalgesetz fallenden Erscheinungen gleichsetzt. Die Hieroglyphe und das Gesetz sind austauschbar, nicht wegen der für das Fin de siècle angeblich typischen Verwechslung zwischen der Struktur der wissenschaftlichen Welt und den Geheimnissen der geistigen Welt, sondern einfach weil beide in gleicher Weise Metaphern der Metapher sind. Die Entzifferung des Geheimnisses wie der Beweis des Gesetzes ist nur die Entfaltung des Trompe-l'œil, die Kette der Metaphern, die eine Kosmogonie errichtet, indem sie vom Klang zum Gemälde übergeht, von der Konzertvioline zum Singvogel, vom Singvogel zur Theorbe oder zur Wellhornschnecke eines musizierenden Engels, von der Luft zum Meer, vom Erwachen zum Mittag oder zur Nacht. Es geht darum, sagt der Autor, diesen in uns geschriebenen Eindruck, der das materielle Zeichen des Wahren ist, zu entziffern oder zu erhellen. Doch dieser doppelte Stempel des Eindrucks ist nur der Mythos der Schrift. Die Schrift des Buches behauptet, auf einer doppelten prästabilierten Harmonie zu beruhen: Der reine Eindruck wird als innerer Stabreim der Dinge dargestellt, als Reim des Geistes, der bereits vom Leben vorgegeben ist. Dieser Eindruck würde sich selbst verdoppeln, indem er sich in den Geist einschreibt. Daher die Zwiespältigkeit des proustschen »alles ist im Geist«, dieser Berufung auf das »innere Leben«, die dem zu widersprechen scheint, was der Roman sonst sagt: dass im Gegenteil alles außen ist, in der Kraft der Sonne oder des Nebels, der Porzellanschale oder dessen, was man darin eintaucht, des Klangs eines Hammers oder eines Löffels, die allein ein Leben des Geistes hervorrufen können. Der Widerspruch ist jedoch selbst Teil des Trompe-l'œil. Der Reim der Dinge und die Entsprechung von innen und außen sind nur das Ergebnis der Schrift. Denn die reine Empfindung zerschlägt und desorganisiert das geordnete Universum der Assoziationen und des Dafürhaltens, doch sie schreibt nichts, sie legt kein Negativ nieder, das man nur mehr entwickeln bräuchte. Ihre eigene Qualität und die Freude, die sie bietet, resultieren im Gegenteil daraus, dass sie eine ist und auf nichts verweist als auf sich selbst. Sie kann zu etwas aufrufen, aber sie schreibt keine Botschaft ein, sei diese auch hieroglyphisch. Die »innere Hieroglyphe« ist nur die Metapher der unmöglichen Identität zwischen der Einheit der

Erschütterung und der Zweiheit der Metapher. Der Faden des wahren Lebens, der die »Eindrücke« miteinander zu einem Text verbindet, müsste gänzlich gesponnen werden. Der Geist ist nur die Arbeit der Metapher, die aus dem Salon Arpajon einen gelben Schmetterling macht und aus dem Salon Swann einen schwarzen Schmetterling, der das Wasser und die Karaffe der Vivonne ineinander spiegeln lässt, die Milch und die Porzellanschale eines Morgens auf dem Land, der sich auf andere Morgen, den Duft eines Feuers und das Kind von einst reimt.

Die große Entdeckung, dass das Werk die dunkle Empfindung erhellt, ist auch eine bloße Tautologie. Das »Lesen« kann nur Schreiben sein, die Entwicklung der »Negative« die Herstellung farbiger Gläser der Laterna magica. Das Leben des Geistes ist weder innen noch außen, es ist ganz in der Schrift. Einzig die Metaphern entfalten und vervielfältigen das *Eine* der reinen Empfindung, das Löcher in die Verkettung der Gewohnheiten und des Dafürhaltens bringt. Sie tragen die Last einer doppelten Arbeit. Die Metapher ist Macht der Ordnung und der Unordnung. Sie bringt entfernte Gegenstände zusammen, sie lässt ihre Annäherung sprechen. Aber sie löst auch die Gesetze der Repräsentation auf. Auf der Leinwand Elstirs verkehren sich die Rollen von Erde und Meer, gemäß dieser Wahrheit der Vision, die ebenso auch die Wahrheit ihrer Illusion ist. Das aus Metaphern-Metamorphosen geflochtene Netz begleitet das Wanken der Repräsentation, es entfaltet ihre Fähigkeiten. Aber es hält sie auch am Rande des Zusammenbruchs zurück, wohin das Stolpern die Schritte auf dem Boden der Realität führt – oder »führen würde« –, das heißt die gewöhnlichen Assoziationen des repräsentativen Universums. Das Rad der Metamorphosen, welche die Elemente vermischen, ist eine Auflösung der Repräsentation, die einer anderen entgegengesetzt ist, der großen Desorganisation der Nacht, die nicht nur jeden Tag abschneidet, sondern die Reihenfolge der Tage umhüllt. Das »geistige Leben«, dieses »endlich erhellte wahre Leben«, das die Literatur ist, ist gleich dem Gewebe der Metaphern, die das Wanken einer Welt an der Grenze zwischen Wachen und Träumen, der Welt der stabilen Organisationen der Gewohnheit – oder der Repräsentation – und des Urchaos zugleich begleiten und aufhalten. Die Musik der »ewigen Anbetung« oder der »Karfreitag-Verzauberung«, die zwischen dem Hof und der Bibliothek der Guermantes gehört wird, erhebt sich auf dem Grunde der Nacht der Auflösungen und der Schrecken, die *Die Suche nach der verlorenen Zeit* eröffnet und all ihre Themen anordnet. Die einzige Vision, die jedem Individuum eigen ist, die der Erzähler feiert, ist nicht der Schatz, den der Erforscher aus dem ruhigen Reich der Wesenheiten zurückgebracht hätte. Sie bezeichnet die fragile Grenze, welche die poetische Entindividualisierung von der schizophrenen Dissoziation trennt. Dem dichterisch-wissenschaftlichen Bild des Erforschers, der vom Abstieg in die innere Finsternis eine Atmosphäre der Poesie schöpft, die genau proportional der hinabgestiegenen Tiefe wäre, muss man dieses ganz andere Bild entgegensetzen, das Proust erst spät aus der Anfangsszene der *Suche nach der verlorenen Zeit* gestrichen hat, wo das augenblickliche Erwachen des Schläfers mit dem Gefühl eines Marmeladenglases verglichen wird, das, für einen Moment zum bewussten Leben gebracht, sich der Nacht bewusst wird und nur wünscht, »so schnell wie möglich zur wunderbaren Unempfindsamkeit des Regals und des Schrankes, zu den anderen Marmeladengläsern zurückzukehren«.[20] Zwischen den beiden Bildern ist genau das zentrale Paradox des Werkes angesiedelt, diese »schwierige, aber nicht unmögliche« Arbeit des Geistes, der von einem Rand seines eigenen Schlafes zum anderen übergeht.[21] Zwischen diesen zwei Rändern entfalten sich die Metaphern der Höhle Ali Babas, die das Wanken der Welt in der Urhöhle aufhalten, die Tausend und eine Nacht des Buches, das geschrieben wird, nicht so sehr um den Tod als um die Rückkehr zur Nacht des Marmeladenglases im Schrank hinauszuschieben, diese »Anästhesie«, die Virginia Woolf in *Mrs. Dalloway* mit dem Wahnsinn identifizieren wird, indem sie sie in der Figur des Septimus Warren Smith verkörpert, der letzten Gestalt jenes Wahnsinnigen, jenes Buch-Opfers, mit denen sich seit *Don Quijote* die Meisterschaft des Schreibakts ermisst.

---

20 Proust, Auszug aus Heft 5, *Cahiers Marcel Proust*, Nr. 11, Paris 1982, S. 259.
21 Proust, Brief an André Lang, Oktober 1921, *Correspondance*, Bd. 20, S. 497.

Es ist also nicht zwischen dem tatsächlichen Werk und seinem falschen Bewusstsein zu trennen. Das zweifache Siegel des »Eindrucks« ist der Mythos der Schrift, aber dieser Mythos ist gänzlich in der Arbeit der Schrift eingefasst. Er befehlt imaginär die Entfaltung ihrer Allegorien, die umgekehrt seine Wirklichkeit erzeugen, die Metapher des inneren Buches, die mit den Stabreimen der Dinge zusammenpasst. Er ist in die Bewegung des Werkes zwischen seinem Innen und seinem Außen eingepasst, das ebenso der Weg des prekären Intervalls zwischen der aufgelösten Ordnung der Tage und der nächtlichen Welt des Schreckens ist. Indem der »Mythos der Schrift« die Schrift und das Leben zusammenfügt und trennt, bringt er die dunkle Welt des »Geistes und allem, was dem Geist ähnelt«, in die Welt der Schrift heim. Deswegen gibt es auch keine Kohärenz der proustschen Schizophrenie zu konstruieren, indem man den architektonischen Willen missachtet.[22] Denn dieser ist nicht nur Angelegenheit von Erklärungen seitens des Autors, er offenbart sich in indiskreter Weise in allen Momenten des Werkes. Die Architektur ist der andere Schlüssel oder der falsche Schlüssel zur Höhle Ali Babas, die andere Art und Weise, den Widerspruch des Werkes in eine Lösung zu verwandeln, eine andere Art, auf die der Widerspruch des Eindrucks verweist.

Das Paradox, dessen Lösung der »Eindruck« der »Architektur« überlässt, ist nämlich zweifach. Das erste Problem ist einfacher wahrzunehmen: Ein paar Epiphanien ergeben kein Buch. Die Poetik des Eindrucks erlaubt, Gedichte in Prosa zu schreiben, keinen Roman. Man muss also die Epiphanien zu einer Ordnung der Erzählung verketten, zu einer Handlung des Wissens, das den Helden zum aristotelischen Punkt der Widererkennung führt, zur Formel, die das Tor zu Höhle öffnet. Kurz, die romantische Poe-

---

22 Ich beziehe mich natürlich auf das Buch von Gilles Deleuze, *Proust und die Zeichen*, dessen aufeinanderfolgende Ausgaben sich immer mehr in diese Richtung bewegen. Die zweite Ausgabe (Paris 1970) entwickelt lange das Thema der nicht kommunizierenden Teile, das aus der *Suche* eine »antilogische« Maschine macht, die jeder organischen Kohärenz entgegengesetzt wäre, und sie endet mit einem hinzugefügten Text »Funktion des Wahnsinns«, der das Netzwerk des Werkes mit dem Spinnennetz des schizophrenen Autors identifiziert, das zwischen dem Wahnsinn von Charlus und der Erotomanie von Albertine aufgespannt ist.

tik kann nur durch eine klassische Handlung des Wissens zum Roman werden. Aber ein weitaus größeres Problem taucht nun auf. Denn die klassische Ordnung des Knotens und seiner Auflösung führt zur Erkenntnis dessen, was unbekannt war. Das Unbekannte, das den Abschluss der *Suche nach der verlorenen Zeit* bildet, ist jedoch von Anfang an bekannt. Der Held könnte bereits seit dem empfundenen Geschmack der Madeleine die Idee erfasst haben, die er erst am Ende der Geschichte »entdecken« wird, die der Schriftsteller, der durch denselben Mund spricht, bereits vor uns entfaltet hat. Mehr noch, er hat bereits selbst diese Entdeckung in der Beschreibung der drei Kirchtürme von Martainville in die Praxis umgesetzt. Der junge Mann von Combray versteht es bereits, die Hieroglyphen der Welt zu »entziffern«. Die architekturalisierte Erzählung entspricht also der Notwendigkeit nicht der Erlangung der Kenntnis des Unbekannten, sondern, im Gegenteil, der Entfernung dieser Kenntnis, die von Anfang an in Griffweite des Helden ist, der Verzögerung einer Wahrheit, welche die Poetik des Eindrucks immer schon von vornherein geliefert hat und die nur in Form der Redundanz eintreten kann. Die schöne aristotelische Ordnung der Erzählung, die vom Unbekannten zum Bekannten geht, die schöne hegelsche Kurve des Endes, das sich mit dem Anfang verbindet, und die unbewusste Wahrheit, die sich in bewusste Gewissheit verwandelt, werden also ihrem offensichtlichen Gegenteil ähnlich: dem freien Vagabundieren der Erzählung Sternes, die uns im Wirrwarr des pränatalen Lebens von Tristram Shandy verlieren lässt. Die strenge Logik der *Suche nach der verlorenen Zeit* ist die einer unendlichen Abschweifung.

Sicherlich kann man dieser Abschweifung den Anschein einer schönen Ordnung geben. Der Held muss alle Fallen durchqueren, die ihn daran hindern, diese ganz nahe Wahrheit zu erfassen, die den Weg des Buches eröffnet. Er muss den Gegensatz zwischen der Arbeit der Kunst und der ästhetischen Götzenanbetung lernen, dieser Götzenanbetung, die in der Figur Swanns verkörpert ist, der die Kunst ins Leben bringen, in Odette ein Gemälde von Giorgione sehen und die Sätze von Vinteuil in die »Nationalhymne« seiner Liebe verwandeln will. Er muss auch lernen, im Liebesleiden die fatale Illusion zu erkennen, die das reine Glück eines beweglichen Flecks auf dem Meereshorizont von Balbec in die Eigenschaft eines zu besitzenden einzelnen Wesens verwandelt; diese fließende und kollektive Schönheit, mit deren »Entzifferung« oder »Erhellung« er sich begnügen hätte sollen, indem er die Gruppe der fünf Mädchen wie die der drei Kirchtürme auf dem großen Rad der Metaphern, die die Reiche der Natur und die Formen der Kunst verbinden, drehen lässt: eine Madrepore, eine Schar von Möwen, die eine geheimnisvolle Parade auf dem Sand vollführt, ein leuchtender Komet, einer der Heiligen Drei Könige eines Florentiner Gemäldes, ein Strauß von Pennsylvaniarosen auf der Klippe, musikalische Sätze von Chopin, an griechischem Gestade besonnte Bildwerke.

Der Held muss im Umkehrschluss den Sinn der Kunst und die richtige Weise zu metaphorisieren von der Eitelkeit des Ästheten und vom Schmerz des Verliebten lernen. Man muss die Kreise des Irrtums durchqueren, um das Land der Wahrheit zu erreichen. Doch diese Notwendigkeit der Beweisführung, die sich vom Autor an den Leser wendet, ist eine Falle, wenn man daraus eine Logik der Fiktion macht, einen Weg der Entdeckung des Helden. Denn wenn die Wahrheit nicht das ist, was aus der Erfahrung stammt, sondern im Gegenteil, was sich aus der Erschütterung des Eindrucks ergibt, dann hat der Held nichts von der Erfahrung zu lernen, die sich beständig vor ihm abspielt. Er kann sicher die Erkenntnis der Gesetze der Leidenschaft und der Gesellschaft erlangen, diese »Wahrheiten der Intelligenz«, die man mit dem spinozistischen Begriff der Erkenntnis der zweiten Art benennen kann. Doch zwischen dieser diskursiven Kenntnis und der Erschütterung der Wahrheit und der Schreibkraft des Werkes tut sich ein Abgrund auf. So weise er über die Illusionen der Liebe und der Welt auch geworden sein mag, der Held hat sich dadurch nicht ein Stück der zufälligen Offenbarung angenähert, die ihm erlauben wird, den umgekehrten Weg zu gehen, die Assoziationen, die den Liebesschmerz verursacht haben, in die Metaphern der Kunst heimzuführen. Er ist noch immer so weit vom Schriftsteller entfernt, der während seines Weges auf seine Kosten diese umgekehrte Operation vollbracht hat. Die Form des Bildungsromans ist daher eine Täuschung. Die zusammenhanglosen Abenteuer Wilhelm Meisters konnten ihn zu dieser Weisheit führen, die diejenige bereits besaßen, die im Geheimen seine Irrungen überwachten. Doch Wilhelm Meister schrieb nicht. Er lieh nur dem Schriftsteller Goethe seinen fiktionalen Körper. Damit konnte der Theoretiker Friedrich Schlegel sein Abenteuer mit dem Ablauf der Poesie der Poesie gleichsetzen. Die methodische Durchquerung der antikünstlerischen Irrtümer und das erlangte Wissen des Helden der *Suche nach der verlorenen Zeit* genügen nicht, um aus ihm einen Schriftsteller zu machen. Es gibt keinen Grund, weshalb sich der Weg des Wissens und der des Künstler-Werdens je kreuzen sollten. Damit sie sich treffen, muss die epiphanische Empfindung ihre zweifache Rolle als Bekehrungsereignis, welches das unendliche Herumirren beendet, und als japanische Blüte spielen, die das Buch potenziell in sich birgt.

Die Architektur überträgt dem Eindruck ihre Aufgabe, wie der Eindruck die seine der Architektur. In diesem Spiel sind beide zugleich die Macht, die trennt, und diejenige, die vereinigt. Die Architektur bringt die epiphanischen Empfindungen in das Raster eines Romans und zugleich schiebt sie die zu nahe Offenbarung auf. Der Eindruck unterbricht die Architektur des Bildungsromans, um die Verbindung zu erzeugen, die diese unfähig ist, zwischen dem Werk und dem Leben zu errichten. Sicherlich kann sich dieses doppelte Spiel einer doppelten Lesart anbieten. Die erste nimmt den Bruch zur Kenntnis und identifiziert ihn mit dem Abstand des tatsächlichen Werks zum Diskurs, der daran schmarotzt. Sie bringt gegen die romantischen Mythen von der geschriebenen Wahrheit und von der Poesie der Poesie die Kenntnisse und die Porträts zur Geltung, welche die Durchquerung der Welt und der Leidenschaften ausarbeiten. Die zweite Lesart springt über den Spalt, um hinter dem Schleier der stendhalschen Erzählung der Liebeskristallisierung und der balzacschen Erzählung von der Gesellschaftskomödie den philosophischen Bildungsroman des Genies geltend zu machen.[23] Doch beide verfehlen wahrscheinlich den Kern der Sache: Wenn *Die Suche nach der verlorenen Zeit* als die Vollendung des romantischen Programms der Poesie,

---

23 Zur ersten Lesart vgl. das Werk von Vincent Descombes, *Proust. Philosophie du roman*, Paris 1987; zur zweiten, die Werke von Anne Henry, *Marcel Proust. Théories pour une esthètique*, Paris 1981 und *Proust romancier. Le tombeau égyptien*, Paris 1983.

welches die Poesie der Poesie ist, gelesen werden kann, dann verwirklicht sich diese Vollendung nur gerade durch den Spalt, der die Poesie von ihrer Poesie trennt, durch den Verweis des Eindrucks auf die Architektur und der Architektur auf den Eindruck, durch die Identität der Macht der Vereinigung und der Macht der Trennung. Die Poesie der Poesie vollendet sich durch keine dialektische Vollendung, welche das Werden des Wahren mit der konstruierten Beweisführung identifiziert. Es liefert den »Beweis« der Literatur nur, indem es ihren Widerspruch ausstellt, indem es aus ihm das Prinzip der Konstruktion des Werkes selbst macht, die Verschiebung zwischen dem Werk und dem Diskurs über das Werk, zwischen der Lebenserfahrung und dem Kunstgriff der Kunst. Beide Seiten stehen miteinander nur über ihre Trennung in Verbindung. Die scheinbare »Geschlossenheit« des Werkes ist die Bewegung seiner Verunendlichung. Eine Verunendlichung, die jedoch das Schicksal des hegelschen schlechten Unendlichen ablehnt, des unendlichen Selbstbeweises der Kunstgeste, indem ein Raum der fiktionalen Ununterscheidbarkeit erschaffen wird, in dem die Poesie sich mit der Poesie der Poesie vereinigt und sich von ihr trennt, das Innen mit/von dem Außen, das Werk mit/von dem Diskurs über das Werk. Der Verweis des »Eindrucks« auf die »Architektur« ist nicht einfach die Gegenüberstellung der ekstatischen Wahrheit und der konstruierten Wahrheit. Die Wahrheit des Buches, die tatsächliche Wahrheit der Literatur, ist der Konflikt dieser Wahrheiten, die Bewegung, die sie miteinander und gegeneinander arbeiten lässt.

 Davon ausgehend kann man die widersprüchlichen Diskurse über die Stichhaltigkeit der architektonischen Metapher für die Definition des Kompositionsprinzips des Buches und die Wirksamkeit ihrer Organisation abschätzen. Was auch immer Proust über den gänzlich fiktiven und kalkulierten Charakter des Buches sagen mag, so wissen wir doch, dass er nach dem Zufall des Lebens kaum umgeformte biographische Elemente und Ereignisse, die er nicht voraussehen konnte, etwa den Krieg von 1914 oder die wiederverwerteten Artikel des *Figaro* ins Buch integriert hat. Doch umgekehrt kann der deleuzesche Versuch der Konstitution einer Kohärenz des proustschen »organlosen Körpers« weder die sture Teleologie dieses Romans verschleiern, der von einem Essay gezeugt ist und von beiden Enden aus beginnt, noch die Wirkungen der Symmetrie, die unablässig entlang des Textes vervielfältigt werden. Es stimmt, dass Proust ständig neue biographische Elemente oder Gelegenheitsstücke in die angeblich kalkulierte Ordnung der Erzählung einfügt. Aber es stimmt ebenso, dass er diese Episoden sofort in Symmetrie mit anderen setzt, dass er sie in der Notwendigkeit der Morgen nimmt, die sich auf andere Morgen reimen, der Gegenwart, die sich auf die Vergangenheit reimt, wie die Bibliothek auf den Ozean, die Silhouette auf die mythologische Gottheit, jedes Dekor auf das, was es spiegelt, und jeden Inhalt auf das, was ihn beinhaltet. Das unvorhersehbare Weltereignis des Krieges erlaubt so, das Buch noch einmal durchzugehen und die Episoden symmetrisch anzuordnen. Combray wird mit dem Dialog von Françoise und dem in die Pariser Wohnung verpflanzten Gärtner wiederaufleben, oder Doncières mit den strategischen Abhandlungen von Saint-Loup, die er während praktischer Arbeiten gibt. Das Klappfenster des Geschäfts von Jupien wird zum Rundfenster seines Bordells werden; die Stadt wird unter der Verzauberung der Bomben und Flugzeuge zum Dorf werden; die Statuen der »französischen« Kirche Saint-André-des-Champs werden ihre Seele auf die Kämpfer übertragen. Die anarchische Einführung der Lebenselemente widerspricht andauernd dem Schein des »architektonischen und vorgeplanten« Buches. Doch die »Architektur« des Romans ist auch in der Lage, unendlich diese Materie einzuordnen, die jedes Organisationsgesetz herausfordert, die Fragmente auf der linearen Achse des Fortschritts der Erzählung anzuordnen oder sie in den Raum der Symmetrien zu verteilen. Denn die »Architektur« der Erzählung ist beständig zweifach. Es gibt keinen Grund, das totalisierende Modell der Kathedrale dem zufälligen Modell des Gelees gegenüberzustellen, das aus den unterschiedlichsten Einzelteilen zusammengesetzt ist. Denn diese »Totalität« ist ganz besonderer Art. Prousts Poetik beutet nämlich radikal die spezifische Eigenschaft der romantischen Kathedrale aus, ihre Mannigfaltigkeit. Die Kathedrale ist das von einem Architekten kalkulierte Gebäude, dessen Bögen sich genau treffen müssen. Aber sie ist auch die Fülle der Figuren des gehauenen Buches, die seinen Geist metaphorisieren. Sie ist die mathematische und geistige Ordnung des Steinschiffs, das zu seinem Chor gewendet ist, und die Anarchie der Seitenkapellen mit zusammengewürfeltem Mobiliar; die Zeichnung der Fenster, die umrahmt sind von den Umrissen aus Blei, und das Licht, das sie filtern und das den Linien und Zeichnungen des Steins ihren Ton verleiht; die Massivität der Fassade und ihre Auflösung in der Sonne. Jedes ins Buch eingeführte Element ist somit fähig, darin seinen Platz als Fenster, Statue oder Kapitell zu finden; jedes Kapitel ist fähig, zugleich oder getrennt als Element des Metaphernkranzes oder als Stütze des Erzählgebäudes zu gelten.[24]

Die Kathedrale ist also weder der Mythos, durch den der Diskurs des Schriftstellers die Unordnung des Buches verschleiern würde, noch der Kunstgriff, der jede Hinzufügung zu rationalisieren erlauben würde. Sie ist die fiktionale Maschine, welche die Ordnung zerstreut und das Chaos ordnet, indem sie die lineare Erzählung von der einen zum anderen und ins große Rad der Metaphern übergehen lässt, indem sie den Konflikt der Prinzipien der Literatur ins Werk setzt. Sie ist vor allem die theoretische Maschine, die sich jedes Elements der romantischen Poetik bemächtigt, aller Widersprüche, die das Buch zersprengten und es im Leben des Geistes auflösten, um sie im Buch anzusiedeln, um daraus die Elemente seiner fiktionalen Konstruktion zu machen. Die »Heimholung« war, wie man weiß, der große Traum Mallarmés. Doch dieser Traum war unmöglich, solange die Literatur ihre eigene Sprache haben und sie in einem eigenen Raum ausstellen wollte. Das mallarmésche Projekt war zwischen dem alten Paradigma der theatralischen Ausstellung und dem neuen musikalischen Paradigma gefangen. Es wollte den von dieser Musik, welche die Trugbilder des alten Theaters verjagt hatte, zurückgenommenen Geist auf einer eigenen Bühne der Literatur bringen – die Seite, die das Denken oder die theatralische Aufführung des Buches nachahmt. Es stieß somit auf das Paradox der Literatur: Diese kann ihre widersprüchlichen Prinzipien nur zu einer Einheit bringen, wenn sie eines ihrer Prinzipien der repräsentativen Ordnung entlehnt. Gemäß dem »sprachlichen« Geist

---

24 Über die Mannigfaltigkeit der Partialobjekte, in die sich die Metapher der Kathedrale verteilt, informiert das Buch von Luc Fraisse, *L'Œuvre cathédrale. Proust et l'architecture médiévale*, Paris 1990.

der romantischen Revolution suchte Mallarmé den Begegnungspunkt auf Seiten des Prinzips der Tatsächlichkeit der Sprache. Das mallarmésche Scheitern war damit vor allem die Manifestation der Trennung zwischen dem Ort der Sprache und der Bühne des Theaters. Die Literatur kann auf dieser Bühne nicht ihre Weihe finden. Denn sie ist in ihrem Prinzip die Trennung von Sehen und Sagen. Die Kunst der Repräsentation war die Sprachkunst, die sehen lässt, indem sie sich sehen lässt. Die Kunst der Literatur ist die, die sehen lässt, ohne sehen zu lassen, die »enttäuschende« Kunst des Zimmers, das man nicht betritt, oder die Insel, welche die Topologie der Erzählung sprengt. Sie kann somit die Fähigkeiten des Sehens und des Sagens, die sie trennt, zusammenhalten, aber sie kann das nur unter der Bedingung, dass die Sprache sich nicht sehen lässt. Die zukünftige Geschichte des Theaters ist die dieser einzigartigen Offenbarung: Die Sprache hat ihren Platz nicht mehr auf der Theaterbühne. Diese ist zugleich zu materiell und nicht materiell genug: zu materiell für diese Fähigkeit der Enttäuschung, welche die Sprachkunst nunmehr als ihr paradoxes Privileg entdeckt; nicht genug für die ganzen Verkörperungen, durch die das Gedicht versucht, diesen Verlust zu bannen, indem es sich zur Sprache der Körper und der Dinge macht. Die Theaterbühne wird nunmehr der Ort dieser Unstimmigkeit sein. Um sie zu protokollieren, wird man eine neue Kunst brauchen, die man Inszenierung nennen wird.

Die Literatur hat ihren Ort anderswo: in diesem Raum der enttäuschenden Sprache, die den Roman und den Diskurs über den Roman miteinander vereint und voneinander trennt. Nicht auf irgendeiner Bühne, wo die Sprache ihre Verkörperung finden würde; sondern da, wo sie endlos den Mangel dieser Verkörperung ermisst, wo sie auf eine eigene Sprache verzichtet, welche die literarische Kunst von der gemeinen Literarizität trennen würde, und auf eine eigene Bühne verzichtet, auf der die Literatur, um sich zu »beweisen«, den Abstand zwischen dem Werk und dem Diskurs über das Werk beseitigen würde. Gegenüber dem unmöglichen Beweis von Mallarmé liegt der paradoxe Erfolg des proustschen Beweises in der Annahme dieser Bedingungen. Nicht einfach ihrer Akzeptanz. Denn Proust lehnt sie in gewisser Weise weiterhin ab. Er geht aus von der symbolistischen Behauptung eines

Buches, das in der dem Geist eigenen Sprache geschrieben ist: ein Buch, das »Kind der Stille« ist, ein Buch, dessen Sätze wie Episoden aus »der transparenten Substanz unserer besten Augenblicke gemacht« sind.[25] Natürlich wird kein Buch jemals aus dieser Substanz bestehen, genauso wenig, wie die Musik die reine Sprache der Seelenmitteilung sein kann, die während der Pause eines Septetts geträumt wird. »Die Menschheit hat andere Wege eingeschlagen« und die reine Sprache der Ursprünge ist das Werk der perversen Freundin von Mademoiselle Vinteuil, die als einzige die »Übersetzung« der Hieroglyphen des Musikers gemacht hat. Die ganze *Suche nach der verlorenen Zeit* kann als die Verwandlung des unmöglichen Buches, »das aus Lichttropfen besteht«, gelesen werden. Nur so kann die Musik in das Buch »heimgeholt« werden, in den Abstand zwischen dem musikalischen Mythos und der Fiktionalisierung der Musik, zwischen den unmöglichen Sätzen in Lichtsprache und den unauffindbaren »Episoden« aus durchscheinender Substanz. Die Literatur existiert eigentlich nur als Fiktion der Literatur. Nicht jedoch in der schmeichelhaften Gestalt des Märchens, das sein »Geheimnis« zugleich darlegen und entziehen würde. Sondern vielmehr als der unendliche Übergang von einem Rand zum anderen, vom Leben zum Werk und vom Werk zum Leben, vom Werk zum Diskurs über das Werk und vom Diskurs über das Werk zum Werk, ein ständiges Übergehen, das sich jedoch nur vollzieht, wenn es den Riss sichtbar belässt.

---

25 Marcel Proust, *Gegen Sainte-Beuve*, aus dem Französischen von Helmut Scheffel, hg. von Luzius Keller, Werke III, Bd. 3, Frankfurt/M. 1977, S. 229.

Abschluss

Eine skeptische Kunst

»Man argumentiert, das heißt, man redet um die Dinge herum, wann immer man nicht die Kraft besitzt, einen Gefühlseindruck alle aufeinanderfolgenden Zustände durchlaufen zu lassen, die schließlich zu seiner Fixierung, seinem Ausdruck führen.«[1] Der berühmte Satz aus der *Wiedergefundenen Zeit* wird dem zerstreuten Leser harmlos erscheinen. Er wird dem kritischen Leser, der um die zweifelhafte Mehrdeutigkeit von »Ausdruck« und »Eindruck« weiß und der bereit ist, sich zu fragen, was genau die »Wandlung« vom einen zum anderen bedeutet, jedoch verdächtig vorkommen. Doch um das, was uns dieser Satz sagt, und die Funktion der »Mythen« der Literatur gut zu verstehen, muss man sie wahrscheinlich mit Bemerkungen konfrontieren, die jener Zeitgenosse Prousts in seinen öffentlichen und privaten Schriften andauernd variiert, der im Namen des literarischen Anspruchs einen unendlichen Krieg gegen die Literatur führt.»Was besonders interessant an der klassischen Kunst ist,« sagt Valéry in *Rhumbs*, »liegt vielleicht in den Wandlungsfolgen, die sie verlangt, um die Dinge auszudrücken, indem man die auferlegten Bedingungen *sine qua non* respektiert.«[2] Diese Formulierung scheint der von Proust ganz nahe zu sein. Sie ist von ihr jedoch durch einen kleinen Unterschied getrennt, bei dem gerade das auf dem Spiel steht, was unter Literatur verstanden wird. Denn der Bezug Valérys auf die »klassische Kunst« unterbricht den Weg Prousts vom Eindruck zum Ausdruck durch einen Abgrund. Der der klassischen Kunst eigene Wesenszug war die Linie, auf der eine »Idee« sich von sich selbst entfernt, um sich in Gesang zu verwandeln. »Racine geht über sehr delikate Ersetzungen der Idee vor, die er sich zum Thema gesetzt hat. Er verführt sie mit dem Gesang, den er erreichen will.«[3] Diese klassische Tugend ist für Valéry zwei Dinge

---

1 Proust, *Die wiedergefundene Zeit*, S. 281.
2 Paul Valéry, *Œuvres*, Paris 1960, Bd. 2, S. 636.
3 Ebd., S. 635.

in einem. Sie ist die kontinuierliche Linie einer Rede, in der die Idee sich in Gesang verwandelt, und die Kurve des Umweges, den das System der Regeln dem Begehren des Ausdrucks auferlegt. Der Zwang der Regeln lehrt den Dichter gerade durch seine Willkür, sich von dem zu lösen, was er für seinen »Gedanken« hält, die eigene Sache, die er auszudrücken hätte. Er zeigt ihm seine Zufälligkeit und Unbedeutendheit. Er führt ihn somit dazu, in der Äußerlichkeit des Gesangs die wahrhaften Möglichkeiten des Gedankens zu entdecken, die der Wille, diesen »auszudrücken«, verdrängt. Die »Folge der Transformationen« der Klassik, welche die Kontinuität der Rede mit dem Zwang der Regeln kombiniert, vollendet die Macht des Denkens, die der Kunst eigen ist, indem sie den falschen Ernst des Gedankens und die illusorische Stimmigkeit der Geschichte verdrängt.

Diese literarische Klassik, diese Klassik einer Literatur, die auf ihr wahres Prinzip reduziert ist, das Prinzip der genauen und undefinierbaren Harmonie zwischen Sinn und Klang, erscheint jedoch als etwas Vergangenes. Das Verhältnis dieses Vergangenen zur Gegenwart kann genau bestimmt werden. Es stellt einer Zeit der gesprochenen Sprache die Zeit der Schrift gegenüber:

> »Lange, lange war die menschliche Stimme die Grundlage und die Bedingung der Literatur. Die Anwesenheit der Stimme erklärt die ursprüngliche Literatur, von der die Klassik ihre Form und dieses bewundernswerte *Temperament* annahm. Der ganze menschliche Körper war *in der Stimme* anwesend und war Stütze und Gleichgewichtsbedingung der *Idee* [...].
> Eines Tages, als man es verstand, ohne zu buchstabieren und ohne zu hören, mit den Augen zu lesen, wurde die Literatur völlig verändert.
> Die Entwicklung des Ausgesprochenen zum flüchtig Berührten, – vom Rhythmus und Verketteten zur Augenblicklichkeit – von dem, was eine Zuhörerschaft erträgt und verlangt, zu dem, was ein schnelles, begieriges, freies Auge auf der Seite erträgt und mitträgt.«[4]

---

4 Ebd., S. 549.

Diese Seite aus *Tel Quel* ist unter mehr als einem Gesichtspunkt bemerkenswert. Sie bestimmt als Goldenes Zeitalter der Literatur jene Zeit, als es »die Literatur« in der modernen Bedeutung eben nicht gab: die Zeit der Schöpfer, die keine Literaten waren; die Zeit, die Voltaire so schätzte, als die Worte Corneilles sich an die Staatsmänner Lamoignon, Molé oder Retz richteten und nicht an die zerstreute Aufmerksamkeit »einer gewissen Anzahl von jungen Männern und jungen Damen«. Diese Zeit ist verflogen, seit die Herrschaft der Schrift gekommen war. Die »Literatur« wurde davon »ganz entstellt«. Sie ist im Grunde ihre eigene Entstellung geworden, die Unmöglichkeit der Linie der Rede, in welchen das fliehende Denken sich in höherer Potenz in der Linie des Gesangs wiederfindet. Der Antiphilosoph Valéry findet hier, obwohl er sie bereits hat, die Logik Hegels wieder. Er errichtet wie Hegel eine etwas romantische Klassik, in der die Einheit des bedeutenden Denkens und der sinnlichen Form sich im Gleichgewicht zwischen der Verwirklichung einer Absicht und eines passiven Widerstandes, der für ihn der Widerstand der Regeln ist, verwirklicht. Auch er sieht diese »klassische« Einheit des Sinns und des Sinnlichen in eine nunmehr unzugängliche Vergangenheit geschleudert. Der Körper dieser Einheit – die bildhauerische Gestalt bei Hegel, die Stimme der tragischen Musik bei Valéry – ist ihm entzogen. Die klassische Einheit von Ausdruckswille und Regelwillkür war einer Welt eigen, die selbst ausreichend willkürlich und dunkel war, dass der Künstler sich verpflichtet fühlt, Ordnung hineinzubringen, und dass die Fiktion diese Rolle spielen konnte. Doch eine Welt der Wissenschaft, in der jedes auf ein Blatt geworfenes Fragment Bedeutung annimmt und sich mit dem großen universellen Mechanismus verbindet, bedarf dieser Ordnung nicht mehr, und die Arbeit des Werkes enthüllt sich also als Produktion des Falschen.[5] Die Denkarbeit, die in der Literatur ihre ungeahnten Möglichkeiten erforscht, kann ihre Befriedigung nicht mehr in der Form des Werkes finden, das diese Möglichkeiten zugunsten der »Hampelmänner« der Fiktion einschränkt und sich wie der

---

5 Ich fasse hier den Brief an André Gide vom 3. Dezember 1902 zusammen, in: *Œuvres*, Bd. 2, Paris 1960, S. 1423.

stumme Buchstabe in der »unbestimmten Masse der möglichen Leser« verliert. Für das Denken kann die literarische Arbeit im gewöhnlichen Sinne nur »ein Nebenprodukt, eine Anwendung oder eine Übung einer Arbeit sein, die wichtiger, tiefer ist, die viel mehr darauf abzielt, auf sich selbst zu wirken als auf den anderen«.[6] Die authentische Fähigkeit der Literatur, diese Fähigkeit, die den Naivitäten des »Ausdrucks« des Denkens und der narrativen Reportage entgegengesetzt ist, wendet sich nunmehr der Bedingung der Literatur zu, der direkten Erforschung der Möglichkeiten des Denkens.

So reproduziert das valérysche Dilemma das Dilemma Hegels. Es trennt genauso die Zeitalter, in denen das Denken und die sinnliche Materie in einer sinnlichen Gestalt übereinstimmten, von jenen Zeitaltern, in denen sie das nicht mehr können, in denen das Denken in sich selbst zurückkehrt. Natürlich ist die Gestalt des »Selbst« anders, wie auch die Gestalt dieser sinnlichen Übereinstimmung. Wichtig ist jedoch, dass Valéry, der das hegelsche Schema ansonsten reproduziert, gerade die Prinzipien dieser Kunst verwendet, die sich der hegelschen Abschließung des »Todes der Kunst« widersetzte. Bei ihm werden das symbolistische Paradigma der Musik und die mallarméische Idee des poetischen Denkens als »Wiederanfang der Bedingungen und der Materialien des Denkens« radikalisiert. Aus der Lehre Mallarmés und aus seinem Scheitern hat er gelernt, »den bewussten Besitz der Funktion der Sprache und das Gefühl einer höheren Freiheit des Ausdrucks, hinsichtlich der jedes Denken nur ein Anlass, ein besonderes Ereignis ist, zu begreifen und *über alle Werke* zu stellen.«[7] Doch seine Haltung drückt nicht nur die Lehre aus, die ein Individuum aus dem Umgang mit einem anderen gezogen hätte. Sie offenbart die Umkehrung einer Vorstellung von Literatur, die Umkehrung der fundamentalistischen Version der romantischen Poetik, die eine kohärente Literatur will, die auf einem vereinten Prinzip beruht. Diese Kohärenz, die von den Kompromissen oder den Widersprüchen des Werkes aufgelöst wurde, wird also auf

---

6   Paul Valéry, *Cahiers*, Bd. 1, Paris 1988, S. 296.
7   Ders., »Je disais quelquefois à Stéphane Mallarmé...«, *Œuvres*, Bd. 1, S. 660.

die Seite der Möglichkeit, des Erscheinungspunktes des Denkens verlagert. Doch dieser Punkt ist auch derjenige der Flucht des Werkes in ihren zwei großen Gestalten: der »Wahnsinn« Artauds, die »literarische Existenz«, die das Zeugnis der Unmöglichkeit ist; oder die Klarsichtigkeit von Valéry, die direkte Erforschung der Mächte des Denkens, die sich der Beschränkung des Werkes verweigert. In beiden Fällen zeigt der Geist der Literatur seine Radikalität, indem er gegen das Werk seine reine Möglichkeit oder Unmöglichkeit geltend macht. Das Eigentümliche der Literatur wird also der negative Selbstbezug, die Bewegung, die sie dazu drängt, sich zugunsten ihrer eigenen Frage aufzulösen. Der »Verdacht« hinsichtlich der Literatur oder der Rückzug des Werkes vor einer tiefer gehenden »Entwerkung« wird in den 1940ern nicht aus den Traumata der Geschichte oder der politischen Entlarvung der Funktionen der Rede hervorgehen. Sie gehören dem System der Gründe an, die »die Literatur« zu dem Begriff machen, unter dem seit der romantischen Revolution die Produktionen der Schreibkunst stehen.

Man erkennt also, was bei dem kleinen Unterschied, der die zwei ganz nahen Sätze von Valéry und Proust trennt, auf dem Spiel steht. Was Proust von Valéry trennt, ist nicht, sich zu schreiben erlauben: »Die Marquise ging um 5 Uhr außer Haus«, sondern in die Widersprüche der romantischen Poetik einzuwilligen, welche die Literatur existieren lassen. Valéry zieht wie Hegel eine Trennlinie. Es gibt die Zeit des sprechenden Körpers, die Zeit der Regeln, die das Denken zum Gesang hinunterstürzen lassen, und die Zeit der Freiheit, welche die Arbeit des Werkes zur Erforschung der Möglichkeiten des Denkens zurückführt, die Zeit der Dichtung und die Zeit der Wissenschaft. Dafür hat er sogar eine ökonomische Klassik konstruiert, bei der die Zwänge des Gattungs- und Repräsentationssystems zugunsten der bloßen Regeln des rhythmischen Maßes verschwinden. Er hat aus der Dichtung ein reines Verhältnis des Denkens zur Zeit gemacht. Er hat somit den Übergang der repräsentativen Poetik zur Ausdruckspoetik, die Aporien des Symbolismus, die Kreuzung des *Sagens* und des *Sehens*, den Streit um die »Poesie der Poesie« und den Krieg der Schriften umgangen. Das war der Preis, den man zahlen musste, um das poetische Prinzip von den »Idolen« der Literatur zu trennen. Doch um diesen Preis bestätigt die Literatur auch gegen sich selbst das Urteil der Abschließung, das die Philosophie ausgesprochen hatte. Sie erkennt sich als ein Vergangenes des Denkens an.

Proust entscheidet sich für die umgekehrte Richtung. Er stellt sich in die Mitte des Widerspruchs der Prinzipien der Literatur: Widerspruch des gänzlich konstruierten Buches, dessen Form frei wie der Wille des Autors ist, und der Sammlung der Hieroglyphen, die in den Geist des Autors die Stabreime der Dinge eindrücken; Unhaltbarkeit dieses Eindrucks, in den nichts eingedrückt wird und dessen Transformation nichts transformiert, da er reine Arbeit der Metapher ist. Denn der Sprung besteht nicht darin zu schreiben: »Die Marquise ging um 5 Uhr außer Haus«, sondern zu schreiben: »Sie [die Serviette] breitete [...], verteilt auf ihre Zipfel und Falten, [...] einen grünblauen Ozean gleich dem Schweif eines Pfauen aus«.[8] Der Sprung liegt nicht darin, zwei unbedeutende Ereignisse im Leben eines fiktionalen Hampelmanns zu beschreiben, sondern darin, zwei Poetiken in einem Satz zu verketten: die Poetik der Erzählung von Ereignissen und diejenige der Entfaltung des Symbols. Die perlweiße Serviette, die sich in eine schäumende Welle und in einen blau-grünen Pfauenschweif verwandelt, zerbricht die Linie – den Traum von der Linie –, die das Denken zum Gesang durch eine bloße Verzeitlichung führte. Die zweifelhafte Metapher, welche die Verkettung von zwei Enden der Metapher gemäß dem Gesetz mit der Verkettung der Phänomene gleichsetzt, findet also ihre ganze Strenge. Gegen die Musiker des Satzes erinnert sich Proust hartnäckig daran, dass der Übergang von der Macht der Geschichte zur Macht der Metapher die Belletristik in die Literatur umkippen hat lassen. Die Literatur hängt letztlich an wenig. Sie hängt vor allem an der Bewegung, welche die Schmückung der Rede in Hieroglyphe der Macht der Sprache, des inneren Buches, des Stabreims der Dinge, in den Mikrokosmos der Gedicht-Welt verwandelt hat. Und dieser Satz, welcher der Mikrokosmos der *Suche nach der verlorenen Zeit* ist, ebenso wie die *Suche nach der verlorenen Zeit*, die dessen Prinzip entwickelt, wiederholen diese Bewegung, durch welche die Literatur existiert.

---

8 Proust, *Die wiedergefundene Zeit*, S. 261f. (A.d.Ü.)

Aus der Berührung einer Serviette ein inneres Leben herauszuzaubern, das identisch ist mit einem geschriebenen Buch, ist natürlich ein »Mythos« des Buches. Doch gerade der Metapher-Satz und das Buch, das die Entwicklung einer Geschichte mit der Entwicklung einer Metapher gleichsetzt, verwandeln in Wirklichkeit den Mythos der Stabreime der Dinge und des in uns geschrieben Buches. Das Buch ist die verlängerte Metapher, die die imaginären Eigenschaften des »anderen Buches« entfaltet, jenes Buches, das sich selbst *geschrieben hätte*. So vollendet sich die widersprüchliche Poetik der Literatur als Werk und führt die Logiken ins Werk zurück, die den Buchstaben zu seinem Geist oder die Literatur zu der Beachtung ihres Ursprungsortes wegführen. Sie zahlt jedoch den Preis dafür, indem sie den unendlichen wechselseitigen Verweis des konstruierten Buches und des gedruckten Buches, der Handlung des Wissens und der offenbarten Wahrheit akzeptiert. Die Arbeit der Metapher, die die widersprüchlichen Poetiken vereint und trennt, indem sie den riskanten Weg zwischen ihrem eigenen Mythos (das Buch der Hieroglyphen des geistigen Lebens, in das sich die Stabreime der Dinge einschreiben) und ihrer wörtlichen Wirklichkeit geht: dieser problematische Vergleich der Falten einer Serviette mit dem schäumenden Rollen der Welle und der Welle mit dem Rad eines Pfauen, der immer von der doppelten Gefahr bedroht sein wird, zu viel zu sehen zu geben und nichts sehen zu lassen von dem, was er sagt.

Doch die Literatur hängt auch von dem Widerspruch dieser Schrift ab, welche die tätige Sprache des rhetorischen und repräsentativen Universums entthronte. Diese Schrift ist selbst zwischen zwei Polen zerrissen: einerseits das Buch der Symbole der Poetizität einer Welt, des geistigen Lebens oder der inneren Welt der Sinne; auf der anderen Seite die nackte Schrift, die stumme und geschwätzige Sprache, die sich überall herumtreibt und dem Zufall der schwankenden Aufmerksamkeit des Lesers ohne Eigenschaften für die geschriebene Seite ausgeliefert ist, abhängig davon, was diese Aufmerksamkeit sich von der Seite und von der Kette der Wörter und Bilder merkt, in die sie sich übersetzt. Auch diesem Paradox unterwirft sich Proust. Man muss die Autonomie des Werkes dem Ästhetizismus entreißen, der das Werk in den Vergnügungen und Illusionen des Lebens auflöst. Diese Autonomie muss sich jedoch noch einmal verlieren, sich einem Leser ausliefern, für den die gelehrte Konstruktion des Buches der Wahrheit sich in die Empfindung eines Kindheitsmorgens, der Nachmittagslauheit, des Wellenschaums oder des Liliendufts auflösen wird. Das Buch muss bei anderen die »kleine geistige Furche« graben, ohne die es nur eine leblose Ansammlung von Zeichen ist. Das bedeutet jedoch nicht nur, dass der schöne Abschluss des Werkes dazu geweiht ist, sich zu verlieren, damit das Buch spricht, sondern auch, dass das »geistige Leben«, das dem Buch Leben gibt, selbst dem Zufall des Umlaufes des Buchstabens ausgeliefert ist. Es gibt kein anderes geistiges Leben, kein anderes Reich der Werke als den unendlichen Tintenschwall auf der Oberfläche der Seiten, als den unkörperlichen Körper des herumirrenden Buchstabens, der mit der gesichtslosen Menge der Bücherleser spricht. Das Buch als »Kind des Schweigens« hat kein anderes Universum als das große Geschwätz der stummen Schrift. Das Werk ist nur um diesen Preis zu haben.

Man kann sich natürlich weigern, diesen Preis zu zahlen. Es handelt sich hier nicht darum, zu sagen, ob derjenige Recht hat, der die Kompromisse des Werkes ablehnt, oder derjenige, der ihnen zustimmt. Es geht eher darum, zu zeigen, dass beide Positionen von der Logik dieser spezifischen Art der Sichtbarkeit der Werke der Schreibkunst abhängen, die »Literatur« genannt wird. Die Literatur ist das System der Möglichkeiten, das die unmögliche Übereinstimmung zwischen der Notwendigkeit der Sprache und der Gleichgültigkeit dessen, was sie sagt, zwischen der großen Schrift des lebendigen Geistes und der Demokratie des nackten Buchstabens bestimmt. Es ist in diesem geschichtlichen System der Gründe nutzlos, die feste Realität der Werke von den von außen kommenden, an ihnen schmarotzenden Diskursen über die Möglichkeit oder die Unmöglichkeit des Werkes trennen zu wollen. Es gibt die Werke, in deren Namen man die schmarotzenden Diskurse über das Werk verabschieden könnte, nur seit es diese Diskurse selbst gibt. Dieselbe romantische Poetik hat den autonomen Wert der Werke verkündet, ihre Eigenschaft, Zeugnis abzulegen über das Gedicht der Sprache oder der Menschheit, und ihre Fähigkeit, sich selbst zu sagen. Sie hat also den Abstand des Werkes zu sich selbst inkludiert, seinen Verweis diesseits und jenseits von sich selbst in der Definition seiner Autonomie. Sicherlich ist dieses System streng genommen widersprüchlich. Aber es bestimmt auch ein Spiel der Niveauunterschiede, das es erlaubt, Werke dieser Poetik zu machen. Doch erlaubt die Zerstörung des Gattungssystems, das die Literatur dem Spiel der Gegensätze ausliefert, zugleich auch die Übergänge zwischen den miteinander unvereinbaren Funktionen und die Verknüpfung von entgegengesetzten Poetiken. Sie macht aus der Literatur die zwiespältige Bühne, auf der zwei gattungslose Gattungen, der Roman und der Essay, sich verdoppeln, sich konfrontieren oder sich miteinander verflechten, indem sie die getrennten Pole verteilen, indem sie die Eigenschaften des Werkes und des Diskurses über das Werk, des fiktionalen Spiels, der Mythen, die es verabsolutieren, oder die kritischen Diskurse, die seinen Mechanismus aufzeigen, vermischen oder umdrehen. Wenn das Werk von Proust beispielhaft ist wie das von Joyce, der ihn nicht schätzte und der von ihm kaum geschätzt worden wäre, dann durch die Fähigkeit, die Fiktion, ihren Diskurs und ihren Mythos in ein und derselben Anordnung zusammenzubringen; durch die Fähigkeit, die auseinanderstrebenden Kräfte, die Kräfte der Trennung, der Entwerkung oder des Verdachts, die dem Widerspruch der Prinzipien der Literatur innerlich sind, in der Form des Werkes zusammenzuhalten.

Diese beispielhaften Werke unterstreichen also den einzigartigen Platz der Literatur in der Anordnung der Künste des Zeitalters der Ästhetik. In der großen Revolution, welche die Ästhetik auf den Thron der Poetik gebracht hatte, fand sich die Schreibkunst in der exponiertesten Lage. Gerade die Verschiebung von der Vorherrschaft der Geschichte zur Vorherrschaft der Sprache spielte gegen sie. Diese Vorherrschaft übte sich tatsächlich zugunsten einer Dehnung gerade der Vorstellung von Sprache aus. Diese Dehnung verlieh nicht nur den mächtigeren sinnlichen Verzauberungen der Farbe und der Musik oder den redegewandteren Formen des Steins, den die Zeit nach dem Künstler gehauen hat, sprachliche Würde. Sie stellte auch das große hieroglyphische Gedicht, das in das Fleisch der Dinge selbst eingeschrieben ist, oder die Tiefen des Geistes, den schwachen Mitteln des auf der Seite gedruckten Satzes entgegen. Die große Vervielfältigung der Sprachen lässt im romantischen Zeitalter noch den bescheidensten Stein sprechen.

Zur Zeit Kandinskys wird sie den abstrakten Zügen der Farbe den Ausdruck des »Geistigen« verleihen. Zur Zeit Vertovs oder Epsteins wird sie das wahrheitsgetreue Auge der Kamera und die plastische Kombination der bewegten Bilder dem literarischen Trödelkram der Repräsentation entgegenstellen.

Die Kunst der Schrift schien also eingeklemmt zwischen der Sprache der Formen und der Dinge einerseits, und den Zeichen des Denkens andererseits. In der hegelschen Teleologie der Künste war die Dichtung nicht nur die letzte romantische Kunst, sie war auch jene »allgemeine Kunst«, in der die Allgemeinheit sich zu Lasten der Kunst behauptete. Indem die Dichtung die Sprache der Formen entmaterialisierte, entledigte sie sich ihrer eigenen Fähigkeit. Sie führte die Formen der Kunst zu den Zeichen, die Instrumente des Denkens sind. Zwischen der fleischgewordenen Sprache der Formen und den Zeichen als Instrumente des Denkens gab es also nichts außer die Zwiespältigkeiten des Symbols. Jede Anstrengung der Kämpfer für die Literatur zielte darauf ab, dieses Urteil rückgängig zu machen, der Literatur die sinnliche Form ihres Denkens zu verleihen. Sie spürte über die Widersprüche, denen sie begegnete, ständig die zwingende Kraft davon. Die dem literarischen Denken eigene Form sollte die »stille« Nachahmung der stummen Sprache der Musik oder des Tanzes sein, die imaginäre Projektion der Rhythmen des Denkens oder die mythische Übertragung der Rede der Dinge, die in die Hieroglyphen des inneren Lebens eingeschrieben ist. In der großen Befreiung, die der allgemeine Triumph einer von der Notwendigkeit zu repräsentieren befreiten Kunst verkündete, schien die Schreibkunst dazu verdammt, zu wählen, letzte Kunst der Vergangenheit zu sein oder der Diskurs, der bloß ausspricht, was einzig die anderen machen konnten. Was vermag denn die unglückliche Metapher eines Pfauenschweifs auf einer geschriebenen Seite angesichts ihres Modells, der Kunst des Malers, welcher Land und Meer vertauscht? Was kann sie angesichts der Trennungen, Überlappungen und Umdrehungen der Bilder und Töne, die die Mächte der Offenbarung und der Bedeutung der Formen vervielfachen?

Sonderbarerweise hat diese Armut der Schrift der Literatur Widerstandskraft verliehen, hat die Armseligkeit der Mittel, über die sie verfügt, um ihrem ruhmreichen Bild als Sprache der Sprachen zu entsprechen, sie gelehrt, die Mythen und die Verdächtigungen, die sie von sich selbst trennen, zu zähmen, die Fiktionen und die Metaphern einer skeptischen Kunst zu erfinden, skeptisch im wörtlichen Sinn: eine Kunst, die sich selbst untersucht, die diese Untersuchung in Fiktion verwandelt, die mit den Mythen spielt, ihre Philosophie ablehnt und sich selbst im Namen dieser Philosophie für nicht zuständig erklärt. Dadurch hat die unsichere Kunst der Literatur sich mehr als andere fähig erwiesen, dem zu widerstehen, was die Zeitgenossen »Krise der Kunst« nennen. Denn was nennt man denn »Krise der Kunst«, wenn nicht die Unfähigkeit bestimmter Künste, im Wesentlichen der darstellenden Künste, also der zu reichen Künste, skeptische Künste zu werden, Künste, die fähig sind, ihre Grenzen und ihre Übertreibungen zu fiktionalisieren? Eine nicht skeptische Kunst ist eine Kunst, die unter der Last ihres eigenen »Denkens« stöhnt, die zur unendlichen Aufgabe gezwungen ist, dieses Denken zu offenbaren, sich selbst zu zeigen, bis zu dem Punkt ihrer eigenen Auflösung; eine Kunst, die nicht mit ihrem Widerspruch leben kann, die diesem Widerspruch gar nicht begegnet. Das ist das glücklich-unglückliche Schicksal der Künste des Sichtbaren. Diese waren am besten für die ästhetische Form der Künste vorbereitet, waren für die Vereinigung der zwei widersprüchlichen Prinzipien der romantischen Poetik am besten geeignet. Das eine Prinzip verkündet die Absolutheit des Stils, der sich jedes Stoffs und jedes Materials bemächtigt, das andere behauptet die Universalität der Verdoppelung, durch die jedes Ding Sprache wird. Jede Materie ist poetisch, sobald eine ihrer Eigenschaften als der Schriftzug, als die Hieroglyphe gelten kann, durch die sie sich selbst zeigt. Jede Form ist künstlerisch, sobald sie als Manifestation des reinen Kunstwillens gelten kann. An der Kreuzung dieser Prinzipien eröffneten sich für die Künste des Sichtbaren unendliche Möglichkeiten. Sie sind, so sagt man heute, das Reich des »Beliebigen« geworden. Doch was ist dieses »Beliebige« anderes als das »alles ist möglich«, das das ästhetische Zeitalter den Künsten des Sichtbaren als Los zuteilte: die Übereinstimmung zwischen dem Merkmal der Geschichte, dem Zeichen der Schrift, und dem Merkmal des Kunstwillens? Die Künste des Sichtbaren haben von diesem doppelten Antrieb der romantischen Ästhetik gelebt, der jedem Gegenstand erlaubt, doppelt Kunst zu sein: weil er als Manifestation der Kunst gewollt wurde und weil er die Verdoppelung manifestiert, durch die jedes Ding sich selbst bezeichnet. Wenn die Umdrehung der Funktion und die Verschiebung des Ortes des *Ready-mades* den begrifflichen Erfolg hatten, den man kennt, so deswegen, weil sie die genaue Angleichung dieser zwei Prinzipien verwirklichen. Sie allegorisieren am genauesten das Glück einer Kunst, die sich mit der Re-Präsentation jedes Dings identifiziert, mit der Re-Präsentation des Selben als anderes, wo sich die prästabilierte Harmonie zwischen dem Kunstwillen und dem doppelten, sinnlichen und bezeichnenden Körper jedes Dings verwirklicht. Das Problem ist, dass eine Kunst, die sicher ist, in jedem Fall Kunst zu machen, damit endet, nur mehr ihre eigene Absicht zu manifestieren, sei es auch, indem sie aus dieser Manifestation ihre eigene Anklage macht. Zwischen der Emphase der Selbstbehauptung und der Emphase der Selbstanklage hat es eine Kunst schwer, ihre skeptische Fähigkeit herauszubilden.

Da die Literatur weniger Glück hatte, hatte sie auch weniger Unglück. Weder ihr Gegenstand noch ihre Absicht haben jemals eine Garantie. Das ist die große Angst von Flaubert: Eine kleine Abweichung des Satzes kann Paul de Kock ergeben. Das ist die erste Bedeutung der stolzen Erklärung von Proust: Beim Jüngsten Gericht der Kunst zählen die Absichten nicht. Man muss nur die Formel genauer fassen: In der Schreibkunst zählen die Absichten nicht. Denn diese Kunst hat das Unglück, nur mit Worten zu sprechen, in derselben Sprache wie die Absichten zu sprechen und in dieser Sprache den Unterschied machen zu müssen, der bewirkt, dass das Werk nicht nur die Verwirklichung der Absicht, sondern auch ihre Widerlegung ist. Sie hat das Unglück, nur die Sprache der geschriebenen Wörter zur Verfügung zu haben, um die großen Mythen der mehr als geschriebenen Schrift, die überall ins Fleisch der Dinge eingeschrieben ist, zu inszenieren. Dieses Unglück zwingt sie zum skeptischen Glück der Wörter, die glauben lassen, sie seien mehr als Wörter und die selbst diesen Anspruch kritisieren. So wird die Flachheit des demokratischen Tintenschwalls, indem sie den Krieg der Schriften inszeniert, paradoxerweise der Zufluchtsort der Stichhaltigkeit der Kunst.

Jacques Rancière
Das ästhetische Unbewußte

Aus dem Französischen von Ronald Voullié
64 Seiten, Franz. Broschur
ISBN 978-3-935300-89-6
€ 12,90 / CHF 24,00

»Wenn die psychoanalytische Theorie des Unbewußten formulierbar ist, dann deshalb, weil es außerhalb des im eigentlichen Sinne klinischen Bereichs eine bestimmte Identifikation mit einem unbewußten Modus des Denkens gibt und weil der Bereich der Kunstwerke und der Literatur als bevorzugter Wirkungsbereich dieses ›Unbewußten‹ definiert wird.

Meine Fragestellung bezieht sich auf die Verankerung der Freudschen Theorie in dieser bereits existierenden Konfiguration des ›unbewußten Denkens‹, in dieser Idee des Verhältnisses von Denken und Nichtdenken, das sich vorwiegend im Bereich dessen, was man Ästhetik nennt, herausgebildet und entwickelt hat. Es geht darum, die ›ästhetischen‹ Studien Freuds als Hinweise auf eine Einschreibung des analytischen Denkens der Interpretation in den Horizont des ästhetischen Denkens zu verstehen.«

Jacques Rancière
Zehn Thesen zur Politik

Aus dem Französischen von Marc Blankenburg
48 Seiten, Broschur
ISBN 978-3-03734-031-8
€ 6,00 / CHF 12,00

Nicht erst die traurige Realität der heutigen Demokratie, als bloße Herrschaft der Massen und ihrer Bedürfnisse, nicht nur die Omnipräsenz des Ökonomischen und seiner Verwerfungen erfordern es, Politik neu zu denken.
In Gestalt von zehn prägnanten Thesen und in expliziter Abwendung von den modischen Formeln eines »Endes« oder einer »Wiederkehr der Politik« fragt Jacques Rancière nach dem Spezifischen, dem Eigentlichen von Politik. Sowohl von der Kategorie der Ökonomie als auch von jener der Staatlichkeit klar zu unterscheiden, ist das Eigentliche der Politik vielmehr in einer Beziehung zweier das Subjekt kontradiktorisch festlegender Termini zu suchen. Politik erscheint somit als eine im Kern paradoxale Handlung, die sich durch die Existenz eines Subjekts bestimmt, welches sich durch seine Partizipation an Gegensätzen definiert.
Bereits an den Ursprüngen der Demokratie wird erkennbar, dass der *demos* jenen abstrakten supplementären Teil der Gemeinschaft darstellt, welcher nicht zählt – aber nicht, indem er eine Klasse oder soziale Schicht verkörpert, der es nicht gelänge, in der politischen Sphäre zu agieren, sondern indem er sich als »die zwei Körper des Volkes« in eine Teilung einschreibt, die die Gemeinschaft von den anderen Teilen des Gesellschaftskörpers auf ursprüngliche Weise trennt.

»Die wesentliche Arbeit der Politik ist die Gestaltung ihres eigenen Raumes. Es gilt, die Welt ihrer Subjekte und ihrer Operationen sichtbar zu machen. Das Wesen der Politik ist die Manifestation des Dissenses.«

Jacques Rancière
Das Fleisch der Worte. Politik(en) der Schrift

Aus dem Französischen von Marc Blankenburg und Christina Hünsche
240 Seiten, Franz. Broschur
ISBN 978-3-03734-084-4
€ 24,90 / CHF 42,90

Jacques Rancière nimmt in einer Sammlung von Essays den Evangelisten Johannes beim Wort und untersucht das Schicksal des in die Welt entlassenen Wortes, das ein prekäres ist, denn es könnte von seinen Exkursionen nicht zurückkehren – nicht in sich selbst zurückkehren wollen. Die Tendenz des Wortes hin auf etwas, das es nicht ist – Realität, Wirklichkeit, Fleisch –, ist auch jenen Texten der christlich-humanistischen oder modernistischen Tradition eingeschrieben, die dem Beispiel des Buchs par excellence nacheifern, dem Buch des fleischgewordenen Worts, das sich ewig in sich selbst zurückfaltet, Wort am Ende wie am Anfang.

Mit Plato, allerdings unter umgekehrten Vorzeichen, sucht Rancière hinter den Worten und Ähnlichkeiten die Kraft, anhand derer »ein Text sich den Körper seiner Fleischwerdung gibt«, sich in Bewegung setzt, von Seelen und Körpern Besitz ergreift und Handlung wird. Es sind die unter- und abgründigen Passagen vom Reich des Geistes auf den Schauplatz des menschlichen Lebens, die Rancière interessieren, insofern sie das stabile Gleichgewicht von Literatur, Philosophie und Politik ins Wanken bringen. In drei Abschnitten – »Politik(en) des Gedichts«, »Theologien des Romans« und »Die Literatur der Philosophen« – umkreist Rancière das Spiel der fleischgewordenen Wahrheit und der Wahrheit des Buches in den Dichtungen von Wordsworth, Mandelstam, Rimbaud, Balzac, Proust, Melville, Cervantes und in den Theorien von Auerbach, Althusser und Deleuze. Es ist eine Exkursion ins Offene, denn »die Literatur lebt allein davon, die Inkarnation zu vereiteln, die sie unaufhörlich wieder ins Spiel bringt«.

Maurice Blanchot
Das Neutrale. Schriften und Fragmente zur Philosophie

Hrsg. von Marcus Coelen, mit einem Vorwort von Jean-Luc Nancy
256 Seiten, Französisch Broschur
ISBN 978-3-03734-019-6
€ 24,90 / CHF 44,00

In Bezug auf die Philosophie sind Blanchots Schriften – als Essay, Literatur, Fragment – einer einzigen, sehr präzisen Forderung nachgekommen: eine unentwegte Arbeit an den Verführungen durch die philosophischen Grundformen zu leisten, der Dialektik, der Einheit, des Widerspruchs, an all dem, was die innerste, subtilste und wirkmächtigste Machart der Metaphysik und Ontologie ausmacht. Diese Arbeit hat nicht zu einem System von Begriffen, nicht zu Abhandlungen nach dem Gesetz der Deduktion geführt, sondern zu einer Folge von Interventionen mit der Sprache, in ihr, ohne sie – zu Interpunktionen eines Denkens von roher Eleganz und syntaktischer Schönheit, das zugleich dem Anspruch nachkommt, der Form zu entsagen, die Einheit zu zersetzen und sich von ganz anderem an seine unendlich differenzierte Grenze führen zu lassen.

Die Sammlung bietet eine Auswahl von bislang nicht ins Deutsche übersetzten Texten aus den Jahren von 1940 bis 1990 zu Levinas, Nietzsche, Derrida, Hegel, Bataille, Heidegger, aber auch zu Heraklit, Pascal, Freud und Lacan. Sie macht zudem einige auf Deutsch bereits veröffentlichte, aber vergriffene Texte wie »Die wesentliche Einsamkeit« und »Die Literatur und das Recht auf den Tod« neu zugänglich.

Maurice Blanchot
Politische Schriften 1958-1993

Aus dem Französischen übersetzt und kommentiert von Marcus Coelen
192 Seiten, Franz. Broschur, Fadenheftung
ISBN 978-3-03734-005-9
€ 19,90 / CHF 35,90

Maurice Blanchot (1907-2003) – oft mit dem Klischee des Einsamen assoziiert – begleitete den Großteil seines literarischen und philosophischen Schaffens mit einem radikalen politischen Engagement, das von der Notwendigkeit eines gemeinsamen Denkens bewegt war. Gerade die Idee der Gemeinschaft – nicht reduzierbares Sein mit dem Anderen im Denken, Schreiben, Handeln – setzte er jeder Form fusionistischer, nationaler oder gar nationalistischer Politik entgegen.
Seit 1958 wird dieses Denken im Öffentlichen manifest: zunächst in der Weigerung vor dem Unakzeptablen der Machtübernahme De Gaulles; dann in der bedingungslosen Erklärung zur Unterstützung der Befehlsverweigerer und Fahnenflüchtigen des Algerienkriegs; über die intensive Arbeit am Internationalismus einer europäischen politisch-literarischen Zeitschrift von unerhörtem Format und im kollektiven und anonymen Schreiben in den Tagen des Mai '68; zu Stellungnahmen im medialen Diskurs zum »Fall Heidegger« und zur Erinnerungspolitik der Vernichtung der europäischen Juden; bis schließlich in der bis zuletzt aufrecht erhaltenen Weigerung, die Idee des Kommunismus den politischen Ereignissen zu opfern.
Der Band dokumentiert die politischen Texte Blanchots aus den Jahren 1958 bis 1993 und will die Untrennbarkeit seines philosophischen und literarischen Denkens vom Politischen deutlich machen.

Alain Badiou
Beckett

Aus dem Französischen von Heinz Jatho
80 Seiten, Franz. Broschur, Fadenheftung
ISBN 978-3-935300-83-4
€ 14,90 / CHF 27,90

Alain Badious Beckett-Lektüren sind eine wohlüberlegte Provokation für orthodoxe Beckett-Exegeten und bahnen zugleich Wege zu einer grundlegend neuen Sicht auf den großen irischen Autor. Badiou folgt den Spuren Becketts von der klaustrophobischen Welt der Romane über die Bühnenerfolge der großen Theaterwerke bis hin zu den hochartifiziellen späten Prosatexten, Poemen und Spielanordnungen.
Das gängige Beckett-Klischee des dunklen Existentialisten, die stereotyp wiederholte Ästhetik des Negativen hebelt Badiou ein für allemal aus. Vielmehr entdeckt er zentrale Aspekte des Schönen, tiefverwurzelte Motive der Liebe und einen sehr präzisen Wahrheitsbegriff bei Beckett am Werk. Indem er dessen Schreiben in einem intimen Verhältnis zur Philosophie vorstellt, einer Philosophie, welche jegliche Erfahrung auf ihre wesentlichsten Grundzüge zu reduzieren sucht, erarbeitet Badiou mit Beckett ein Neudenken von Ethik durch die Poetik der Prosa.
»Nein, das Beckettsche Werk ist nicht das, was immer behauptet wird: Verzweiflung, Absurdität der Welt, Angst, Einsamkeit, Zerfall...«

»Ein Gegenmittel zu all den Nihilismus-Elogen. Hier erscheint Beckett nicht nur als Schriftsteller der ewigen Einsamkeit, sondern auch als König der Durchhalteparolen. Sehr belebende Lektüre!«
Evelyn Figer, Die ZEIT

Joseph Vogl
Über das Zaudern

128 Seiten, Broschur
ISBN 978-3-03734-020-2
€ 12,00 / CHF 22,00

Der Band dokumentiert die erweiterte Fassung der Antrittsvorlesung Joseph Vogls an der Humboldt-Universität zu Berlin. Ausgehend von Freuds »Moses des Michelangelo« entwickelt Vogl nicht nur eine Theorie des Zauderns, sondern stellt ein veritables Zaudersystem vor. Die Zauderfunktion tritt als kontrapunktischer Begleiter einer das Abendland prägenden Geschichte der Tat in Erscheinung. Dies lässt sich über die »Orestie« und Schillers »Wallenstein« bis zu den »Titanen« des Zauderns im 19. und 20. Jahrhundert verfolgen – ob es nun Melvilles Bartleby ist oder Musils »Mann ohne Eigenschaften«.
Das Zaudern ist dabei keineswegs als simple Suspension des Handelns zu begreifen. Vielmehr markiert es die Schwelle zwischen Handeln und Nichthandeln, an der sich ein Zwischenraum reiner schöpferischer Potenz und Kontingenz auftut. In Form unrealisierter Varianten, die sich gleich einer »Dunstschicht« um das Ereignis legen, lässt sich das systematische Zaudern methodisch für ein historisches und ästhetisches Untersuchungsprogramm reklamieren. Es erweist sich als Methode der Komplikation, mittels derer sowohl historisches als auch diskursives Geschehen auf seinen Nullpunkt zurückgeführt und in seiner Setzungsgewalt revidiert werden kann. Als Welthaltung, als Geste der Infragestellung werden das Zaudern und seine Pause schließlich zum Stützpunkt, zum Operationsfeld des Diskurses selbst.

»Beinahe alles, was Vogl schreibt, elektrisiert – wie jetzt sein kleiner Versuch übers richtige Denken.« Christian Geyer, FAZ

»Das kleine Buch hält zwischen Nachdenken, Ratlosigkeit und Handeln so konzentriert die Schwebe, dass man es als exemplarisches Zaudern ansehen kann.« Elisabeth von Thadden, Die ZEIT

Louis Althusser
Materialismus der Begegnung

Herausgegeben und übersetzt von Franziska Schottmann
144 Seiten, Broschur
ISBN 978-3-03734-112-4
€ 18,00 / CHF 32,00

Der Band versammelt späte und unvollendete Schriften Althussers, die zu den eigentümlichsten und verstörendsten Texten gehören, die das Denken des späten 20. Jahrhunderts hervorgebracht hat. Im Leben des marxistischen Philosophen markieren sie einen schmerzhaften Bruch: Sie sind Teil eines Denkens der Krise, das eine radikale Philosophie der Praxis zu entwerfen sucht.

Bekämpft, verdrängt und gerade darum stets gegenwärtig, zieht sich ein untergründiger Strom durch die Geschichte der westlichen Philosophie. Von den antiken Atomisten über Spinoza und Machiavelli bis zu den Zeitgenossen Derrida und Deleuze arbeitet ein Denken der Leere, des Zufalls und der Abweichung, das jede Wesensphilosophie, ja Philosophie überhaupt im Prinzip unmöglich macht und schließlich auch den dialektischen Materialismus überwinden soll.

Die Ausgabe dieser erstmals auf Deutsch zugänglichen Schriften macht die Brüche und Anstrengungen nachvollziehbar, die in den Begriffen dieses neuen und zugleich ältesten Materialismus liegen. Althussers Differenzierung zwischen »Materialismus der Begegnung« und »aleatorischem Materialismus« bezeugt die produktive Kraft eines einzigen beharrlichen Gedankens, der das Denken bricht: »Weder wird je ein Würfelwurf den Zufall aus löschen – noch wird je der Zufall einen Würfelwurf vereiteln.« Das »Porträt des materialistischen Philosophen« gibt einen Vorgeschmack auf das Abenteuer eines Denkens, das im »Wilden Westen« nach Auf- und Umbruch sucht...

Jean-Luc Nancy
Zum Gehör

Aus dem Französischen von Esther von der Osten
64 Seiten, Franz. Broschur
ISBN 978-3-03734-102-5
€ 14,90 / CHF 27,90

Wie unterscheidet sich Lauschen vom bloßen Hören? Was macht Zuhören aus? Was sind die spezifischen Register der akustischen Wahrnehmung und worin besteht der eminente Selbstbezug bei dieser Sinneswahrnehmung? Welcher Raum kann den Sinnen, kann Klang und Sinn gemein sein?
In einem virtuosen Essay lotet Jean-Luc Nancy das Verhältnis zwischen Klang, menschlichem Körper und dessen Gespanntheit auf diesen Sinn und den Sinn überhaupt aus, ist der Körper – so Nancy – doch selbst eine Echo-Kammer, deren innere Schwingungen und äußere Gespanntheit sich einander verschränken.
In Zeiten der rasanten Ausdifferenzierung der Musik und der klanglichen Künste und Techniken blieb die Philosophie bislang weitgehend durch visuelle Kategorien geprägt. Nancys Überlegungen zu Rhythmus und Timbre, Klang und Schall, Resonanz und Geräusch, Stimme und Instrument, Schrei, Ruf und Gesang entfalten einen bislang noch kaum ermessenen Denkraum, in den eine zukünftige Philosophie einzutreten hätte.